# 永宁镇志

*LOCAL RECORDS OF YONGNING*

福建省石狮市永宁镇志编纂委员会　编

图书在版编目（CIP）数据

永宁镇志 / 福建省石狮市永宁镇志编纂委员会编 .-- 北京：方志出版社，2016.10
（中国名镇志丛书）
ISBN 978-7-5144-2081-4

Ⅰ. ①永… Ⅱ. ①福… Ⅲ. ①乡镇 – 地方志 – 石狮 Ⅳ. ① K295.75

中国版本图书馆 CIP 数据核字（2016）第 223887 号

· 中国名镇志丛书 ·

永宁镇志

编　　者：福建省石狮市永宁镇志编纂委员会
责任编辑：王　俊

出 版 人：冀祥德
出 版 者：方志出版社
地址　北京市朝阳区潘家园东里 9 号（国家方志馆 4 层）
邮编　100021
网址　http://www.fzph.org
发　　行：方志出版社发行中心
电话　（010）67110500
经　　销：各地新华书店
排　　版：北京纺印图文设计制作有限公司
印　　刷：北京中科印刷有限公司

开　　本：787 × 1092　1/16
印　　张：21.75
字　　数：373 千字
版　　次：2016 年 10 月第 1 版　2016 年 10 月第 1 次印刷

ISBN 978-7-5144-2081-4　定价：123.00 元

# 序一

连绵不断地编修地方志是我国特有的文化传统，为传承中华文明做出了巨大的贡献。在党中央、国务院的高度重视和支持下，这一古老的文化传统焕发勃勃生机，展现新的活力，成为保存、继承、发扬光大中华优秀传统文化的重要依托，培育和践行社会主义核心价值观的重要媒介，社会主义先进文化建设的重要组成部分，发展中国特色社会主义，增强道路自信、制度自信、理论自信的重要载体，在实现“两个百年”奋斗目标和中华民族伟大复兴中国梦进程中具有不可替代的地位和作用。

事物总是在不断发展中前进。经过改革开放以来三十余年的发展，中国特色地方志事业与传统的编修地方志已不可同日而语，形成了志（志书）、鉴（年鉴）、库（地情数据库）、馆（方志馆）、网（地情网站）、刊（期刊）、会（学会）、研（理论研究）、用（开发利用）等多业并举的新格局。截至 2013 年底，全国编纂完成首轮、二轮省、市、县志书 7200 多种，编修部门志、行业志、专题志、乡镇村志 24000 多种，编纂地方综合年鉴 1700 多种，累计整理旧志 2000 多种，还编纂出版了大量的地情书，字数以百亿计，形成以反映国情、地情为主要内容，全面系统、持续不断、卷帙浩繁的社会科学成果群。另外，还开通了 26 个省级网站、200 个市级网站、470 多个县级网站；建成国家方志馆 1 个、省级馆 15 个、市级馆 60 多个、县级馆近 200 个。这些成果，成为国家极为重要的文化资源，是国家文化软实力和公共文化服务体系的重要组成部分。

最近几年，地方志工作的触角在不断延伸，部门志、行业志、特色志、乡镇村志编纂方兴未艾，成为当前地方志事业发展新的增长点和亮点。特别是乡镇志，兴起了编纂热潮，从自发的民间行为逐渐过渡为政府组织的文化行为，有的省份以政府令形式将其纳入地方志编修范畴，像河南省还以省政府办公厅名义要求全省普修乡镇志。乡镇志并不是一个新生事物，据现有资料可考源于宋代的《澉水志》。与省、市、县三级志书相比，乡镇志虽属小志，但意义却不小，特别是在当前国家全力推进新型城镇化建设的背景下，乡镇志的作用更显重要。

启动中国名镇志文化工程，是适应当前新型城镇化建设形势发展需要，适应地方志事业发展形势需要的重要举措，也在于充分发挥地方志的存史、资政、教化功能。作为最基层的行政组织，镇志是最接近中国社会发展变迁的国情、地情记录文本，具有重要的历史文献价值。而作为充分反映本区域自然、政治、经济、文化和社会的历史与现状的资料性文献，镇志又能全面展示发展脉络，摸索发展经验，为探索中国乡镇未来发展方向提供借鉴和参考。当然，对于中国人来说，始终有乡土情怀，生于斯长于斯，故土难忘，令人魂牵梦萦。留得住乡愁，记得住乡思，充分展示名镇文化魅力，激发爱乡、爱国情怀，也是此项文化工程应有之义。

是为序。

中国社会科学院院长<br>中国地方志指导小组组长　王伟光

2016年2月

# 序二

“国有史，邑有志”，中国自古就有注重编史修志的传统。按照我国目前地方志行政法规，国家各级地方志机构的法定职责是编纂省、市、县三级志书，并不包括县以下的乡镇志和村志。这种规定，一方面可能因为全国有数百万自然村落和数万乡镇，全部实行官修很难实现；另一方面可能因为我国历史上就有“皇权止于县”的说法，县以下的民间社会历来是一个以自治为主的领域。然而，改革开放几十年来，我国社会正在发生巨变，这种巨变在基层社会的乡镇、村落、家庭领域更为深刻。作为“乡之首，城之尾”的镇，逐渐被日益崛起的大都市淹没了光彩，村落在快速的城镇化过程中每天都在大量消失，农村家庭的小型化、空巢化趋势非常突出。在这种情况下，我一直在思考，如何留得住历史文化记忆和乡愁，如何把修志的工作向基层社会延伸？

中国人的“家国情怀”，是从“诚意、正心、修身”开始，到实现“齐家、治国、平天下”。所以从国家一统志，省、市、县三级志，到乡镇志、村志、家谱，也是一个完整的系统。

正是在这种背景下，我们决定启动中国名镇志文化工程。乡镇是无数中国人生命的底色和成长的摇篮。如何在城镇化进程中，留得住乡愁，记得住乡音，忘不了乡思，事关城镇化进程的人文关怀和文化保护，事关文化血脉的传承。同时，科学记录城镇化进程，反映城镇化成就，也为今后探索城镇化发展规律、积累经验提供了基本素材。作为全面系统记述一定行政区域的自然、政治、经济、文化和社会的资料性文献，志书是以上功能最好的载体。

我国目前有 4 万多个乡镇，全部修乡镇志还不具备条件。中国名镇志丛书选择的是传统文化名镇、历史军事重镇、革命历史名镇、民族特色名镇、特色经济名镇、旅游景观名镇等类型的乡镇，应该是最具代表性的，在中国乡镇文化传承和社会发展中具有标杆意义。

编纂中国名镇志丛书是对乡土历史文化的保护。随着城镇化进程加快，有不少乡镇被撤并，有些还是在历史上有重要意义的历史文化名镇、特色镇等。如不及时对其历史进行整理、记录，这些重要的历史资料将散佚殆尽。因此，中国名镇志丛书的编纂是对宝贵历史资料的抢救。

编纂中国名镇志丛书是对乡土意识的传承。什么东西有魅力？故乡的山水，乡音乡情的记忆，乡土的气息和家乡菜的味道，不管走到哪里，总是触动心弦。中国名镇志丛书记录的是家乡的山山水水，家乡的历史文化，家乡的风土人情，留住的是乡愁。这些最能激发远方游子和本地民众的爱乡情怀、爱国情怀。

编纂中国名镇志丛书是一种学术探索。镇志的编纂，实质也是一次深入的社会调查研究。"麻雀虽小五脏俱全"，相比省、市、县，乡镇第一手资料的获得需要付出更大的努力。我们也希望在志书编纂上有所创新，使中国名镇志丛书成为一套图文并茂、雅俗共赏的新型志书。

中国社会科学院副院长
中国地方志指导小组常务副组长　李培林

2016 年 2 月

## 中国名镇志丛书编纂委员会



## 中国名镇志丛书编纂委员会办公室

## 福建省石狮市
## 永宁镇志编纂委员会

顾　　问　李丽月　张桂森　林希妍　杜举胜　庄宝玲
　　　　　卢维祥　张国钦　邱银河
主　　任　邱汉清　王文挺（前）　蔡世鑫（前）
副 主 任　丁思洪　施文静　颜建生　洪奇树　邱友炳
委　　员　施旭红　周克凯　黄丽蓉　王文钦　蔡荣纯
　　　　　林再炎　洪全克　郑天应
编纂指导　李秉源　李天锡　李国宏　高晶璟
学术顾问　陈其弟

## 福建省石狮市
## 永宁镇志编纂委员会办公室

主　　任　丁思洪（兼）　洪奇树（前）　邱友炳（前）
副 主 任　郑天应（兼）
执行主编　郑天应（兼）
副 主 编　李显扬
编　　辑　董清辉　董帝恭　林英杰　苏荣灿

古乐飘香　　施彩云　摄

# 中国名镇志丛书凡例

一、以马克思列宁主义、毛泽东思想、邓小平理论、“三个代表”重要思想和科学发展观为指导，深入贯彻习近平总书记系列重要讲话，坚持辩证唯物主义和历史唯物主义的立场、观点和方法，全面、客观、系统记述我国城镇化进程和改革开放成果，传承和抢救乡土历史文化，留住乡愁，为探索中国特色新型城镇化发展经验、发展模式、发展道路提供历史智慧和现实借鉴。

二、记述上限追溯至事物发端，下限至启动名镇志编修年份。详今明古，着重反映时代特色和地方特点，重点体现各镇的“名”与“特”。

三、各镇志叙事区域范围为现有行政区域，以及其他历史上属于该镇的行政区域，适当增加横向对比、联系等内容。

四、采用纲目体，横排门类，纵述史实，述而不论。体裁运用适当创新，篇目设置不求面面俱到，一般意义上的乡镇级内容略去不载。

五、综合运用述、记、志、传、图、表、录等各种体裁，以志体为主。

六、使用规范的现代语体文记述，文字力求朴实、严谨、简洁、流畅、优美，增强可读性。

七、各项数据一般采用国家统计部门数据。数据缺乏的，采用主管部门或主办单位正式提供的数据。

八、只收录具有存史价值和名镇特色的图片，版面图文并茂。

九、民国前使用朝代年号纪年，括注公元年份，同一朝代年号在同一条目中只在首次出现括注。民国后使用公元纪年。本志“××年代”，凡未加世纪者，均指20世纪的年代。

十、记述各个历史时期的党派、机构、职务、地名等，均以当时的名称为准。对频繁使用的名称，首次用全称，其后用简称。“新中国成立前”“新中国成立后”以中华人民共和国成立日1949年10月1日为界；“解放前”“解放后”以该镇解放日为界。

十一、人物部类遵循“生不立传”原则，人物传主按生年排序，只选录对本镇发展有重大影响的历史人物，不面面俱到。

十二、为节省篇幅，避免重复，本志采用条目互见法。参见条目的表示形式为：参见本志“××类目·××分目·××条目”。

十三、对旧志、古籍中的繁体字、冷僻字一般用简化字或通用字替换，易引起误解的则保留。

十四、数字、标点遵循国家标准出版规定，GB/T 15834—2011《标点符号用法》，GB/T 15835—2011《出版物上数字用法》。

十五、计量单位采用国务院1984年2月发布的中华人民共和国法定计量单位。考虑到社会使用习惯，全书中亩不统一换算。

十六、各镇志需要独自说明的事项，均在各自编纂始末中记述。

# 永宁镇在中国的位置

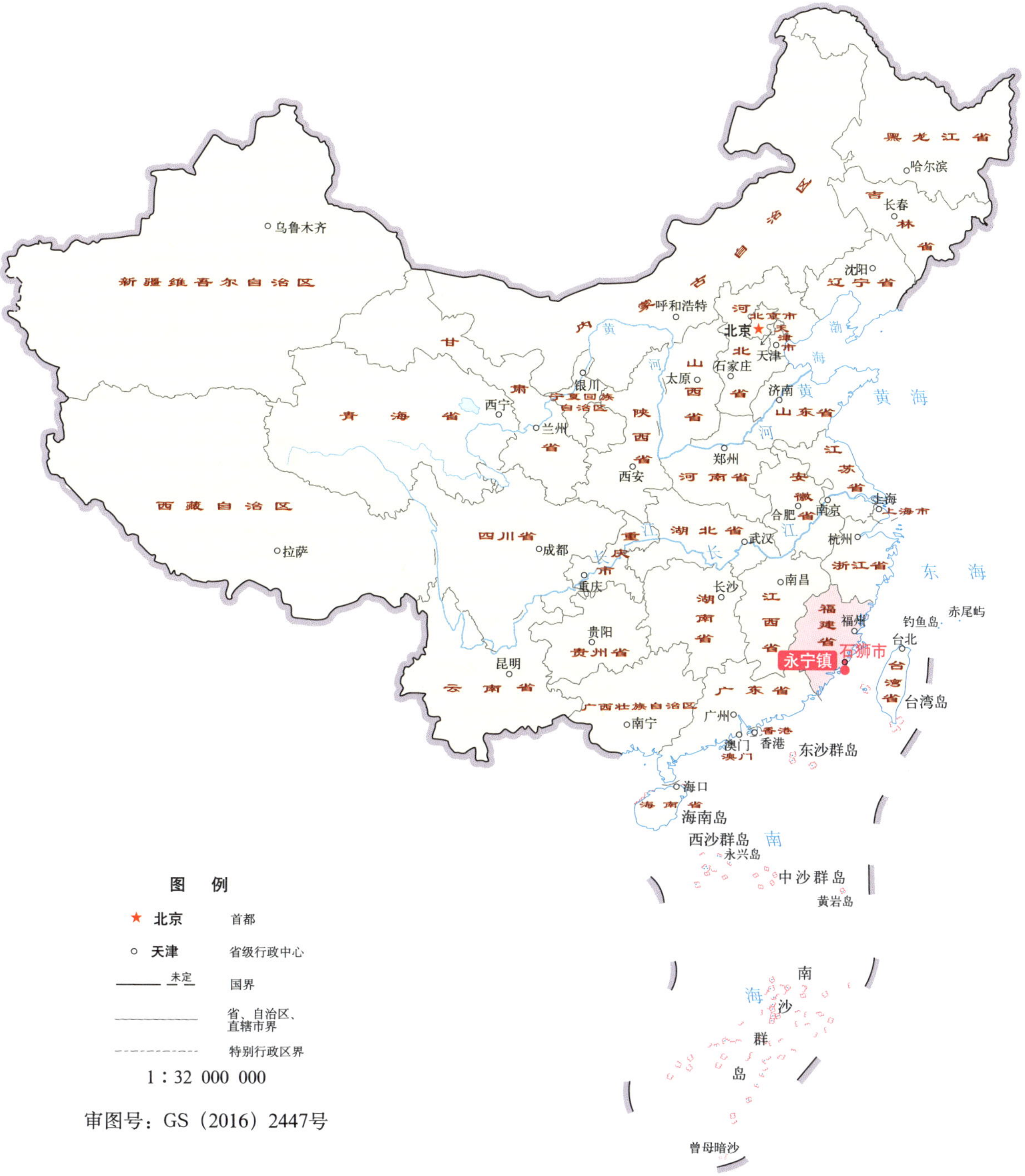

图　例

| | |
|---|---|
| ★ 北京 | 首都 |
| ○ 天津 | 省级行政中心 |
| —— 未定 | 国界 |
| ——— | 省、自治区、直辖市界 |
| - - - - | 特别行政区界 |

1：32 000 000

审图号：GS（2016）2447号

## 永宁镇在福建省的位置

图　例

- 福州　省级行政中心
- 泉州　地级行政中心
- 古田　县级行政中心
- 省级界
- 地级界

1：3 060 000

审图号：GS（2016）2447号

# 永宁镇地图

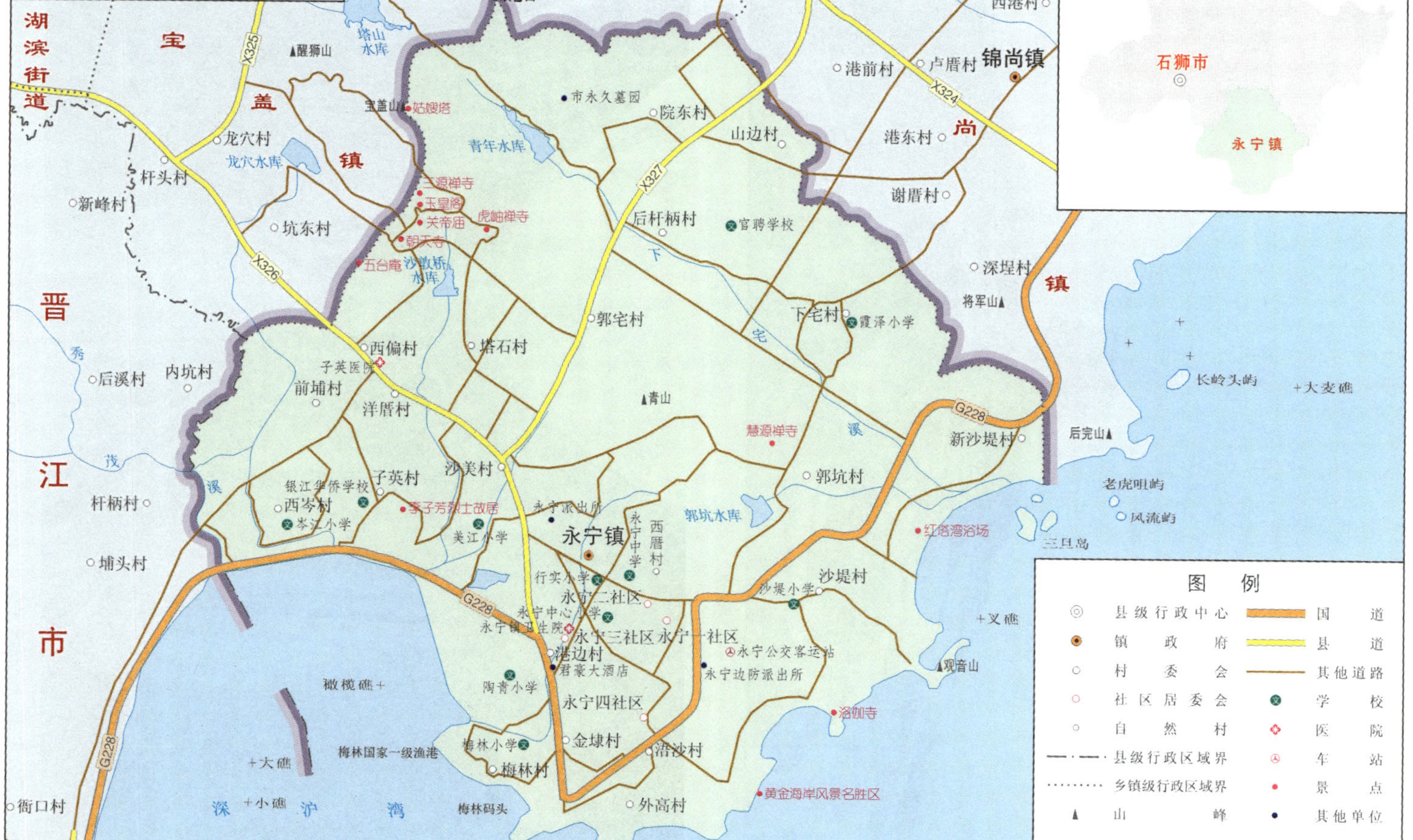

湖滨街道
宝盖镇
蚶江镇
锦尚镇
晋江市
锦尚镇
青莲村
西港村
港前村
卢厝村
港东村
谢厝村
深埕村
将军山
双髻山
醒狮山
塔山水库
宝盖山
姑嫂塔
龙穴村
龙穴水库
杆头村
新峰村
坑东村
三澳禅寺
玉皇阁
关帝庙
虎岫禅寺
朝天寺
五台庵
沙鼓桥水库
市永久墓园
院东村
山边村
青年水库
后杆柄村
官聘学校
下宅村
霞泽小学
郭宅村
塔石村
西偏村
子英医院
前埔村
洋厝村
青山
慧源禅寺
后溪村
内坑村
杆柄村
埔头村
衙口村
银江华侨学校
西岑村
岑江小学
子英村
李子芳烈士故居
沙美村
美江小学
永宁派出所
永宁镇
永宁中学
西厝村
郭坑水库
郭坑村
新沙堤村
后完山
长岭头屿
大麦礁
老虎咀屿
凤流屿
三旦岛
红塔湾浴场
沙堤村
沙堤小学
义礁
观音山
行实小学
永宁二社区
永宁中心小学
永宁镇卫生院
永宁三社区
永宁一社区
永宁公交客运站
永宁边防派出所
港边村
君豪大酒店
陶青小学
永宁四社区
洛伽寺
金埭村
梅林小学
梅林村
沙沙村
外高村
黄金海岸风景名胜区
橄榄礁
梅林国家一级渔港
大礁
小礁
梅林码头
深沪湾
秀茂溪
下宅溪
G228
X321
X324
X325
X326
X327

永宁镇位置图
石狮市
永宁镇

图例

| 符号 | 含义 | 符号 | 含义 |
| --- | --- | --- | --- |
| ◎ | 县级行政中心 | | 国道 |
| ● | 镇政府 | | 县道 |
| ○ | 村委会 | | 其他道路 |
| ○ | 社区居委会 | | 学校 |
| ○ | 自然村 | | 医院 |
| | 县级行政区域界 | | 车站 |
| | 乡镇级行政区域界 | | 景点 |
| ▲ | 山峰 | | 其他单位 |

审图号：闽S（2016）69号　比例尺：1:60 000
（注：本图行政区域界线仅作参考，不作划界依据。）
资料截止2015年12月　福建省制图院　编制　2016年9月

全国重点文物保护单位——姑嫂塔　　庄连白　摄

中国历史文化名街——永宁老街　　施彩云　摄

修复后的永宁古卫城东瀛门

福建省文物保护单位——永宁城隍庙

阿达哥　摄

美丽的湾区——黄金海岸

第二届永宁古卫城暨城隍文化节

古卫城中秋灯会　　蔡灵智　摄

气势雄伟的杨家大院六也亭

天然浴场——红塔湾

庄连白　摄

庄连白　摄

古厝人家　　莫皓　摄

永宁各界人士纪念“七一六”惨案65周年　　董清辉　摄

# 目录

1 概述

9 基本镇情

11 **建置区划**
11 区位
11 沿革
14 **自然地理**
14 地形地貌
15 气候
15 **人口**
16 源流
16 数量
16 人口迁移
17 流动人口
17 主要姓氏
20 名门世家
21 **镇区建设**
24 **经济社会发展**

29 永宁卫城

31 **建造永宁卫城**
32 **永宁卫编制**
34 永宁卫指挥机构
35 永宁卫防御体系
36 守御千户所的配置
37 永宁卫的给养
38 永宁卫防务的衰落
39 **修复永宁卫城**
41 **永宁老街**
47 **重建永宁卫城东瀛门**

49 闽南侨乡

51 **永宁华侨**
51 永宁人出洋
52 **华侨与家乡**
52 支援祖国革命
54 对家乡公益事业的贡献
55 兴教办学
57 捐建公共设施
58 **永宁镇归国华侨联合会**
59 附：永宁镇各村旅菲同乡会历届负责人名单
62 **港澳同胞**
62 旅居港澳
63 兴办公益
65 附：永宁镇各村旅港（澳）同乡会历届负责人名单
66 **台湾同胞**
66 移居台湾
68 台胞移居永宁
68 建设台湾
69 热心公益
69 经贸往来
70 **文化交融**
70 教育往来
71 民间信仰
71 演艺及武术活动
73 联络　接待

75 文物古迹

77 **全国重点文物保护单位——姑嫂塔**
78 **中国历史文化名街——永宁老街**
79 **宗教建筑**
79 永宁城隍庙
80 虎岫寺
81 鳌南天妃宫
82 永宁慈航庙
82 徽国文公祠
82 永宁梅福庵
83 梅林妈祖庙
83 永宁礼拜堂
85 **摩崖石刻**
85 永宁卫石刻
86 文祠岩刻
86 西山岩崖刻
86 虎岫寺崖刻

87 马鞍石崖刻
88 **古代遗址**
88 浔尾古盐场遗址
88 永宁闽海局关遗址
89 **名人故居**
89 李子芳烈士故居
89 董云阁烈士故居
90 白刃故居
90 **闽南古大厝**
91 霞源古大厝
91 莺山书舍
92 岑兜贻谋堂
92 黄念忆古大厝
92 永宁故事会馆
97 **华侨番仔楼**
97 宁东楼
99 贻庆楼
99 六也亭杨家大院
100 汉林楼
101 平粜会旧址
101 立璇楼
102 万芳楼
102 万安楼
106 **历史纪念物**
106 “七一六”蒙难纪念碑
107 附：永宁“七一六”蒙难纪念碑碑文
108 李子芳烈士纪念馆
108 黄念打烈士纪念公园
108 李德沐烈士纪念碑
108 高积山烈士纪念碑
108 **古墓葬**
108 明代武探花陈有纲墓
109 永宁粘氏始祖墓
109 郭坑郭氏祖墓

111 古镇保护

113 **永宁乡土资料的搜集整理**
114 **永宁古卫城学术研讨会**
115 **古卫城保护性规划论证**
117 **永宁古卫城保护措施**
119 附：永宁镇古卫城保护及管理办法（试行）

123 旅游

125 **黄金海岸旅游度假村**
126 **永宁古卫城暨城隍文化节**
129 **旅游配套设施**

129 旅游食宿
130 风味小吃
131 伴手礼
132 **旅游线路**
132 山海览胜线
134 卫城访古线
136 爱国教育观光线
136 美丽乡村观光线

141 民俗风情

143 **岁时习俗**
143 春节
143 虎岫庙会
144 元宵节
144 清明节
144 端午节
145 中秋节
145 重阳节
146 冬至
146 尾牙
146 除夕
147 **人生礼仪习俗**
147 婚嫁
149 生育
150 寿庆
151 丧葬
152 **侨胞习俗**
152 拜别祖先
153 送顺风
153 脱草鞋
153 寄房
153 嗣子
153 引水魂
153 祭扫祖坟
154 **行业习俗**
154 农耕习俗
154 出海习俗
155 建宅习俗
156 叫卖风情
156 **地方殊俗**
156 陷城洗街
157 相揁
158 董氏做节做十四
158 十月初一祭祀海神

159 卫城遗韵

161 **民间音乐**
161 南音

162 什音
163 龙虎斗
163 **民间娱乐**
163 火鼎公火鼎婆
164 踢球舞
164 格阁番
165 扶胸舞
165 踩高跷
166 **传统体育活动**
167 **灯谜**
169 **民间工艺**
169 妆糕人
169 纸扎
170 **方言**
170 源流
171 特点
173 五色话
174 **侨乡歌谣**
182 **民间传说**
182 姑嫂塔传说
183 镇海石传奇
184 陷城洗街
185 黄五部的传说
187 霞源的传说
189 城隍庙的大算盘
191 艺文
193 **古诗与楹联**
193 咏宝盖山
193 登宝盖山
193 登姑嫂塔
194 题姑嫂塔
194 吟姑嫂塔
194 游宝盖山虎岫寺
194 题虎岫寺（二首）
195 游虎岫寺
195 题虎岫寺
195 题虎岫寺（二首）
196 咏沙堤
196 咏鲸江
196 由湄洲扬帆至永宁登观海亭
196 题永宁庵
197 姑嫂塔联
197 虎岫寺联
197 虎岫寺百字长联
198 仙人山（观音山）题联
198 永宁城隍庙联
199 永宁文祠联
199 永宁中亭慈航庙联

199 **明清诗人咏永宁十八景**
199 浸月池（益辅山）
200 观日台（益辅山）
200 镇海石（益辅山）
200 骊龙珠（益辅山）
201 丹凤朝阳（益辅山）
201 玉带桥（益辅山）
201 犀牛望月（象山）
202 石迫水（下营）
202 玉泉沟（场口）
202 双鲤浴滩（南门口）
202 石鼓通潮（外高村）
202 半月沉江（梅林村）
203 海天一色（西厝村后）
203 玉笏朝天（沙堤村）
203 鲸江归棹（沙堤村）
203 关锁宝盖 （宝盖山）
203 圣泉古井（关锁塔前）
204 虎岫鸣钟（虎岫寺）
204 永嘉石室（双髻山）
204 永宁寇祸行
205 永宁镇沦陷一日有感
205 姑嫂行
207 **图说永宁（散文诗）**
207 序言
207 观音山
208 姑嫂塔
208 镇海石
209 城隍庙
210 老街与故事会馆
210 番仔楼
211 黄金海岸
211 城墙
212 **摄影与新诗**
212 与时光对峙的古街
214 问情——题姑嫂塔
215 凝望
216 我心飞翔——题永宁观音山奇石
217 一棵树
218 落入凡间的精灵
219 万通小布庄
220 日子
221 祥光普照
222 故土情怀
223 竹窗内外
224 启航
225 创业
226 **历代永宁籍人著述选录**

231 永宁人物

233 名人与永宁
233 朱熹预言永宁之崛起
233 真德秀展拓永宁寨
234 周德兴启建永宁卫
234 陈用之重文兴卫学
234 唐钰仁孝教化民风
235 戚继光永宁歼倭寇
235 阮仪三慧眼识永宁
236 人物传
236 龚名安
237 干八秃帖木儿
238 张寿
238 杨晟
238 尤天爵
239 干宗亮
239 王世实
240 黄克缵
241 陈有纲
242 李廷森
242 李范廉
243 董飏先
243 董友
244 林元品
245 李锡金
246 施琼芳
246 陈棨仁
248 施士洁
249 郑尊崨
250 施光铭
251 林登宾
252 李文秀
253 黄念忆
254 李逢耀
255 王立璇
256 李逢铎
256 詹孟杉
257 黄念打
258 李淡
259 董云阁
260 王庆祥
261 李子芳
263 李中敬
263 白刃
264 高明轩
265 高天雄
265 郑周敏
266 蔡登鍊
267 佘明培

268 人物简介
268 龚诗贮
268 李逢梧
269 董尚真
270 卢祖荫
271 陈著远
271 李爱珍
272 施展熊
273 卢温胜
273 卢文端
274 李欲晞
274 李贤义
275 蔡英挺
275 姚志胜

279 大事纪略

281 南宋设置永宁寨
281 董二抗元揭义旗
282 明初肇建永宁卫
283 卫学书香桃李芳
284 奋起抗倭存浩气
285 戚家军威壮边城
285 清兵屠城血洗街
286 行实新学开先河
287 日军暴行"七一六"
288 军民塔山剿匪特

289 附录

291 文献志乘
291 永宁卫志
293 明代《泉州府海防图》选录
303 碑志题刻

315 主要参考文献

317 编纂始末

# 概述

这是一座曾经饱受苦难却依然屹立不倒的史诗般小镇。

她以“永宁”为名，祈盼河清海晏、天下太平。然而千百年来，却因累居兵家必争之地而屡遭战火洗劫，因雄矗海疆之涯而声名远扬，在历史的风云中谱写出一曲曲慷慨激昂的英雄赞歌。

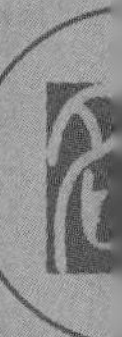

千年古镇，宝盖流徽

永宁镇位于福建省泉州市石狮市东南突出部，东临台湾海峡，西倚宝盖山，南临深沪湾。全镇总面积 28.6 平方千米，下辖 4 个社区居委会、20 个行政村，常住人口 4.6 万人，外来人口 2.5 万人，永宁籍海外侨胞及港、澳、台同胞 5 万多人。

史籍记载，永宁古称“水澳”，又称“水湾”，唐称“高亭”，宋称“凉恩亭”，明称“永宁卫”，唐宋年间已是晋江县辖下的一处海滨繁盛之地。南宋乾道八年（1172 年），于此建立水寨以防外患，称“永宁寨”，永宁遂为地名。明洪武二十年（1387 年），为抵御倭寇，朝廷在此置永宁卫，建卫城以作东南海防屏障，下辖福全、崇武、中左（厦门）、金门、高浦 5 个防御千户所及祥芝、深沪、围头 3 个巡检司。明嘉靖年间（1522 年～ 1566 年），永宁卫曾多次遭受来自倭寇的侵扰，其中两次被攻陷城池，军民奋争而死伤殆尽。清顺治四年（1647 年），清兵为镇压郑成功部将林顺而攻入永宁卫城，劫杀乡民，死者不计其数。1940 年 7 月 16 日，日本侵略者在飞机掩护下，分三路登陆永宁古镇，制造骇人听闻的“七一六惨案”。日本侵略者所到之处，烧杀奸淫，惨极一时。1944年，永宁设镇，隶属晋江县。1987年12月，经国务院批准，析晋江县石狮、蚶江、永宁3个镇和祥芝乡，置石狮市，永宁镇归石狮市管辖。

永宁镇三面临海，半岛形的山川形胜决定了其突显的战略位置。自古以来，永宁就是福建东南沿海军事要冲，抗击外侮、固边靖海、保家卫国的斗争从未停止过。战火洗劫给永宁人民带来深重的灾难，但也锻造了永宁人顽强不屈、团结互助的品格。在奋勇抗击外来侵略、建设美好家园的斗争实践中，永宁军民同仇敌忾、并肩战斗，屡次击败来犯之敌，保障了闽东南大部地区的和平与安定，孕育了坚忍不拔、团结一心、守望相助、尚武重义、敢拼敢赢的卫城文化，涌现出一个个令人钦慕的慷慨壮烈之士。明弘治年间（1488年～1505年），永宁卫镇抚尤天爵率军民多次击溃倭寇的轮番进攻，最后因得不到增援，卫城沦陷，以身殉国。隆庆年间（1567年～1572年），都指挥佥事王世实随俞大猷于广东会剿倭寇，屡建功勋，后在龙眼沙海一役激战中壮烈牺牲。从嘉靖四十一年（1562年）至隆庆元年（1567年）五年间，戚继光曾五次驰援永宁，立下不朽功勋。明代中期，永宁梅林村黄克缵，少时深受倭患之害，后曾任刑部尚书、工部尚书、吏部尚书、兵部尚书，为官清廉，不惧权势，敢于为民请命。史书上称他“与民裁阔狭，蠲烦苛，惠政甚著”。明末永宁沙堤村董友（永宁民间称之为董酉姑），是民族英雄郑成功的贤内助，内育子女，外辅大政。《台湾通史》称颂

水澳

她："勤俭恭谨，日率姬妾婢妇纺织，并制甲胄诸物，以佐军用……每与军事，多所匡辅。王薨后，时诫子孙，抚恤民庶，厚养将士，毋坠先业，故台人咸受其惠。"近现代以来，永宁人救亡图存、为国纾难的情怀薪火相传。岑兜村归侨烈士李子芳曾任新四军政治部组织部部长，全心投入抗日工作，为抗击日本侵略者做出卓越贡献。永宁村归侨烈士董云阁为了国家和民族解放，积极参加革命，牺牲时年仅 24 岁。

中华人民共和国成立后，永宁人民秉承先贤爱国爱乡精神，励志图强，奋发有为，在商业、科技、政治、文化、军事等诸多领域人才辈出。港边村人李爱珍从事半导体材料研究取得重大成就，当选美国科学院外籍院士，是新中国第一代化合物半导体女科学家。前埔村人蔡英挺上将，曾任南京军区司令员，为中共第十八届中央委员。卢文端、卢温胜、李贤义、施展熊、姚志胜、李欲晞 6 人先后荣任全国政协委员。永宁军旅作家白刃，以其电影《兵临城下》等作品在国内外享有盛名。

永宁依山傍海，风光旖旎，旅游资源丰富，且因历史悠久，存留大量的文物古迹。据《永宁卫志》载，永宁原有内十景、外八景，并有东西庵、五大庙等宏伟建筑，可惜屡遭劫难，损毁甚多。20 世纪 90 年代建设的黄金海岸，为集游、食、住、购、娱于一体的滨海旅游度假区，是福建省十大重点旅游景区之一。至 2014 年，全镇除了有中国历史文化名街永宁老街、全国重点文物保护单位姑嫂塔、省级文物保护单位永宁城隍庙外，还有虎岫寺摩崖石刻、永宁卫石刻、李子芳烈士故居、董云阁烈士故居、明

镇海石公园内的明代岩刻　　董清辉　摄

代武探花陈有纲墓、慈航庙、“七一六”蒙难纪念碑、岑兜古盐场8处石狮市级文物保护单位。此外，还有洛伽寺、朝天寺、慧源寺等较大型的宗教建筑群，以及布满各种酷肖珍禽异兽嶙峋怪石的观音山。永宁还拥有明、清、民国等不同时期的闽南古大厝和华侨民居建筑，有“天然闽南建筑博物馆”之称。

永宁是石狮市著名侨乡。侨胞旅居海外始于宋末元初，永宁《温陵董氏沙堤分派永宁宗谱》即有“十四世柳轩，开族吕宋‘大明街’”的记载。明初，永宁卫指挥使干八秃帖木儿曾率部分永宁官兵随郑和下西洋，并有8位将军因功受朝廷封爵。当时，曾有一些人留居海外。2003年6月，印尼前总统瓦希德委托专家前来考察，确定永宁下宅村为其明初迁居印尼先祖陈金汉的祖籍地。有清以来，战乱频仍，天灾人祸，永宁人纷纷逃往东南亚国家。民国初期，永宁华侨在海外已成规模，且颇有建树，纷纷回乡建家立业，故有“金埭”“银江”等富裕侨村的出现。现旅外侨亲以菲律宾居多，余者遍及新加坡、马来西亚、印度尼西亚、缅甸、澳大利亚及美洲等地。他们在海外胼手胝足，艰辛创业，甚多人在侨居地已成为颇有影响的侨领或工商界巨擘。如曾连任两届菲华商联总会理事长董尚真、菲律宾华侨善举总会董事长李逢梧、菲华体育总会理事长陈著远、晋江市旅菲同乡会副理事长董光溪、曾任石狮市同乡总会理事长董伦意、菲华各界联合会主席卢祖荫、菲华企业界巨子蔡登鍊，以及曾被誉为东南亚第二大富豪、已故的郑周敏等，乃侨领中的佼佼者，皆是爱国爱乡的典范。他们捐助家乡公益事业，致力于兴学助教、修桥造路、改造镇容村貌，其功绩有口皆碑。

1998年扩建完成投入使用的5000吨级多用途对台小额贸易码头

黄金海岸改造开发建设　　庄连白　摄

永宁与台湾关系源远流长。很早以前就有永宁人前往台湾发展。清初，郑成功率军收复台湾，许多永宁人随军出征。顺治十八年（1661 年），清政府颁布迁海令，强迫沿海居民内迁三十里，永宁境内诸多不愿内迁者，纷纷投奔台湾，从事农耕或经贸。乾隆四十九年（1784 年），清政府批准蚶江与台湾鹿港对渡，使永宁与台湾的贸易从隐蔽到公开，商业及航运业随之得到发展。道光初年，永宁即设有海关，以管理往返船只，征收出入口税。当时，如日茂、霞源、永进、兴源、宝藏、东益等一些大商家，其商舶频繁往来于海峡两岸。清代台湾著名郊商永宁人林元品，其日茂商行在鹿港首屈一指，且对鹿港、彰化的建设及公益事业贡献良多。至清末，永宁及梅林、沙堤往返于海峡两岸的商船达 100 多艘。永宁还设有厘金局，征收出入港商船的税款。此外，台湾鹿港鳌亭宫、台中灵兴宫的城隍亦系从永宁城隍祖庙“分灵”供奉。

1987 年石狮建市以后，永宁乘着改革开放的春风，不断加大基础设施的建设力度，投资环境日臻完善。宽敞的水泥公路连接全镇24个村（居），沿海大通道贯通东部海岸，镇区距泉州青阳机场仅 18 千米、距福厦高速公路石狮或石狮北出口仅 10 千米，交通便利。2011 年以来，永宁镇镇委、镇政府围绕“质量石狮”的战略部署，主动融入石狮发展大局，确定“打造滨海文化旅游城镇”的发展方向，编制《永宁古卫城控制性详细规划》，经济社会持续、健康、快速发展。2012 年起，永宁镇连续四年成功举办“永宁古卫城暨城隍文化节”，吸引海内外数万游客来观光旅游，兴起一股新的旅游热潮。文教事业快速发展，涌现出太阳风文化促进会、雅韵艺术促进会、鳌城谜社、绿洲读书社永宁分社等多个民间社团，先后成立30多个教育基金会、济困助学基金会等一批优秀公益社团。全镇有工业企业近300家，其中规模以上企业39家、纳税超百万企业31家，基本形成以服装面料、体育用品、食品五金为龙头的新兴支柱产业，以黄金海岸度假村为支撑的旅游及第三产业，以滩涂养殖、海产品加工、农业基地为主导的现代农渔业的经济发展格局。永宁镇先后获"全国重点镇""全国生育关怀先进单位""福建省文明乡镇""福建省渔业十强镇""福建省生态乡镇""福建省卫生乡镇""全国婚育新风进万家活动先进单位"等称号。郭坑回族村荣获"全国民族团结进步创建活动示范村"称号，前埔村被授予"中国淘宝村"称号。

2016年5月31日，福建省人民政府公布，永宁镇列为第五批省级历史文化名镇。

永宁虽是一个小镇，但古今的沧桑巨变却和国家民族的命运紧紧联系在一起。国运兴，则永宁兴，国运衰，则永宁不得安宁。因此可以说，永宁既是中国历史发展的一个缩影，也是中国古镇和卫城文化的一个典范。

建设中的梅林国家一级渔港

# 基本镇情

永宁肇之于唐代，明代设置卫城，后成为东南海防重镇。明清时期，航海通商，商业兴旺，华侨出国，代不乏人，被誉为闽南著名侨乡。改革开放之后，具有强烈商品经济意识的永宁人抓住发展机遇，形成以服装面料、体育用品、食品五金为龙头的新兴支柱产业，旅游及第三产业与现代农渔业协调发展的经济格局。

# 建置区划

**区位**　永宁镇位于福建省石狮市东南部滨海地带（北纬 24° 44′，东经 118° 37′），为中国东南沿海抗倭卫城及历史文化名镇，距石狮中心市区 8 千米。北与蚶江、锦尚镇接壤，西与晋江龙湖镇相邻，东临台湾海峡，南隔深沪湾与深沪镇相望。镇政府驻永宁社区。陆地面积 28.6 平方千米，海岸线长 19.8 千米。

## 沿革

*唐*　开元六年（718 年），析南安东南地置晋江县，永宁属晋江县。

*宋*　晋江县分为 5 乡，永宁属安仁乡。

徽国文公祠的石狮子　　李国宏　摄

**元** 晋江县城内分3隅，城外分为47都。永宁属二十都（今永宁镇及锦尚、鸿山、蚶江等镇部分地域）。

**明** 朝廷在永宁建卫城，设置永宁卫指挥使司。境域沿袭元制，属二十都。

**清** 永宁属二十都。二十都辖4图46乡。即山根（山墩）、竹高厝（竹篙厝）、西仑、塔石、西边（今西偏）、杨厝（今洋厝）、前埔、西岑、梧洲（梧村）、岑兜、后店、桥头、沙美、西门外、永宁、港边、梅林、寨下（今外高）、金埭、浯沙、城角、坑尾、路角、洋丹、小阳端、沙堤、郭坑、满山红、郭宅、霞泽、后杆柄、院东、山边、港东、深埕、谢厝、青石、卢厝、港前、西坑、新厝窑、上埭、西港、厝上、前尾、东埔46乡。

**中华民国** 初行政区划沿袭清制。1935年6月，晋江县划为六区。永宁属第四区（区公所设石狮）。同年8月，四、五区合并为第三区（区署设石狮），永宁属第三区。后改名石狮区，永宁属石狮区。

1944年，撤销区署设乡、镇公所。晋江县改为8镇16乡。永宁镇（镇公所设永宁）辖永清保（以街为界，永宁之南半部分），玉东保（永宁之北半部分），金沙保（金埭、沙堤、浯沙、外高4村），梅港保（梅林、港边2村）、洋沙保（洋厝、沙美、西偏、塔石4村），双岑保（岑兜、西岑、前埔3村），杆东保（杆头、坑东、龙穴3村），联溪保（下宅、郭坑、院东、山边、后杆柄、郭宅6村），厝上保（厝上村），共9个保。

**中华人民共和国** 1949年9月3日，永宁解放。时晋江县划为11个区，永宁属第九区（区政府设永宁），10月3日，区政府正式挂牌，下辖今永宁镇区及莲埭、莲塘、锦林、青山、洋厝、双湖、蚶江、古莲、祥芝、石湖等19乡。

1952年，全县划为20个区。永宁属15区（区政府驻永宁），下辖今永宁镇区及锦溪、青山、联溪、沙郭、三芳、梅港、洋沙（包括洋厝、沙美、西偏、塔石）、金林、杆东、双岑（包括岑兜、西岑、前埔）等10个乡。

1956年6月，全县并为8个区， 88个乡、6个乡级镇及青阳、安海、石狮3个县辖镇。现永宁镇行政区域隶属于莲塘区（区政府设莲塘），分为一镇二乡。即：永宁镇（包括永宁、梅林、港边、外高、金埭、浯沙、沙堤）、子英乡（包括岑兜、西岑、沙美、前埔、洋厝、塔石、西偏）、联溪乡（包括郭宅、山边、院东、后杆柄、下宅、郭坑）。

1958年3月，晋江县撤区并乡，现永宁镇范围及杆东村（包括坑东、龙穴、杆头、八斗、许坑后），合并为永宁乡。同年10月实行政社合一，撤乡成立人民公社，时永宁乡范围之永宁、外高（原三芳）、梅港、洋厝（包括洋厝、沙美、西偏、塔石）、子英（岑兜、西岑、前埔）、后杆柄（原联溪乡）、沙堤7个大队，及杆东大队全部并入石狮人民公社。

1961年，全县划为20个人民公社。永宁从石狮人民公社析出，成立永宁人民公社，下辖永宁、外高（包括浯沙）、金埭、梅林、港边、沙堤、子英、西岑、洋厝（包括前埔）、西偏（包括塔石）、沙美、后杆柄（包括山边、郭宅、院东）、下宅（包括郭坑、新沙堤）等13个大队。

1984年10月，实行政社分开，撤永宁人民公社，恢复永宁镇建制。

1987年12月，石狮建市，永宁镇归石狮市管辖。时永宁镇辖有永宁居委会和外高、浯沙、金埭、梅林、港边、子英、西岑、前埔、洋厝、西偏、塔石、沙美、后杆柄、下宅、郭坑、沙堤、院东、山边、郭宅等19个行政村。

1991年，新沙堤自然村从下宅村析出，自成为行政村。

2011年4月，永宁社区一分为四，成立永宁第一、第二、第三、第四社区居委会。至此，永宁镇辖有20个行政村和4个社区居委会。

晋江县第九区人民政府旧址迎熏楼

# 自然地理

永宁镇位于石狮市东南突出部，三面临海一面依山，是典型的沿海小丘陵半岛。海岸线长 19.8 千米。历来为泉州海外交通的重要港口及海防要地，有梅林、沙堤等重要渔港。

除下宅、后杆柄几个村外，大多土壤瘠瘦，地下水资源贫乏。

**地形地貌**　永宁镇整体地形走势为东西两边高、由北向南倾斜，地貌类型以台地为主，地形由丘陵—台地—平原呈阶梯式逐级递变。西北部的最高峰为宝盖山，次之为双髻山。低丘陵有五虎山、将军山、东山、烽炉山、益辅山和观音山。宝盖山、双髻山等山体受北西向断裂切割，走向呈北西向延伸。丘陵主要由花岗岩构成，沟谷发育，植被较少。

宝盖山　　吴泽荣　摄

永宁沿海有深沪湾及梅林、沙堤、西岑等港湾。自新沙堤、观音山、宫屿至外高垵一带，其海岸陡峭，岸线曲折，岛礁罗列，海水较深，波浪作用强烈。岬角处发育着海蚀崖、海蚀洞穴等海蚀地貌。小海湾内有风积沙堤和沙滩海岸分布。

**气候** 永宁镇属南亚热带海洋性气候区，夏长无酷热，冬短无严寒；日照充足，蒸发旺盛，水分欠缺。气候受季风影响明显，台风季节较长，降水受季风控制，有干季、湿季之分。灾害性天气主要有干旱、台风、暴雨等。

## 人口

永宁，是个人口稠密的移民城镇。自明初建卫城，辟为闽海军事要塞，复杂的姓氏即源自各地的驻防官军。因当时实施世兵制，大部分将士及其家属一来到永宁便落地生根，成为永久居民。永宁人有很强的包容性和凝聚力。虽然来自各地，带来各自不同的文化、语言和生活方式，但大家和睦相处，繁衍生息，共同打造一个缤纷繁荣的新城埠。

镇海石公园卫侯干君德政碑　　董清辉　摄

**源流** 明洪武二十年（1387 年）置永宁卫。永宁卫城内有左、右、中、前、后五个千户所，配备兵力 6900 多名。官兵都是从全国各地调入，加上携带家口，人口空前大增。据《永宁卫志》记载，时“丁户二十余万，封家不下三万，官印七十二颗。弁目绔绅、士吏不下千百。烟火相辏，舟车络绎，古名都大郡，何以过哉”。道光版《晋江县志》载，明初建卫城时，阚义（和州人）首任永宁卫指挥使，其后，又有干姓（通州人）及杨姓继任。属下各级官员来之各方，如指挥同知张祥（宿州人）、刘贵（乐亭人）、钟瑄（善化人）、王斌（金门人）、马英（商河人）、杜成（庐州人）、王瑄（凤阳人）、钱辂（全椒人）、沈真（相州人）、王刚（宜兴人）等。其余官员及各千户所官兵，其源流之复杂，实不胜枚举。

**数量** 中华人民共和国成立后，政治稳定，生活水平提高，人口一直呈稳步增长趋势。1953 年第一次全国人口普查，十五区（永宁）总户数 7600 户，人口 32959 人（其范围除现永宁镇外，还包括现蚶江、祥芝、鸿山、锦尚等镇属下 14 个乡）。1964 年第二次全国人口普查，永宁公社（现永宁镇范围）总户数 5730 户，人口 27082 人。1982 年第三次全国人口普查时，永宁公社总户数 7931 户，人口 37741 人。1990 年第四次全国人口普查，永宁镇总户数 8981 户，人口 43956 人。2000 年第五次全国人口普查，永宁镇总户数 11776 户，人口 49732 人。之后十多年来，由于计划生育工作的深入开展，履行计划生育这一国策逐渐成为民众的自觉行动。人口数一直较平稳地保持在 4.5 万人左右。2010 年第六次全国人口普查，永宁镇户籍人口 45302 人，全镇常住人口 59484 人。

**人口迁移** 永宁明初建卫，人口暴增。在城外，村落紧凑相依，如今已废村的洋丹、路角、澳仔、城角、薛厝、满山红，以及至今尚存的西厝、沙美、梅林、港边、金埭、外高、浯沙、沙堤诸村，人烟密集。后历经几次劫难，人口几度锐减。一是明朝嘉靖年间（1522 年 ~ 1566 年），倭寇两次“陷城”，军民死伤几尽，即使幸存者也只能选择逃亡，以求生路。如城东澳仔村许姓，村被废后，村民皆逃往厦门。永宁溪源郑氏族谱记载，其族人流落永春、南安等地。还有何、高、尤、吴等姓氏逃往石狮。二是清顺治四年（1647 年）林顺事件，乡民死难者达 2400 多人。继之是清顺治十八年（1661 年），清政府为切断民众与台湾郑成功政权的联系，实行“迁界”政策，将沿海居民内迁 30 里，设界防守。据载，当时由永宁迁往石狮一带的就有高、田、林、邓、曾、商、陈、王、朱、卞、黄、李、郑等 14 个姓。尚有从港边迁往石狮的姜、商、林、何、田 5 姓。乾隆四十九年（1784 年），清政府开放蚶江港与台湾鹿港对渡，永宁境内林、高、蔡、李、龚、董、施等姓氏居民开始迁台，自光绪年间之后，永宁镇有大量居民旅居海

前埔“新永宁人（外来务工人员）”活动中心

外。据2010年最新调查统计，全镇21个村（居）现有在海外华侨、华人22400人，其中新移民1421人，另有港澳台同胞17800人。这些海内外华侨华人主要分布在菲律宾、美国、加拿大、澳大利亚、新西兰、泰国、马来西亚、新加坡、日本、法国、印尼、缅甸等国家及中国香港、台湾、澳门地区。

**流动人口** 石狮建市后，乡镇企业兴起，永宁外来务工人员日益增多。这些人大部分来自江西、四川、重庆、安徽等省（市）。外来务工人员大多在工厂做工，或为建筑工人，或在渔村搬运鱼货，或从事饮食等服务行业。据统计，2003年永宁有流动人口8662人，2005年9515人，2007年22488人，2010年22824人。

## 主要姓氏

2010年，永宁镇人口中有132个姓氏，分布在21个村（居）。2500人以上的姓氏有李、龚、王、陈、蔡、董、高7个姓氏。其中较早入居永宁的有如下几个家族：

**梅林李氏** 唐高宗总章二年（669年），闽南发生骚乱，朝廷命陈政、陈元兴父子入闽平叛。李伯瑶随军出征，后任漳州参军，宋时追封“威武辅胜上将军”，其后裔定居闽南各地。三子李董尔，别号威正，敕封镇守泉州兼水军都统，其裔孙中一支迁住晋江佛堂澳（今永宁镇新沙堤）。明代永乐年间，李建滨由佛堂澳迁入梅林，被奉为梅李始祖。

郡望：陇西衍派；分堂号：沙堤传芳。

**永宁李氏** 奉泉州水军都统李董尔为始祖。明初，佛明将军李颜贞由佛堂澳迁入永宁，为永宁李氏开基祖。

**银江李氏** 李振仲于元末入伍戍守永宁司，娶岑兜王氏女，后王氏回原籍金陵，银江产业尽归之，故振仲迁居岑兜，为银江李氏肇基祖。

**沙堤龚氏** 先祖龚忠，于五代南唐时自浙江钱塘迁入福建莆阳（莆田），为闽南龚氏始祖。南宋孝宗绍兴八年（1138 年），其七世裔孙资政殿学士龚茂良迁居泉州，为龚氏入泉一世祖。其三子龚源荫补上舍郎，卜居龙山，为安平肇基祖。后传至十三世龚庄，到晋江荆山开垦定居，为沙堤、西偏、梧园、南塘之始祖（亦称十三公）。龚庄次子龚悌后迁居沙堤，为沙堤龚氏始祖。明永乐年间（1403 年～ 1424 年），沙堤村龚氏四世祖龚明安（元朝上犹县尉）之孙龚培由沙堤迁居西偏，为西偏龚氏之一世祖。

郡望：武陵衍派；分堂号：六桂传芳。

**永宁王氏** 唐光启元年（885 年），河南光州固始县佐王潮偕审邽、审知三兄弟，随义军入闽，后诸将拥戴王潮为主帅。在王氏三兄弟率领下，先后攻克汀州、泉州、福州，一统福建。乾宁四年（897 年）王潮去世，朝廷授审知为节度使。后梁太祖于开平三年（909 年）晋封王审知为闽王。王审知定居刺桐城船峰巷，俗称上邦巷王氏。后王审邽一裔孙分支晋江青阳型厝。明洪武三年（1370 年），王时庵三兄弟再从青阳迁居永宁。

王氏宗祠

郡望：太原衍派；分堂号：开闽传芳。

**永宁陈氏** 永宁陈氏成庵支系：源自河南光州固始县，陈成庵于南宋孝宗年间（1163年～1174年）肇基永宁。

郡望：颍川衍派（堂号孝德堂）；分堂号：鳌城传芳。

**下宅陈氏** 霞泽陈氏开基始祖陈福临，于明永乐六年（1408年）授兵部尚书，永乐八年封救驾将军，永乐一十二年调御永宁，署于西庵。传子有三：长子明临为世袭将军，后隐居霞泽；次子明深，袭封昭信将军，授永宁卫千户，派籍永宁；三子明渊，封武略将军，出守金陵（南京），肇基南京。

**沙堤与永宁董氏** 前唐五代董思安由河南光州固始县随王审知入闽，落籍泉州登贤里，为闽南董氏肇基祖。后董子道因战功奏补三班殿直，晋封平凉郡开国伯，世袭至八世。此后200余年，多人入仕封侯，乃泉郡名门，在青阳有尚书府。后因“下马碑”纠纷，族人杀死知州，元兵来剿，董氏族人即连夜遁奔福州、浙江、漳州、金门等地沿海或深山。十四世董善顺，号倚鹿，迁居永宁沙堤。善顺生三子，传五房，即长盛房、东城房、祥芝房、中璜房、西轩房。嘉靖中叶，永宁因倭患陷城，居民纷纷遁逃。后有沙堤董氏相继移居永宁。

永宁董氏宗祠

郡望：陇西衍派（堂号：豢龙世泽）；分堂号：玉笋传芳。

**霁江高氏** 元末，兵荒马乱。高氏入闽始祖高钢之十九世孙高佑，自安海移居永宁霁江（外高）。永宁高氏奉高钢十七世孙高蔷（任永宁寨军镇抚，左副翊）为肇基祖，奉高佑为一世祖。后再分支永宁、梅林等地。

郡望：渤海传芳；分堂号：霁江衍派。

**名门世家** 永宁城内至今尚有几个姓氏，在明洪武年间（1368 年～ 1398 年）就来永宁荣膺要职，并数代沿袭，家世显赫，堪称望族。如：

永宁卫指挥使干八秃帖木儿（蒙古族，通州人），洪武年间履任，曾率永宁卫官兵参加郑和下西洋船队，并建勋功，受朝廷封爵，世袭六传直至干以临。现尚存有干厝巷、干氏祖厝及干以临德政碑等遗迹。

指挥同知张祥（宿州人），八传至张四教。出有书法家张寿，今有张氏祠堂。

镇抚王荣（宜兴人），五传至王廷槐。出有抗倭英雄王世实，今有王氏宗祠及“大明卫侯王公抚军恤民父母碑”。

中千户所正千户陈继（泗州人），十传至陈茂节。陈继于永乐七年从黔国公沐晟征交趾病故，赠武德将军。至今有小东门后衙，为陈继家族故宅。

晚明，梅林黄克缵“五部尚书”世家、梅林李范廉世家，均是数代簪缨，绵延不替。至清代又有永宁大夫第“日茂家族”、观音亭“霞源家族”，不但家道殷富、乐善好施，且代有功名。

当代有永宁西门林登宾，1901 年创办行实小学堂，开晋江近代新式教育之先河，后又开办永宁竞新女学。其家族内外几代人，或从事教育工作，或支持资助教育事业。1988 年其孙儿祖荫创办行实幼儿园，2011 年再创办行实小学，其曾孙女林巧儿亲任校长。林家堪为教育世家之典范。又有永宁西厝村华侨郑周扬、郑周敏的郑氏家族，一度被冠以亚洲第二大富豪称号。该家族热心慈善公益，以其母亲冠名的郑龚抱月国际基金会，基金额达 1.17 亿美元，超过举世闻名的美国洛克菲勒基金会 1 亿美元的数目。郑周敏的女儿郑绵绵接棒该集团后，被台湾报界称为“最会赚钱的企业家”，曾被美国合众国际社推选为“世界十大最热门单身女”。

# 镇区建设

明洪武年间（1368 年～ 1398 年），永宁建卫城，建有海防、军事、港口等设施，还有卫学、寺庙等建筑。据《八闽通志》记载：“城隍庙在卫治东南。洪武年间，指挥洪海建。正统间，卫知事王廉修。成化九年，千户陈宗重建。旗纛庙在卫治后之左。正统十一年，指挥同知金冕重建。成化十三年，指挥使杨晟增建外门楼。”又“同仁坊在卫前直街，成化十二年，指挥使杨晟立。宁海坊在卫西街。柔远坊在卫南门街。通贤坊在卫北门街。迎晖坊在卫东北。乐雍市、育英市在谯楼后。东瀛市在卫东南”。

至清乾隆年间（1736 年～ 1795 年），永宁古街（八卦街）的建设已颇具规模。

中华人民共和国成立之后，先后建设医院、学校及商业、金融、邮电等服务设施。20 世纪 60 年代起陆续建成党政机关、供销社、工商、税务、邮电等公共建筑。1978 年～ 1985 年，侨胞、港澳台同胞共捐资 2000 多万元，扩建或新建镇内 18 所中小学的教学楼、宿舍楼、礼堂、体育馆等，总建筑面积达 9124 平方米。1987 年，各种公共建筑面积 3.24 万平方米。其中党政机关建筑面积 9600 平方米，商业建筑面积 5200 平方米，学校、医疗建筑 1.26 万平方米，银行建筑 3000 平方米。

2006 年兴建的永宁中心小学新校园

1998 年，永宁镇梅林港 5000 吨级对台小额贸易综合码头及配套设施、陆域工程和引堤加宽工程完成并投入生产。1998 年后，镇党委和镇政府把改旧建新作为农村工作的重点，在前埔村改旧建新取得成功的基础上又确定金埭、山边、西岑、沙美、下宅、外高、郭坑、郭宅、子英等为改旧建新和村容村貌整治工作试点村，聘请市规划设计室专家对重点试点村进行详规设计，并增加建设资金。1999 年，石狮市开始建设沿海大通道，永宁镇境内东、西两段总长 6 千米动工兴建。2000 年，黄金海岸度假村里“海洋世界”开建，为福建省重点旅游项目之一。2002 年，实现全镇所有自然村通水泥路。2003 年，长 4 千米的沿海大通道永宁西段海堤（西起西岑，东至梅林港）完工并投入使用，总投资 1200 万元。2005 年，11 万伏永宁变电站二期扩建工程竣工并投入运行。2008 年，永宁镇抓住石狮中心城区向东南方向拓展、永宁被规划为未来石狮新城区的契机，委托芜湖市规划设计研究院对全镇进行分区规划。先期进行控制性用地管理，完成石永路拓（扩）改工程，加快建设永宁公路和共富路台商园区路段拓宽工程建设；后期推进公共服务设施建设，新建 3 个垃圾中转站，形成覆盖全镇垃圾收集转运处置体系。2009 年，市台商投资基地落户永宁后，完成首期院东 30 多公顷土地征用任务，整合出以台商投资基地为龙头的工业聚集区。

建设中的台商投资区

永宁中学全景

2010 年，永宁镇被确定为“泉州市综合改革建设试点镇”和石狮市“七大片区”开发改造的一大片区。当年启动 28 个项目，总投资 34 亿元。其中有黄金海岸改造开发建设、石永二路共富路至红塔湾段、红塔湾沿海旅游路、永宁镇行政中心区公园、黄金大道改造、永宁东南环路绿化及人行道建设、永宁古卫城遗址公园、梅林一级渔港、台资企业园区基础设施建设、永码路改造、石狮黎祥食品生产基地、正源台湾水产品冷冻调理食品综合开发项目、永宁污水处理厂、永宁新镇区防洪排涝工程、石狮市农村垃圾收运工程永宁项目、永宁镇污水管网工程、永宁中学扩建、永宁中心幼儿园新教学楼，以及沙堤小学、霞泽小学、银江华侨学校、陶青小学、梅林小学的危房改造工程等。同时加大重点村建设，投入资金约 772 万元，铺设水泥路近 2.3 万平方米、马路砖 1 万立方米，修筑排水沟 2500 米，修建村间休闲场所 1 万平方米，拆除旧房、公妈厅 45 座，约 7000 平方米。

通过开展社会主义新农村建设，永宁镇广大农村的村容村貌发生了历史性变化。前埔、郭坑两村，被列为石狮市社会主义新农村建设样板，2012 年被授予“泉州市美丽乡村”称号。

# 经济社会发展

永宁镇历来为泉州海外交通的重要港口及海防要地，是福建省对台贸易试验区和著名侨乡。镇支柱产业有工业、渔业、旅游业。全镇已基本完善水、电、路、港口、通信等基础设施，拥有国家二类口岸梅林5000吨级对台小额贸易综合码头、梅林港（国家二级渔港）、11万伏变电站等。

20世纪70年代，以生产木竹质羽毛球拍、网球拍为主的集体所有企业在永宁逐步兴起，解决了本地许多工人就业问题。改革开放以来，一些较有眼光的本地工人乘着改革的春风纷纷自立门户，创立球拍制造加工家庭作坊，并逐步发展壮大，形成一定规模的体育用品制造民营企业。以此为效应，生产体育用品、服装鞋帽为主的民营企业及三资企业如雨后春笋般在永宁遍地发芽，奠定了永宁工业企业发展的基础。

1987年石狮建市后，永宁镇大抓道路、码头、供水、供电等基础设施建设。1993年，开始抓标准化厂房建设，着重解决土地征用、财税及融资等问题，主要发展牛仔裤系列、花岗岩石板材、凉垫、电子产品等产业。

21世纪后，永宁镇侧重扶持一批龙头企业增资扩产、技术升级、产品创新以及与知名实力公司的品牌合作开拓市场实现增收。随着以共富路台商投资基地为龙头的工业聚集区初具雏形，经济发展潜力得到进一步挖掘，更好地带动港口经济的发展。2007年，永宁镇入围国家统计局公布的“2005年全国小城镇综合发展水平1000强（千强镇）”名单。2008年后，永宁镇产业结构呈现出多元化和规模化的趋势。2010年，永宁镇有大小工业企业近300家，其中规模以上企业39家、纳税超百万企业31家。永宁基本形成以服装面料、体育用品、食品、五金为龙头的新兴支柱产业，以黄金海岸度假村为代表的旅游及第三产业，以滩涂养殖、海产品加工、农业基地为主导的现代农渔业的经济发展格局。

飞通通信生产车间

2012年，全镇拥有大帝实业、鹏程实业、凯胜体育用品、快克体育用品、威尔夫体育用品、黎祥食品、飞通通信设备、好田服饰、雷腾服饰、鸿新针织等多家上档次、上规模的企业。全镇规模以上工业产值34.6亿元，比2011年增长16.1%。镇财政总收入19578万元，比2011年增长37.5%。

永宁土地存量较大，占地70多公顷的永宁工业园区、新兴的前埔洋厝龙山开发区已成规模。位于镇区的孝女姑开发区已形成较大规模的体育用品生产基地。2010年开始，至2014年在建的占地286.67公顷的台资企业园区首期已有7家企业入驻。永宁镇现有中学2所：永宁中学（省二级达标校）和银江华侨中学。小学8所，其中永宁中心小学、梅林小学、沙堤小学、美江小学为省义务教育标准化达标校。医院2所：子英医院（省二级乙等综合医院）和永宁镇卫生院。

2011年，永宁镇党委、镇政府围绕“质量石狮”的战略部署，主动融入石狮发展大局，确定“打造滨海文化旅游城镇”的发展方向。同年获“省级绿色乡镇”和“福建省生态乡镇”称号。2012年开始，连续四年成功举办了一、二、三、四届“永宁古卫城暨城隍文化节”。2013年，入选泉州市“集聚示范及强镇扩权示范镇”。2014年，入选住建部、国家发改委等7部委共同确定的最新一批“全国重点镇”，并先后荣获 “国家级生态乡镇”“泉州市2011~2013年度文明乡镇”“泉州市双拥模范镇”等荣誉称号。郭坑回族村荣获“全国民族团结进步创建活动示范村”称号，前埔村成为石狮市首个“中国淘宝村”。

中骏黄金海岸
GOLD COAST

2008 年～ 2013 年永宁镇规模以上工业产值与固定资产投资情况一览表

表 1 单位：亿元

<table>
<tr><th rowspan="2">年份</th><th colspan="3">规模以上工业产值</th><th colspan="2">固定资产投资</th></tr>
<tr><th>单位数（家）</th><th>1 ～ 12 月总产值</th><th>增长（%）</th><th>1 ～ 12 月实际</th><th>增长（%）</th></tr>
<tr><td>2008</td><td>40</td><td>25.51</td><td>22.1</td><td>—</td><td>—</td></tr>
<tr><td>2009</td><td>42</td><td>32.07</td><td>18.9</td><td>2.97</td><td>−12.0</td></tr>
<tr><td>2010</td><td>41</td><td>37.69</td><td>30.4</td><td>5.60</td><td>88.6</td></tr>
<tr><td>2011</td><td>41</td><td>48.14</td><td>35.0</td><td>14.00</td><td>150.0</td></tr>
<tr><td>2012</td><td>38</td><td>34.60</td><td>16.1</td><td>17.50</td><td>25.0</td></tr>
<tr><td>2013</td><td>—</td><td>42.38</td><td>20.3</td><td>13.20</td><td>−24.6</td></tr>
</table>

2008 年～ 2013 年永宁镇引资及外资出口情况一览表

表 2 单位：万美元

<table>
<tr><th rowspan="3">年份</th><th colspan="2">引 资 情 况</th><th colspan="2">外 资 出 口 情 况</th></tr>
<tr><th rowspan="2">合同外资额</th><th rowspan="2">外商实际到资额（1 ～ 12 月验资）</th><th colspan="2">企业自营出口值（海关累计数）</th></tr>
<tr><th>1 ～ 11 月</th><th>增长（%）</th></tr>
<tr><td>2008</td><td>582</td><td>780</td><td>2592</td><td>136.7</td></tr>
<tr><td>2009</td><td>70</td><td>708</td><td>3513</td><td>35.5</td></tr>
<tr><td>2010</td><td>1743</td><td>1719</td><td>4746</td><td>35.1</td></tr>
<tr><td>2011</td><td>9407</td><td>2367</td><td>2495</td><td>-37.9</td></tr>
<tr><td>2012</td><td>450</td><td>4182</td><td>3487</td><td>18.4</td></tr>
<tr><td>2013</td><td>26</td><td>9824</td><td>5461</td><td>34.5</td></tr>
</table>

# 永宁卫城

永宁上邻崇武，下接深沪，海防战略位置至为重要。南宋乾道八年（1172 年），建立“永宁寨”。元代，设置巡检司。明洪武二十年（1387 年），设立“永宁卫”，威震海疆。明清以来，永宁卫城既是中外交通的门户和海外贸易的要地，也是抗击外寇的重镇。

# 建造永宁卫城

明初，倭患频仍，泉州、晋江、惠安、同安一带甚为猖獗。倭寇所至，烧杀劫掠，人居一空，地方受害严重，引起朝廷的关注。明太祖朱元璋为靖安东南海疆，洪武二十年（1387年），命江夏侯周德兴到福建巡视，并在福、兴、漳、泉4府实行“三丁抽一”（即三个男丁抽一丁为兵士），共抽兵士1.5万人，戍卫福建沿海卫所。同时规划在永宁建城。翌年二月，设置永宁卫指挥使司，开始动工建造永宁卫城。“环城周长八百五十丈，基广一丈五尺，高二丈一尺。窝铺三十有二。为门五：南曰金鳌、北曰玉泉、大东曰海宁、小东曰东瀛、西曰永清，各建城楼其上。城外壕广一丈六尺。间碍大石，深浅不同”。负责建城者童鼎，其父童聚为周德兴部将，于“洪武十八年除授福建都司泉州卫指挥佥事”。同时，永宁卫各项配套设施亦陆续动工。据道光版《晋江县志》载：“城内建有指挥使司，仪门内之东有架阁库，西有军器库。卫堂之左有钟、鼓楼。卫堂之右有经历司。镇抚厅在卫北门内之右。监房在西廊之后。左千户所在卫西谯楼之左。东西

永宁古卫城遗址

两廊，列十百户所。右千户所在卫西门内之右。中千户所在卫东南小东门内。前千户所在卫南门之右。后千户所在卫西谯楼之右。公馆在卫城西门内，为上司及使客馆寓之所，收料库在卫西廊。军器局在卫城中、城隍庙左。教场在大东门之东，永乐四年移置卫城西门外坡上，中为演武亭。成化十七年增建左右翼房，绕以周垣……”

继后，卫城又多次增建完善。永乐十五年（1417年），都指挥谷祥增高城垣三尺，门各增筑月台。正统八年（1443年）都指挥刘亮、同知钱锜于各门口增置敌台。至此，卫城规模乃成。

## 永宁卫编制

明代，福建设有两个都司，福建都司和福建行都司，共辖13个卫和19个守御千户所。永宁卫属福建都司，隶属前军都督府。下设左、右、中、前、后5个千户所。按明朝卫所建制，一般是州、县设所，若干州县置卫。大体以5600人为卫、1120人为千户所，112人为百户所，百户所以下设总旗2个，小旗10个。每个总旗辖5个小旗，每个小旗领军士10人。但永宁卫城内实际配备旗兵6935名，加上卫城外5个防御千户所兵员5793名，兵员合计12728名，兵力相当于通常的两个卫。由此可见当时永宁卫海防位置之重要。

永宁古卫城城楼

当时永宁卫城内各千户所及营房情况：左千户所营房850间，在海宁门东街；右千户所营房840间，在永清门西直街；中千户所营房849间，在东瀛门东南街；前千户所营房840间，在金鳌门南街；后千户所营房849间，在玉泉门北街。

**永宁卫指挥机构** 指挥使1员（正三品），又称掌印，负责掌理一卫之事。

指挥同知2员（从三品）、指挥佥事4员（正四品），分理屯田、验军、操营、巡捕、漕运、备御、出哨、入卫、戍守、军器等军务，统称“见任管事”，不任事入队，称“带俸差操”。每遇战事，则率领所属军士，听主帅调度指挥。知事1员（正八品）。

明初，军队实行“世兵制”，军兵单立军籍，父死子代，世代相袭。士兵如此，军官亦然。在万历以前，永宁卫指挥使实际上是由阚、干、杨三家轮流担任。杨家只有正统至天顺年间的杨春、杨兴、杨晟祖孙三代任此职。而阚、干两家则是长期袭此职。阚家首任此职者是洪武年间（1368年～1398年）的阚义，和州人，以功升任。至万历时，阚家世袭任此职者有：阚俊（义子）—阚玉（俊子）—阚瑄（玉子）—阚珍（瑄子）—阚钺（珍子）—阚钟（钺弟）—阚怀韬（钟子）。

另一姓干氏，永乐时干八秃帖木儿曾任此职。其后，干八秃家改姓干，后裔袭此职者有干勇（八秃子）—干殷（勇子）—干泰（殷子）—干辅（泰子）—干伟（辅子）—干以临（伟孙）。

干氏祖厝

永宁卫万户侯千君德政碑记

明永乐十五年（1417 年），郑和第五次下西洋，“从苏州刘家港入海，至泉州寄泊”，永宁卫指挥使干八秃帖木儿带领卫城官兵参加郑和船队。任务完成后，返回卫城任职。据现存于北京故宫的明朝《卫所武职选簿》记载，郑和奏请为沿海卫所将军参加下西洋立功者授爵，其中永宁卫 8 人，泉州卫 4 人。永宁卫授爵将军有：

指挥使司：指挥使干八秃帖木儿（宝坻人）；指挥同知钟宣（善化人）；指挥佥事李实（凤阳人）。左千户所：副千户潘佑（东平人）；副千户宋德（安肃人）；百户徐海（全椒人）；百户李忠（大兴人）。中千户所：正千户穆斌（合肥人）。

**永宁卫防御体系**　永宁卫城内各千户所旗军分作三部分：征操军、屯旗军和屯种军。其中征操军又分两种：守城训练的见操军和出海守寨的出海军。出海军每年两班轮替出海守寨，称为“践更”。上半年二月中旬至夏至为一班，下半年七月中旬至冬至为一班。守寨即守水寨。福建沿海防御体制是“陆设卫，海立水寨”。沿海水寨从北向南，有烽火寨、南日寨、浯屿寨、铜山寨。水寨有自己的舟师，但又与卫所联合防汛。其中浯屿寨有战舰 48 艘，兵 1089 名，但它与永宁卫、福全守御千户所和漳州卫联合防汛。晋江县境内还辖有 17 个寨隘，其中 15 个寨军事上辖属永宁卫。它们是吴山、中寨、坑尾、沙堤、新寨、尾寨、古云、沙浦、仓后、东店、尤溪、湖边、东埔、深芦、龙尾。此外，永宁卫还辖有龙坡等 12 个烽火燧。这样，以永宁卫为核心，联系周围同安、惠安等 5 个守御千户所，以及海上水寨、陆上寨隘和烽火燧，构成守卫泉州门户的立体防御体系。大约在永宁建卫之后的 150 年间，泉州及附近地区得以保持社会安定，内地百姓也蒙受其福。

永宁卫辖下的福全守御千户所至今尚存的明代碑刻

**守御千户所的配置** 正千户 1 员（正五品），副千户 1 员（从五品），1 人掌印，1 人佥书，称“管军”。掌印千户常常一人兼掌数印。

镇抚 1 员（从六品），职权为处理军中的刑狱，若无刑狱，则兼管军士，若百户缺额，可以代补。

每千户所各有百户 10 员（正六品）。凡军政事务，“卫下于所，千户督百户，百户下辖总旗、小旗”，统率其属军士听从号令。

卫城下设 5 个守御千户所：

崇武守御千户所：位于惠安县东南（由原小兜巡司址新置）。配置操海旗军和屯种军共 1221 名。下移置 4 个巡检司：峰尾巡检司，在惠安县东北，原沙格巡司移此；小岞巡检司，在惠安县东南，原小兜巡司移此；黄崎巡检司，在惠安县东，原德化清泰巡司移此；獭窟巡检司，在惠安县南獭窟岛，原南安芦溪巡司移此。

福全守御千户所：位于府城东南 43.5 千米。配置差操旗军和屯种军共 575 名。下移置 4 个巡检司：围头巡检司，在晋江县东南，原永春陈岩巡司移此；乌浔巡检司，原安溪大西坑巡司移此；深沪巡检司，在晋江东南，原府南港边巡司移此；祥芝巡检司，在晋江县东，原石湖巡司移此。

中左守御千户所：位于同安县嘉禾屿（即今厦门岛）。配置差操旗军和屯种军共

1204 名。

金门守御千户所：位于同安县浯州屿（大金门岛）。配置差操旗军和屯种军共 1535 名。下移置 5 个巡检司：田浦巡检司，在浯州屿北，原安溪源口渡巡司移此；官澳巡检司，在浯州屿北，原德化东西团巡司移此；峰上巡检司，在浯州屿东，原南安莲河巡司移此；陈坑巡检司，在浯州屿东，原晋江石井巡司移此；烈屿巡检司，在烈屿（小金门岛），原南安澳头巡司移此。

高浦守御千户所：位于同安县西南 30 千米。配置差操海旗军和屯种军共 1258 名。下移置高浦和塔头（在厦门岛）2 个巡检司。

**永宁卫的给养**　明前期军队实行自给制，以军屯的收入养活军队，永宁卫亦然。卫城建成初期，永宁卫屯田数额，不见记载。至万历时永宁卫屯田情况如下：左千户所屯田 2 所，计 33.6 公顷，均在安溪县西南光德等里及永安等里；右千户所屯田 4 所，计 67.2 公顷，一在晋江县西南之二、三都磁灶，一在南安县西三十都八尺，另有安溪县二所，一在县西北新溪等里，一在县东北来苏等里；中千户所屯田 2 所，计 32.6 公顷，一在同安县东一、二、三都丰塘等处，一在安溪县西北新溪等里；前千户所屯田 2 所，计 33.6 公顷，俱在安溪县东北崇善等里；后千户所屯田 4 所，计 67 公顷，俱在安溪县，二所在崇善等里，二所在龙涓、三洋、南斗。

自给制下，屯军耕种的屯田，不仅要养活自己，还要交纳一定数量的“子粒”，供给军官和其他守城或操海士兵。因此，屯兵名为士兵，实乃兵农合一的国家佃农。以建文四年（1402 年）的规定，每一屯军每年耕田 3.33 公顷，要交纳 24 石上仓。永宁城内有永宁卫仓（遗址即今“仓顶”），就是用来收贮本卫屯军交纳的正粮、余粮。正粮 12 石供本人支用，余粮 12 石为本卫官军俸粮。

重建的福全所城西门

崇武所城西门

金门所城北门

高浦所城墙残迹

残存的中左所城墙

明永宁卫下属千户所兵员数量变化一览表

表 3

| 千防所名称 | 明前期军士人数 | 万历时军士人数 | | | 万历仅存原额百分比 |
|---|---|---|---|---|---|
| | | 操海军 | 屯种军 | 小计 | |
| 附卫五所 | 6935 | 1394 | 783 | 2177 | 31.4% |
| 崇武千户所 | 1221 | 602 | 194 | 796 | 65.2% |
| 福全千户所 | 575 | 116 | 117 | 233 | 40.5% |
| 金门千户所 | 1535 | 618 | 74 | 692 | 45.0% |
| 高浦千户所 | 1258 | 588 | 201 | 789 | 62.7% |
| 中左千户所 | 1204 | 684 | | | 56.8% |
| 合　计 | 12728 | 5371 | | | 42.2% |

**永宁卫防务的衰落** 嘉靖年间（1522 年～ 1566 年），军政日渐败坏，战备松懈，士兵逃亡严重。至万历年间（1573 年～ 1620 年），全卫军士仅剩原额之半。

据万历《泉州府志》载：时“太平日久，军政不修，逃坟（亡）日多，清勾无法，屯因失额，操复缺伍，及至有事，乃抽选军户，以兼团练，谓之余丁军。招集市井无赖，谓之募兵。调于各省，谓之客兵”。

由于永宁卫衰败，防御体制遭破坏，终于导致嘉靖以后永宁城两次遭倭寇攻陷。

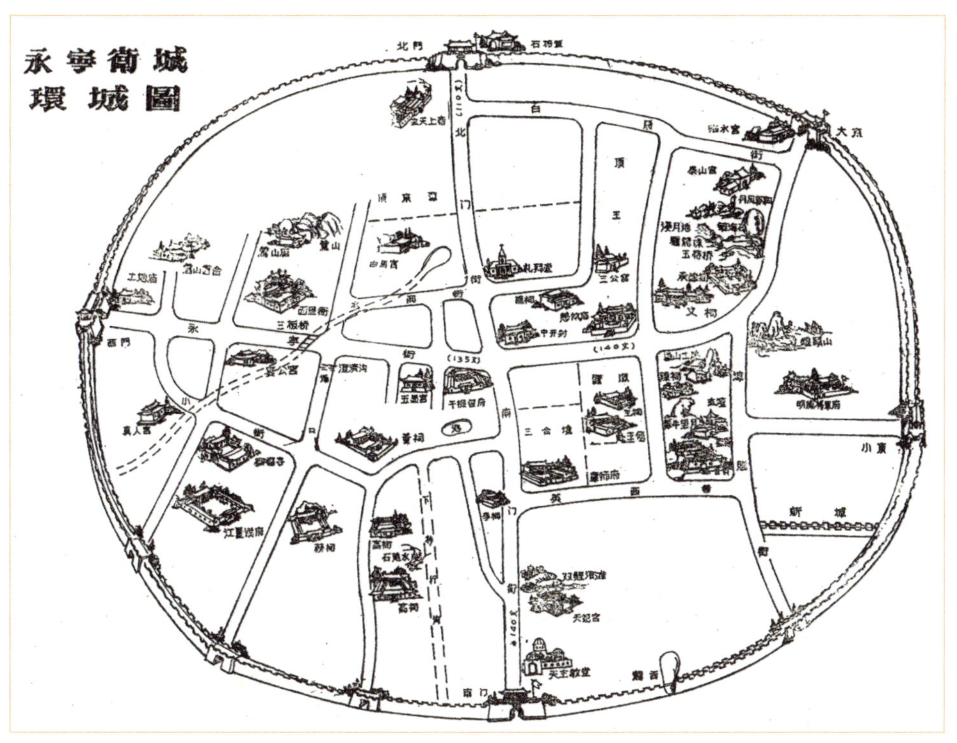


清代永宁卫城环城图

# 修复永宁卫城

及至清初，永宁城的军事要塞作用已丧失殆尽。尤其是顺治十八年（1661 年）春，清政府颁布迁海令，强迫沿海居民内迁 30 里，片板不得下海，违者处死，永宁卫城被拆，部分城石被运到杆头村建“杆头寨”。

康熙二十二年（1683 年），施琅率清军入台，郑氏政权归顺。按理应废迁界，整顿海防，但永宁卫城残破依旧。施琅曾令人在永宁筑一新城，不过规模太小，周围长仅 59 丈、宽 1.3 丈、高 1.65 丈。同年建外高寨 2 处，一处在外高村“西埔尾”，另一处在该村东南隅，全长 19.7 米、高 3.16 米、宽 2.5 米，内可置炮数门。

康熙五十四年（1715年），觉罗满保升任闽浙总督，奉命巡视海防。经实地调查，觉罗满保建议自乍浦至南澳整条海防沿线，需修复要塞127处，设置炮位1178个，方能达到捍卫海疆、保护内省的功能。朝廷准其奏，拨出库银，征发民夫，对东南海防逐一进行修复、加固。此时，觉罗满保会同福建巡抚陈瑸主持永宁卫城的修复工程（《清史稿·觉罗满保传》）。

修复后的永宁卫城，虽难于恢复昔日之雄姿，但也颇具规模，在泉州海防史上仍起着重要作用。清廷也开始重视永宁卫城的地位，加强卫城的军事力量。规定水师金门镇标左营拨出战船一只，士兵35名，驻守永宁、深沪、乌浔、东店等汛。到了乾隆七年（1742年），福建陆路提督军门右营分驻永宁，配游击一员，把总一名。游击演武场设于西门外。辖汛10处、兵321名、马58匹。据道光版《晋江县志·兵制》记载：道光十年（1830年）游击一员、把总一员“驻防永宁卫，辖汛10，兵共276名，在本汛兵182名。内拨驻梅林汛，兵10名。沙堤汛，兵13名。厝上汛，兵13名。东店汛，兵10名。杆头汛，兵20名。邓厝汛，兵5名。仑后汛，兵6名。青石汛，兵6名。灵水汛，兵5名。前浦汛，兵6名。分防定公庵汛，辖汛9，兵共141名，在本汛兵40名。内拨驻石亭汛，兵10名。深沪汛，兵20名。乌浔汛，兵10名。柳山汛，兵6名。沿山汛，兵5名。福全汛，外委1员，兵20名。石圳汛，兵10名，西仑汛，兵10名，后湖汛，兵9名。分防蚶江汛，辖汛14，兵共248名。在本汛兵100名，内拨驻日湖汛，兵20名。祥芝汛，兵20名。古浮汛，兵10名。五堡汛，外委1员，兵10名。石狮汛，外委1员，兵6名。水头汛，兵10名。浦边汛，兵5名。塘市汛，兵4名。青阳汛，兵5名。法石汛，外委1员，兵10名。鹧鸪汛，兵20名。径边汛，兵10名。后渚汛，兵10名。上庵汛，兵5名”。正是由于海防军事力量的加强，永宁安全才得到保障。道光二十年英国侵略者入侵厦门，永宁沿海各村举办团练，加紧备战。光绪二十七年（1901年）三月，4艘英舰入侵梅林海面，提督程恩高率舟师击退。

至光绪年间，永宁城从北门至大东门、小东门一段城墙尚保存完整，南门、西门只存残缺之城基，城楼早废。新城在小东门城边，四方形，只一门，城墙完整。内有营房废颓之墙壁，土铸大炮十余门，大者二千余斤。1920年，永宁发生烧毁礼拜堂事件，后经政府判决，拆部分城石重建礼拜堂。1958年后，炼钢铁、筑高炉、修水利、开大井、建渠道需要石料，由于干部群众文物保护意识差，只当是废物利用，而部分群众盖房子也各取所需。到了20世纪70年代，连城基也荡然无存，只留下一些依稀可见的土墙。

永宁城隍庙前的古炮

鳌城中开坊

## 永宁老街

永宁老街是永宁古卫城的重要组成部分。它经历了卫城的兴衰，记录着曾经的繁荣和苦难，承载了几代永宁人的记忆。其两侧保留的明清时期风格的古商铺，仍向世人讲述着 600 多年来老街上的商业传奇。

老街即永宁卫城西街，自中开坊（大街头）至永清门（西门土地庙）这一段，地势东高西低，长约一千多米，宽 4 米～ 5 米。明代称西直街，乾隆版《泉州府志》记载："右千户所，营房八百四十间，在水陆门西直街。"街面店铺成行，每十多间店铺自成一个单元，中间间隔一道小巷。店铺大多为两层，二楼前留段小砖埕，邻店之间可互相走动。店门由一扇扇活动的门板拼接而成，早晨开张时卸下，晚上关店时安上，单留个边门以供人出入。老街路面由大小不一的石头铺成，被几代人的脚掌磨得甚为光滑。老街起自中开坊，意为开辟永宁卫城的中心点。从这里通向各个城门的距离等同，东西南北四方街道就在这儿交汇，亦称"大街头"。中开坊旁有一玄坛公庙，庙中有一块拜石，据说是当年江夏侯建永宁城时安置罗盘的地方。

永宁老街

老街又称“剖腹街”，不少店铺房舍乃清初重建。据传永宁古称八卦街，分为东门街、西门街、南门街、北门街及水关街、场口街、白厝街、小街等。明末清初，郑成功的义军与清兵打得难分难解，永宁有时被义军占领，有时被清兵盘踞。因郑成功夫人董友是永宁沙堤人，且发生了清兵屠城的“水关沟血案”，永宁人大多心向义军。清朝官府对此心怀恼怒，故而后来重建了这条“剖腹街”，意在破永宁的风水。永宁古称鳌城，状如海中的巨龟，据说这街一建，有如在鳌鱼腹中剖了一刀，永宁便将一蹶不振。但传说毕竟是传说，风水说法也未必可信。清政府迁海令撤销后，社会安定下来，永宁经济渐渐复苏，至乾隆年间，永宁又是一派繁荣景象。正如《永宁卫志》记载，那时“君子弦歌，小人负米，鲲腾鹊起，甲于此都之盛，贾陶商贩，推我邑之多……”

至清末，老街有各种商店200多间，“如绸缎布匹、苏广百货、纱灯、照相、扎花、粮食、糖品、中西药房、典当、油车、磨房、染坊、烟茶、干果、鱼肉、蔬菜、香楮、油灼、农具、家器、酒厂、菜馆、饭店、酱园、打铁、铸铜、山医星相、书册文具、百技工艺，应有尽有”。除此之外，北门街、南门街、水关街、场口街、永进巷等，也是商店林立，盛极一时。

当时，富甲一方的商家，主要有永进、霞源和兴源三个商号。在永宁老街，永进开有商行，霞源开有当铺，兴源开有榨油坊兼磨房。除此之外，三家都经营船队，从事海上贸易。

老街分顶街、中街、下街三段。荣兴商号就在顶街。临街铺面并不大，到了里头，尚可见到榨油的大油车（压榨机）和磨坊等各种工具，店后还有一大片可供曝晒麦子的晒埕。荣兴商号在永宁经营油坊、磨坊，出产的面线细嫩洁白，十分可口，在台湾十分畅销。

荣兴商号的大榨油车

建昌布行旧址

永宁老街十字街口（中街），还有个建昌号布庄。清朝末期至民国初年，曾经是一家生意十分红火的大布行。现在建昌号布庄的后人都在菲律宾，店址由镇政府代管，被开辟为永宁南音社。建昌号布庄的老板董光志在永宁一带有非常好的信誉，加上一些侨眷均将积蓄的钱寄存于建昌号布庄，他相继便办起建昌钱庄。因为布庄常到厦门采购，便把大量资金转存到有乡亲之谊的厦门益华客栈开办的益华钱庄。而后来，由于益华钱庄经营不慎，在一次危机后破产，建昌号布庄也遭遇同样厄运。旧建昌号布庄的店屋分为前后三间，最前面的店铺大而宽敞，中间是个小房，开有侧门，有楼梯通到阁楼上，后边是库房。在这建昌号布庄遗址上兴建的永宁南音社，集聚了许多南音爱好者。平时他们吹拉弹唱，一首首优雅、恬静的“御前清曲”悠悠飘来，陪伴着游人一同去追溯永宁古街那神秘的往昔和逝去的繁华。

在中街通往大埔境的地方，有一条小巷，叫永进巷，因巷内有一家永进商行而得名。“永进”是清代永宁走南北海运的大商家，鼎盛时期商船有几十条，一般抛锚停泊在外高垵海面。商船每年出海走春冬两趟，南风时北上，至青岛、大连、烟台，北风时则下南洋，到菲律宾、新加坡等地。最大的那条船可以装每袋 90 公斤的大米一万袋。至于该商船到底有多大？“永进”的先辈传下的说法是：北上的商船出海扬帆时，拉起竹篷帆的时间里船要从梅林港驶至惠安的峠头，而南下则要驶至深沪镇的科任。当年，永进商行在永宁街旁的大埔境，沿打铁巷到南门街共有 10 座气势雄伟的大厝。这些大厝一栋接一栋，沿坡路直排上去，气势逼人，永进商行的店铺就在永进巷内。现在大厝仅剩下 8 座，店铺已被拆除建了新房，但是“永进”这名字被保留了下来，成为当年永

清代大乌槽

进商行昌盛一时的最好见证。

出永清门，至西门外林氏宗祠旁边，有一座二进古式官邸，称为大夫第，是清代台湾著名郊商林元品故居。林元品，又名林文浚，幼居永宁，成年后赴台湾经商，曾因军功授职州同知加二级，捐赠中宪大夫。他所经营的日茂行不但执鹿港商界之牛耳，且曾为鹿港、彰化等地的社会安定和地方公益做出重大贡献。

大夫第大门

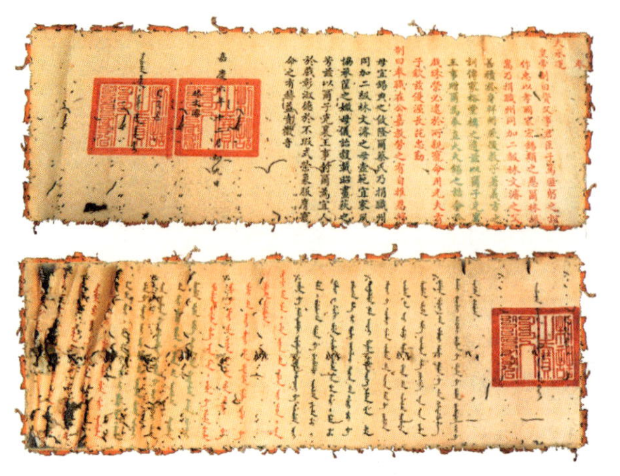
大夫第保存的清代诰封圣旨

日茂行先祖林振嵩

大夫第坐北朝南，右有护厝，后有轩房，前有石埕，占地500多平方米。宅内双边厢房回向，井然有序。宽敞的厅堂前，一式木刻窗屏，颇为古雅。房檐上的白鹤和梅花鹿雕得十分精致。厅中原挂有许多匾额，现仅存一个圣旨盒，盒面阳刻“奉天诰命”四个金字，盒内有两卷用汉、满两种文字书写的诰封圣旨，乃嘉庆皇帝封赠林元品祖父林攀芝和父亲林振嵩为“奉直大夫”的两通制诰。大夫第还保存有日茂行创始人林振嵩的画像。在台湾鹿港，也有这样一座大夫第。海峡两岸这两座“大夫第”均为林元品于嘉庆廿一年（1816年）所建。林元品亲题“鳌波东注”石刻一方，镶嵌于鹿港府第门额之上，以明本源，也是向子孙表明，其祖家在“鳌西”。

下街离永清门（西门）不远、通小街的巷口，还有一座平浪侯庙。这是西门的守护神。永宁有五个城门，各有神祇镇守，称五大庙。如大东门为临水夫人宫、小东门为赵帅府，南门是天妃宫，北门是北极玄天上帝宫，西门即此平浪侯庙。因为永宁是水城，当时城壕通海水，所以供奉的都是水神，即使财神爷赵玄坛也能司管雷电。至于掌管西门的这位平浪侯，姓晏，民间又称晏公爷，名戌仔，乃江西临江府清江人氏，生于宋末元初。殁后被神化，当地民间奉为江河湖海的保护神。

2013年6月，在第五届“中国历史文化名街”的评选中，永宁老街从全国各地参评的65条街道中脱颖而出，成为该年度福建省唯一入选的街道。6月28日，第五届中国历史文化名街授牌仪式、中国历史文化名街专业委员会成立大会暨首届中国历史文化名街保护同盟在福州举行。石狮市副市长庄宝玲率队前往福州参加，并代表永宁老街从故宫博物院院长、中国文物学会会长单霁翔手中接过“中国历史文化名街”牌匾。

文化部、国家文物局授予永宁老街“中国历史文化名街”称号

## 重建永宁卫城东瀛门

2013年，永宁镇人民政府投资1700万元在小东门（东瀛门）原址按旧制重建部分城墙和城楼，另投入900万元建城门前广场。2014年9月，在第三届永宁古卫城暨城隍文化节期间举行了隆重的竣工揭牌仪式。新建城墙高6.6米，北边长101.74米，南边长99.2米，底宽6.45米，上宽4.05米。城楼墙高8.4米，底宽25.6米，上宽22.84米。城楼一层占地191.52平方米，二层115.92平方米，楼层盖结构最高点24.95米。《重建永宁卫城记》碑志曰：

永宁屏山临海，宋代以降，即为通商港岸，边防要地。明代洪武间，乃设卫建城，以扼东南。卫辖福全、崇武、中左、金门、高浦五所，城有金鳌、玉泉、海宁、东瀛、永清五门。舟车络绎，人烟稠密。奈时至嘉靖年间，朝廷危机，边防废弛，致两度遭倭寇陷城，杀戮殆尽。及清初禁海，居民内迁，城石拆运，卫城残垣无复存者。迨抗战之际，日军登陆烧杀，为记忆犹新之又一浩劫也。回顾历史，国势动摇则永宁罹难者屡矣，是以吾人欣逢盛世，尤須思危，前事勿忘，宜留其迹，故有重建部分卫城之举。乃辟旧址，按古制，于公元二零一三年动工，经岁而竣。城垣长二百余米，城楼高二十五米。斯城者，非唯重现雄姿以壮观瞻，诚为盛衰之见证、安危之警钟；非唯砖石土木宏施杰构，诚为人之城、心之城，众志成城之城也。

永宁镇人民政府

公元二零一六年六月三十日立

永宁古卫城东瀛门部分城墙和城楼复建竣工揭牌仪式　　邱国南　摄

# 闽南侨乡

永宁人远拓南洋，胼手胝足，艰苦创业，为东南亚地区经济建设、社会发展和政治稳定做出重大贡献。永宁华侨及台港澳乡贤爱国爱乡，兴办实业，热心公益，急公尚义，奉献良多。据2010年统计，永宁镇有华侨华裔22400多人，其中以旅居菲律宾居多；旅港6465人、旅澳818人，另有移居台湾的乡亲1300多人。

# 永宁华侨

**永宁人出洋** 元末的战乱，导致泉州港衰落。素来依赖港口、海洋维生的永宁人被迫向外拓展。永宁《温陵董氏沙堤分派永宁宗谱》即有十四世董柳轩开族吕宋“大明街”的记载。明初，永宁卫指挥使干八秃帖木儿曾率永宁部分官兵随郑和下西洋，也有一些人留居海外。嘉靖三十四年（1555年）起，倭寇屡次进犯永宁一带，数以千亩的农田沦为荒莽之地，许多人被迫涉洋外迁。据1989年回梅林谒祖的旅日侨胞赵炎得介绍，其家谱记载，他家先祖于明万历三十六年（1608年）举族由梅林迁出，先辗转至台南，再迁至日本。《银江陈氏三房家乘》载，陈朝嘉生于崇祯六年（1633年），清康熙年间移居交趾（越南）。

清初，郑成功据闽粤沿海抗清。清政府于顺治十八年（1661年），在福建沿海实施“迁界”政策，规定沿海村镇内迁30里，很多民众被迫离开家乡。一些人相率辗转流寓南洋，以谋生路。

康熙二十三年（1684年）解除海禁，允许百姓出海贸易，一些永宁人开始远渡重洋谋生。据《金埭村黄氏族谱》载：人们纷纷乘木船跨海前往菲律宾，从乙老哥登岸，驻足于岷里拉（马尼拉）、怡朗、宿务等地。康熙五十六年后，虽受清政府“南洋禁航令”影响，永宁出国谋生的人仍然不少。《梅林李氏后房街路硕泉公派下分谱》记载：清雍正年间（1723年～1735年）李维密远涉重洋，侨居安南国（今越南），专营双边贸易。又《西偏西房龚氏家乘》载：清乾隆五十五年（1790年）前后，即有族人前往菲律宾。同治年间，由于菲律宾华侨处境改善，促使以各种形式前往菲律宾的永宁人大量增加。金埭村的黄永摺、黄念忆、黄念潭父子和西岑村的施光铭等人，以及他们的数十名堂亲均在这一时期前往菲律宾。现存“新建梅福庵募捐小引”碑志上刻有光绪年间，筹建永宁小街梅福庵时，前往菲律宾几个地区向乡亲募资，其中岷依纳（马尼拉）捐资者40人，佳教鄢捐资者2人，怡朗捐资者46人、商号2家。

民国初年，泉州地区战乱、灾荒频仍，波及石狮永宁境域。当时，菲律宾政府允许14岁以下的华侨子女申请往菲国团聚。为此，许多华侨子女便少小离家移居菲律宾。1934年～1939年，由于国内大肆抓丁派夫及南洋各国急需劳力，又出现短期的出国潮。至1942年12月，太平洋战争爆发，才完全停止。第二次世界大战后，大量因战乱回国的华侨纷纷返回侨居地。1947年～1949年，更多的人以游客、学生和探亲者身份前往菲律宾，大多滞留不归。

1950年～1952年，永宁每年仅有极少数人出国。1953年后逐渐增多，但大多系经由香港、澳门出国的移民。1953年～1960年，出国者，仅半数以上进入菲律宾。1967年～1971年，国家对出入国境严格控制，只有个别人出国。1971年9月至1972年1月，晋江地区贯彻国务院颁发的《关于华侨工作的若干意见》《关于华侨、侨眷出入境审批工作的规定》，又有人获准出国。1972年～1983年，有数百永宁人经批准往菲律宾，同期还有部分永宁人非法进入菲律宾居留。后经菲律宾政府两次特赦，全部成为合法居留的新一代华侨。

据2010年调查统计，全镇21个村（居）有海外华侨、华人22400人，其中新移民1421人。这些海外乡亲以旅居菲律宾居多，有22092人，占98.6%。此外新西兰77人，美国48人，澳大利亚43人，泰国36人，加拿大31人，新加坡29人，日本25人，印尼8人，法国6人，迪拜5人。

## 华侨与家乡

**支援祖国革命** 辛亥革命时，永宁华侨纷纷响应孙中山号召，踊跃捐输财物，积极支持民主革命。1912年4月，孙中山致电菲律宾侨社，请代销国债。时任华侨善举公所总理的永宁乡侨郑尊婕，立即与诸董事商议，决定由善举公所出面支持办理。郑尊婕带头购买，积极倡导，在众侨商的支持下，顺利完成国债代销工作。

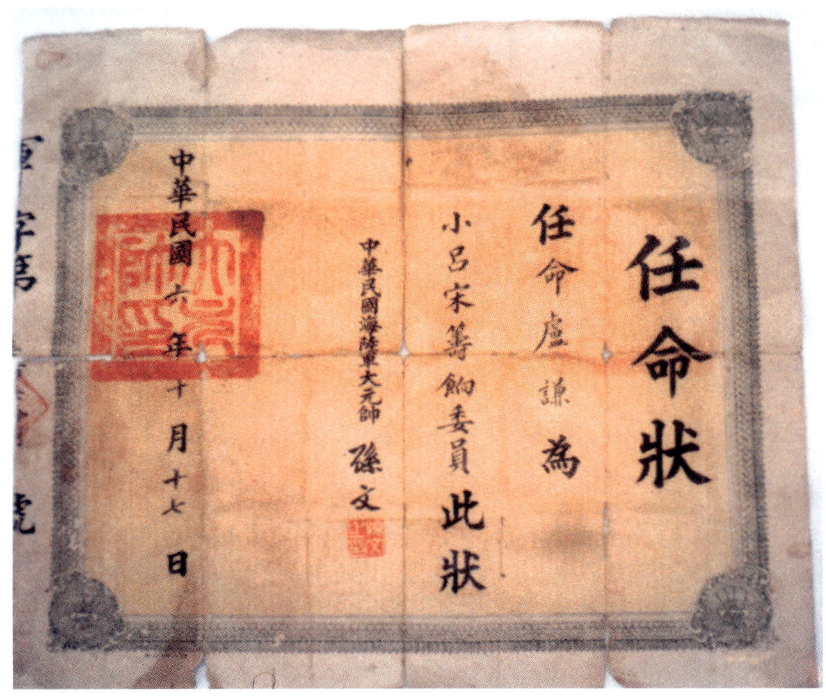

任命狀

任命盧謙為

小呂宋籌餉委員此狀

中華民國海陸軍大元帥 孫文

中華民國六年十月十七日

孙中山授予卢谦的任命状

沙美村人卢谦，早在辛亥革命之初就积极参加海外筹饷活动，得到孙中山的赞赏。1917 年被孙中山任命为小吕宋（马尼拉）筹饷委员。他四处奔走，募集革命经费，并亲自携带巨款前往广州，交给孙中山。西岑施光铭，思想开明，支持孙中山革命活动。1912 年 10 月，与施乾代表菲律宾中华商务总会出席在北京召开的全国工商会议。

港边村佘伯昭，晚清秀才。前往福州参加科举时，恰逢辛亥革命，开始接受民主进步思想，后加入中国同盟会，曾任国民党中央委员。不久到菲律宾经商，时任国民党驻菲律宾支部要员。他热心教育事业，曾任菲律宾怡郎华商中学校长。

抗日战争时期，永宁华侨纷纷组织各种救亡团体，捐输财物，开展抗日救国运动，甚至回国参战，直接投身于抗日战争。1938 年 2 月，永宁旅菲华侨青年高明轩、王寄生（作家白刃）回国，前往延安参加抗日军政大学、陕北公学学习，后继续参加革命斗争。1939 年 4 月，怡朗华侨救亡协会组织第四批 7 名华侨随“菲律宾华侨各劳工团体联合会慰劳团”回国，其中永宁人高天雄随即奔赴延安，加入中国共产党。

在国内革命战争时期，永宁华侨也做出很大贡献。永宁旅菲华侨董云阁（又名董光泰），于 1925 年回国就读于厦门集美学校，投身革命活动。1929 年起，先后担任共青团福建省委代书记、书记，中共漳州特委副书记，中共厦门中心市委常委、组织部长。1931 年，成为中共福建省委临时负责人之一，1932 年 5 月，在厦门被捕，同年 10 月壮烈牺牲。岑兜村华侨李子芳，1927 年秋由菲律宾回国求学，后参加红军，历经二万五千里长征，1937 年奉命组织南方新四军，担任政治部组织部长，“皖南事变”突围时被捕，因禁于上饶集中营。在狱中秘密组织党支部，任支部书记，坚持斗争。1942 年 5 月遭杀害。在第三次国内革命战争时期，还有一批归侨、侨眷参加石狮一带的地下斗争。如高汉朝，1944 年加入菲律宾共产党，后回国参加中共闽粤赣边区闽西南泉州解放同盟地下组织。1949 年 8 ~ 9 月任中国人民解放军闽粤赣纵队闽西南联合司令部泉州武装工作团团长。侨属妇女林贵攀、卢嫦娥、陈碧娥等人积极参加地下革命斗争。林贵攀用自己的住宅掩护地下党伤员，把丈夫海外寄回的侨汇、衣服无偿供给地下党。卢嫦娥卖掉黄金首饰购买一支“曲七枪”支持地下武装斗争，革命同志亲切地称她为“曲七嫂”。

**对家乡公益事业的贡献**　华侨身居海外，心系家园，对家乡公益事业，诸如创办学校、修桥造路、济困善举，无不悉力以赴。如金埭村华侨，五四运动前夕建立旅菲同乡会，创办金埭学堂，让学生免费入学，并设有优等学生奖学金。又因该村地势低洼，常受水涝之患，于是由华侨集资开凿一条贯通南北、两岸砌石的大沟，引水入海。抗日战争期间，金门、厦门沦陷，闽南交通阻塞，永宁粮食输源中断，民众陷入断炊之虞。时旅菲宿务永宁同乡会，立即组成救济委员会，分赴各界劝募，筹备资金，然后在永宁设立平粜会，向群众出售平价粮，以解家乡燃眉之急。1946 年 8 月，永宁鼠疫流行，永宁旅菲同乡会组织救灾会，捐赠救济药品一批，由归侨郑周同带回，并聘请周美锦等十余人施赈，发动普遍预防注射，使疫情得以迅速控制。又如西岑村侨领王立璇，在抗日战争刚结束，故乡群众生活困难时，他汇来巨款分发乡人，每户 500 元（旧币）。

中华人民共和国成立后，海外侨胞热情支持家乡建设。20 世纪 50 年代初，下宅村旅菲华侨即汇款兴建“霞泽小学”新校舍。1957 年，侨属李淑琼、施鸳鸯、邱秀鸾、林安朗、曾金花等人，为解决华侨子女上中学难的问题，发动海外华侨及归侨、侨属筹集资金，在永宁、前埔、下宅创办三所华侨子女补习学校。翌年，在公社党委、政府的支持下，把三所补习学校合并，创办侨办公助性质的永宁华侨中学。1959 年，李淑琼又发动洋厝村附近 7 个自然村的侨属捐资 8 万元建子英医院。

改革开放以来，海外侨亲捐资兴办家乡公益事业热情倍增，他们兴学助教，架电

为配合做好在乡平粜工作，1938 年 8 月 21 日，宿务旅菲永宁同乡会特派遣名誉顾问陈汉宗、特派专员陈植藻回国指导工作。本照片即宿务同乡会诸同人欢送二位返乡行前的留影。（照片前排左三陈植藻，右三陈汉宗）

线、筑道路，改造镇容村貌，为家乡各项建设做出巨大贡献。

**兴教办学**　永宁华侨历来非常重视教育。自清光绪二十七年（1901 年）林登宾创办行实小学堂，至抗战初期 30 多年间，永宁地区先后创办 20 多所小学。这些学校，不论是姓氏办学、乡村办学或者教会办学，经费大部分都由华侨捐款资助。此期间较突出的有西岑村王立璇，于 1930 年与王立螺、王惟杭捐资创办岑江小学，1931 年，他组织旅菲校董会，募集教育基金，以作常年经费；1937 年，独资建小学校舍，并支持全部办学经费，让学生免费入学。港边村詹孟杉，1934 年，他捐款给家乡陶青小学建校舍，并在校中兴建一座詹孟杉纪念楼。

抗战期间，侨汇断绝，许多学校因经费缺乏而停办。1945 年，抗战胜利后，永宁华侨纷纷回国，或组织复校，或捐资助学，非常踊跃。1947 年，旅菲官聘同乡会发起募建官聘小学新校舍一座。1949 年，沙美旅菲同乡会理事长卢远绥独资捐建美江小学校舍一座。

1979 年，王庆祥当选永宁公社侨联会主席。他着力推动永宁中心小学新校园建设工作。此举获永宁乡侨热烈响应。在侨属陈渊谷等乡贤共同努力下，位于文祠范围的新校园于 1981 年 10 月竣工。这一阶段，华侨捐资兴建的新校舍还有 : 银江小学（1979 年）、沙堤小学（1981 年）、梅林小学（1981 年）、郭坑小学（1981 年）、霞泽小学 (1984 年)、美江小学 (1986 年)、陶青小学（1988 年）和官聘小学 (1989 年)。

石狮建市后，华侨捐资办学的热情空前高涨。1993 年 10 月，菲律宾永宁中学校董会在马尼拉成立。在侨亲、校友支持下，新建永宁完全中学校园。总建筑面积 26882 平方米，学校设施设备全部按国家教委颁布的二级达标要求配套。

20 世纪 90 年代，在广大侨胞支持下，计建有沙堤幼儿园、永宁中心幼儿园、前步小学和银江中学教学大楼、体育馆、科学楼各 1 座以及官聘幼儿园、行实幼儿园、行实小学等。

由于原有许多校舍乃是采用花岗岩石建造，未能达到抗震要求。2004 年，石狮市全面启动“校安”工程建设。镇政府及各村（居）广泛发动捐资建校，华侨及港澳乡亲一如既往给予支持，他们配合在乡企业家慷慨捐输，为建成“校安”工程做出重大贡献。先后建成永宁中心小学、梅林小学、港边小学、沙堤小学、霞泽小学、官聘小学、美江小学、西岑小学等具有较强抗震度的钢筋水泥新校舍。

华侨不但在建设校园及学校各项设备方面竭尽全力，且为日后教育的发展深谋远虑。几乎每个学校都设有教育基金会和奖教奖学金，用以奖励表现优异的教师、成绩优秀的学生和资助高考考上本科院校的贫困学子完成学业。

侨胞捐建的永宁中学综合大楼

银江侨胞捐建的银江中学教学大楼

**捐建公共设施** 石狮建市的最初几年中，永宁华侨为改变家乡面貌，纷纷捐修道路。截至 1993 年年底，华侨与“三胞”捐建的水泥、方块石、板石等路面的道路就达 35 千米长，相当永宁至石狮公路的 4 倍。

1994 年，下宅村华侨支持该村供电设施更新，将原有 50 千伏安变电器增容至 315 千伏安，并更新输电线路、新竖水泥杆 34 根。前埔村华侨为家乡捐资建变电站，装备电力照明设施，捐建前埔通往内坑的大溪桥。沙堤村老华侨捐建石狮市社会福利中心“大博康复楼”“婷婷孤儿院”。

在公共设施方面，还包括捐建永宁镇侨联会址、村委会、老人会、文化活动中心、菜市场等。1981 年 ~ 2010 年，永宁华侨及港澳同胞捐资公共设施计 3983.28 万元。

1988 年以来，永宁多位侨亲获福建省人民政府金质奖章、银质奖章。卢祖荫获福建省人民政府树碑表彰。

卢祖荫创办的行实幼儿园和行实小学

福建省人民政府为卢祖荫立碑表彰

2001年8月13日，时任中国侨联主席林兆枢（右三）、福建省侨联主席李欲晞（右二）、泉州市侨联主席陈秋菊（左二）、石狮市侨联主席蔡世佳（右一）、永宁镇侨联主席高积华（左一）、前埔村侨联小组组长蔡式泉（左三）六级侨联领导在前埔村合影

# 永宁镇归国华侨联合会

1961年，晋江县侨联永宁办事处成立。办事处积极动员侨属妇女走出家门，参加社会主义建设，在国家困难时期，鼓励海外侨亲进口化肥支援农业生产。

1979年，永宁公社侨联会正式成立（后改称永宁镇侨联），址设西门外原公社行政大院内，首届主席王庆祥。

1984年2月，王庆祥赴菲律宾募建永宁侨联会址，历时一年多，获旅菲永宁同乡会及宿务分会鼎力支持，捐资人民币15万元兴建侨联大厦。该工程于1986年12月破土动工，1987年10月竣工，为三层石混建筑。

1987年，王庆祥年事已高，镇侨联换届，由高积华接任第二届主席。

2005年，永宁建设农贸市场及局部旧城改造。侨联大厦被拆迁，同时在原址附近重建，工程于2006年竣工，为四层水泥框架建筑。2007年，镇侨联换届，9月28日召开第三届归侨侨眷代表大会，选举洪全克任主席。2012年11月25日，召开第四届归侨侨眷代表大会，洪全克蝉联主席。

多年来，永宁侨联落实侨务政策，先后为归侨侨眷落实历史遗留房产权57宗。侨联积极为归侨、侨眷排忧解难，帮贫困归侨走生产脱贫的道路。同时，动员和引导海外三胞参与家乡新农村建设和各项公益事业建设，为家乡的繁荣与发展做出贡献。据统计，侨联自2008年以来，参与组织和动员海外华侨与三胞捐资兴办各项公益事业达1.2814亿元。其中用于教育事业9545.13万元，文体卫生事业158.5万元，其他公益事业3110.55万元。

2002年9月，永宁镇侨联被中共泉州市委、市政府评为“泉州市侨联工作先进集体”；2004年11月，又被省侨联授予“福建省基层侨联组织建设先进单位”称号。

2012年9月，永宁镇侨联被福建省公务员局、省人力资源开发办公室、省侨联联合授予“2008～2012年度福建省侨联系统先进集体”称号，被福建省侨联授予“侨友之家”荣誉称号。

## 附：永宁镇各村旅菲同乡会历届负责人名单

菲律宾永宁同乡会　1934年成立，驻地马尼拉。历届理事长：李文彬（1届）、李德衡（2届）、陈植鱼（3届）、陈增沛（4届）、董清耀（5届）、蔡泽洽（6届）、董春松（7～8届）、高武祥（9～10届）、林孙沛（10～12届）、陈清浚（13～14届）、李国俊（15～16届）、董光溪（17～20届）、陈植格（21～22届）、董伦意（23～24届）、林比立（25～26届）、蔡建南（27～28届）、董松柏（29届）、卢祖荫（31～32届）、陈焕熙（33～34届）、董永洲（35～36届）、陈焕郁（37～38届）、林金安（39～40届）、林英杰（41～42届）、蔡奕棋（43～44届）、陈清满（45～46届）、何良顺（47～48届）、董群建（49～50届）、陈增文（51～52届）、董伦润（53～54届）。

旅菲永宁同乡会宿务分会　1980年成立，驻地宿务市，历届理事长：陈植藻、王善顺。

**旅菲港边同乡会**　1941年成立，驻地马尼拉，创始人佘文水，历任会长：佘明培、陈培聪、李远航、李德鑫、李良灿。

**旅菲西岑同乡会**　创建于1966年，驻地马尼拉。历任会长：王志胜（1～4届）、王立奇（5～6届）、王守仁（7～10届）、王志炳（11～12届）、王志滔（13～14届）、王立同（15～16届）、王志远（17～18届）、王庆长（19～20届）、王守赞（21～22届）、王立锦（23～24届）、王守锦（25～26届）、王志泉（27～28届）、王正程（29～30届）王守财（31～32届）、王志良（33～34届）、王招群（35～36届）、王栋梁（37～38届）、王正仪（39～40届）、王民寿（41～42届）、王志伟（43～44届）、王文礼（45～46届）、王守端（47～48届）。

**旅菲银江同乡会**　1946年成立，驻地马尼拉。早期历任会长有李龙泉、李金土、李逢铎等，从1959年后依次是李沧海（30～31届）、李逢厚（32～33届）、李逢玺（34～37届）、李逢转（38～41届）、李远东（42～43届）、李逢梧（44～45届）、李华龙（46～47届）、陈著远（48～49届）、李略向（50～51届）、李贤沃（52～53届）、李沧洲（54～55届）、李逢清（56～57届）、李志谦（58～59届）、李贤谋（60～62届）、李贤册（63～65届）、李逢彬（66～68届）、李逢培（69～72届）、李沧源（73～74届）、李贤荣（75～76届）、李祖添（77～78届）、李隆华（79～80届）。

**旅菲官聘同乡会**　1947年成立，驻地马尼拉。历届理事长：杨玉润（1届）、杨荣石（2届）、杨祖旭（3届）、杨贵吉（4届）、杨祖慨（5届）、杨荣栋（6届）、杨祖挺（7届）、杨祖密（8届）、杨振扬（9届）、杨辉煌（10届）、杨祖慈（11届）。

**旅菲沙堤同乡会**　1937年成立，驻地马尼拉南棉沙示街。历届会长：龚大元（1届）、龚承头（2届）、龚承求（3届）龚东升（4届）、龚承畔（5届）、龚丕和（6届）、龚诗尧（7届）、龚显奢（8届）、龚文安（9届）、龚诗榜（10届）、龚诗钗（11届）、龚佛然（12届）、龚诗岩（13届）、何良平（14届）、龚世凯（15届）、龚书龙（16届）、龚强强（17届）。

**旅菲梅林同乡会**　1948年成立，驻地马尼拉。历届会长（前34届名单失详）：35～36届李邦华（1982～1986年）、37～40届李意树

（1986～1990年）、41～42届李大珍（1990～1992年）、43～44届黄千树（1992～1994年）、45～46届李玉仁（1994～1996年）、47～50届李正明（1996～2002年）、51～58届李正忠（2002～2010年）、59～62届高德泰（2010～2015年）、63～64届李辉俊（2015～）。

旅菲西偏同乡会　1945年成立，驻地马尼拉。历任会长：龚显蚵、龚显坦、龚顺兴、龚贻深、龚诗瑜、龚荣华、龚荣杰、龚展衡、龚显石、龚光华、龚丕钦、龚诗育等。

旅菲洋山宝塔同乡会　1960年成立，驻地马尼拉，创始人李德榜。历任会长：李渡江、李平洲、李华亭、李毓彬、李聪敏、李垂基、李天球、李国铨等。

旅菲前埔同乡会　1968年成立，驻地马尼拉，创始人施性造。历任会长：蔡式荣（7～8届）、蔡式必（15～16届）、施育仁（17～18届）、蔡式追（19～20届）、施能忠（21～22届）、蔡彰平（23～24届）、蔡彰辉（31～32届）、蔡文生（33～34届）、施育仁（35～36届）。

旅菲沙美同乡会　1947年成立，驻地马尼拉，创始人卢远绥。历届会长：卢谋设（1届）、卢远辉（2届）、卢谋尚（3届）、卢谋乞（4届）、卢谋颂（5届）、卢祖荫（6届）。

旅菲金埭同乡会　1932年成立，驻地马尼拉，创始人黄念忆。历届理事长：（前25届失详），26～29届李正九（1972～1975年）、30～33届李意赐（1976～1979年）、34～37届黄念铼（1980～1983年）、38～39届王仁寿（1984～1985年）、40～41届黄念榜（1986～1987年）、42～43届黄昭恢（1988～1989年）、44～47届黄昭议（1990～1993年）、48～51届刘贤棣（1994～1997年）、52～55届李清江（1998～2001年）、56～57届黄瑞金（2002～2003年）、58～61届黄穆泰（2004～2007年）、62～65届黄奕澎（2008～2011年）、66～69届黄鹏辉（2012～2015年）、70～71届蔡永栈（2015～）。

旅菲霞泽同乡会　1951年成立，驻地马尼拉。历任理事长：首届蔡联发（1951～1956年）、2届王利良（1956～1960年）、3届王人坑（1960～1963年）、4届王伯兴（1963～1966年）、5届蔡登铼（1966～1977年）、6届

王映青（1977 ~ 1983 年）、7 届王春阳（1983 ~ 1987 年）、8 届王和胜（1987 ~ 1990 年）、9 届王人吉（1990 ~ 1992 年）、10 届蔡仲源（1992 ~ 1995 年）、11 届王永泉（1995 ~ 1997 年）、12 届王国煊（1997 ~ 1999 年）、13 届王香生（1999 ~ 2001 年）、14 届王志琛（2001 ~ 2003 年）、15 届王礼乐（2003 ~ 2005 年）、16 届王志敏（2005 ~ 2007 年）、17 届蔡树根（2007 ~ 2009 年）、18 届王廷伦（2009 ~ 2011）、19 届王利团（2011 ~ 2013 年）、20 届王清涵（2013 ~ 2016 年）。

**旅菲霁江同乡会** 1985 年成立，驻地马尼拉。历任会长：高火狮（1985 ~ 1988 年）、高标默（1989 ~ 1995 年）、高清水（1995 ~ 1998 年）、高挺冲（1998 ~ 2004 年）、高明锭（2004 ~ ）。

**旅菲纳卯官聘同乡会** 驻地菲律宾纳卯市，会长：杨荣石。

**菲律宾永宁镇联乡总会** 成立于 2015 年 5 月 17 日，驻地马尼拉。首届理事长董伦意。

## 港澳同胞

**旅居港澳** 中华人民共和国成立之前，永宁人徙居香港、澳门者不多。1950 年，政府开始批准少数侨眷出国会亲，部分人则滞留香港，主要依靠侨居南洋的亲人汇款维持生活，有的侨眷则在当地工厂做工。之后，也有部分侨眷、侨属在政治上受歧视，其在内地的子女就学、参军、工作受限制，经申请、政府批准，也可前往香港。也有偷渡去香港的，并先后安定下来。1960 年 ~ 1972 年，人民政府为解决侨眷妇女因长期与海外亲人分居造成的生活困难，批准大部分侨眷妇女到香港与亲人团聚、定居。这个时期以 1960 年 ~ 1962 年移居香港、澳门人数较多。

1973 年 ~ 1977 年，港英当局正式放宽国内华侨赴港定居条件。这个时期去香港的主要是年轻人，其父母在南洋或香港，经向公安部门申请，获准后则移居香港。1978 年，因菲律宾政府移民局允许中国国内侨眷子女往菲旅游探亲，不少人凭菲律宾政府的入境许可证，向公安部门申请往菲律宾旅游、探亲，一些人中途滞留香港，后港英当局不得不给予办理居留证，居住满 7 年后即成为正式香港人。1978 年以后，居住香港者因婚姻关系很多为家乡亲人申请到港定居。其中，仅 1989 年～ 1997 年批准往港澳定居人数达 1326 人。

二十世纪五六十年代，永宁人在香港大多从事地盘工、酒楼杂役、纺织工、成衣工、塑料装配工等工作。早期移居澳门的永宁人数量甚少，大多打工或务农，后来稍有积蓄，才有人开设店铺或创办工厂。

**兴办公益** 20 世纪 70 年代以后，永宁移居港澳的大多是中青年人，他们抓住香港、澳门经济腾飞和祖国改革开放的大好时机，创办企业，发展经济，为香港、澳门的经济建设和繁荣做出贡献。许多人事业有成，成为闻名海内外的企业家。他们热爱家乡、热心慈善公益事业，或救灾济困，或为港澳及家乡和祖国各地兴办教育、体育、卫生、老人福利事业等积极捐款。卢文端，捐资 1000 余万元给香港的文教和慈善事业；捐资 3000 余万元用于国内文化教育和市政建设，其中 220 万元帮助河北唐山丰润县第三中学建教学楼，被唐山市政府授予“唐山市荣誉市民”称号；捐资 100 万元援助长江流域水灾。1992 年，他捐资 500 万港元在石狮兴建鸳鸯池公园；2002 年 12 月，捐资石狮市中华慈善总会；他还在永宁沙美村捐资设立“教育基金会”以及捐资铺路、安装全村照明等。

李贤义，为人热情慈善，乐于助人，他盼望社会有个良好的治安环境，希望下一代能得到最好的教育。他分别在福建和深圳等地设立见义勇为基金会，为中华见义勇为基金会捐赠 350 万元。1993 年，捐资 400 万元创立李贤义教育基金会。2001 年，他给家乡

卢文端捐建的石狮鸳鸯池公园

姚志胜捐建的华侨大学"胜俊楼"

捐赠300万元，创立银江李施红娘家族教育基金会。2004年捐赠50万元给永宁镇济困助学基金会。2007年，给永宁镇的慈善事业捐资110万元。2009年再次给银江李施红娘家族教育基金会注入资金200万元。1982年至2010年，已累计向全国各省市和港澳地区的文化、交通、卫生、教育、治安、社会公共设施及赈灾等捐献1.5亿多元。

卢温胜，事业有成后不忘故乡的养育之恩，先后捐建（或合作捐建）子英医院、石狮体育中心、晋江机场、武夷山机场、永宁中学教育基金会等项目，后又与卢文端等合资250万元兴建永宁中学新校舍。

姚志胜，在大力兴办实业的同时，对社会公益贡献突出，捐资2000万元设立泉州慈善总会姚嘉茂基金会，援建四川北川中学1500万元、捐资华侨大学1100万元、泉州东海湾实验学校1000万元、全国第六届农民运动会100万元、福建省残疾人福利基金会400万元、福建省见义勇为基金300万元……姚志胜累计在国内捐款上亿元，多次被福建省人民政府授予"福建省捐赠公益事业突出贡献奖"金质奖章等，福建省人民政府为其立碑表彰。从2012年开始，每年中秋节姚嘉茂基金会向永宁四个社区70岁以上高龄老人发慰问金，至2014年已两次计拨出400万元，可供慰问活动延续至2018年。

蔡淑好，为联络乡谊、服务社会、造福桑梓积极活动，她独资捐献90万港币购买香港石狮同乡会会所。她为山东济南市师范学校捐资 50 万元，在西安创办华侨医院，在福建等地为教育、文体事业及见义勇为基金捐资数百万元；北京举办亚运会、华东地区赈灾她也慷慨解囊。多年来，累计捐资逾 1000 万元。

卢章煌，旅港石狮同乡公会第六届会长，多年来捐资家乡公益建设达 1100 多万元。其中，1996 年，捐资 200 多万元建造石狮文林图书馆。

沙堤人龚清海，2008 年旅居香港，从事金融投资、房地产开发等行业，现任泉州中华慈善总会永远名誉会长。他热爱家乡慈善事业，2013 年，被福建省人民政府授予“福建省捐赠公益事业突出贡献奖”。

永宁人董欣跃，20 世纪 90 年代中期赴港发展，现任港澳永宁同乡会永远荣誉会长。多年来共捐资 250 多万元兴建老人会址、铺建新车路等。永宁中心小学 110 周年校庆时，他捐资 110 万元，投建永宁中心小学综合楼。

沙堤村龚承侨，在香港辞世前交代子女将其骨灰带回家乡撒在“红塔湾”海上，他夫人施建治在汶川大地震灾后重建时，毅然卖掉香港房子，捐出 200 万元为灾区建设“希望幼儿园”。

## 附：永宁镇各村旅港（澳）同乡会历届负责人名单

香港永宁同乡会　2000 年 12 月 31 日成立。创会会长杨怀青。历任会长：许祖泽（1 届）、董栋梁（2 届）、郑培庆（3 届）、蔡宗挺（4 届）、郑和平（5 届）。

旅港银江同乡会　1967 年成立。历任会长：李贤平（1 届）、李哲奋（2 届）、李贤义（3 届）、李圣典（4 ~ 5 届）、李清怀（6 届）、李文演（7 届）、李清凉（8 届）、李瑞彬（9 届）、李玉腾（10 届）。

旅港沙美同乡会　1989 年成立。历任会长：卢永远（1 届），卢海涵（2 ~ 4 届）、卢文锥（5 ~ 10 届）、卢福生（11 届）。

旅港梅林同乡会　2006 年 5 月 1 日成立。历任会长：邱伟铭（1 ~ 2 届）、李松雄（3 届）、李清凉（4 届）。

旅港港边同乡会　2009 年 2 月 15 日成立。历任会长：李圣传（首届）、佘明伟（2 届）。

**港澳沙堤同乡会** 2008 年 11 月 8 日成立。历任会长：董清波（首届）、龚清海（2 届）。

**港澳西岑同乡会** 2012 年 12 月 2 日成立。创会会长施展熊。历任会长：王天祝（首届）、施碧溪（2 届）。

**旅澳沙美同乡会** 2001 年 1 月 6 日成立。首届会长卢国仰。

**澳门霞泽同乡会** 2004 年 1 月 6 日成立。首届会长陈明君。

## 台湾同胞

**移居台湾** 宋乾道七年（1171 年）之后，台澎隶属晋江县管辖，永宁即有人徙居台湾。而最早移居金门者，为梅林村人李体仁。据《梅林李氏海下派家谱》载，李体仁约在明代成化、弘治年间（1465 年～ 1505 年）“派居金门”。

郑成功夫妇坐像图

明末至清初，大量永宁人往台湾定居。明天启至崇靖年间，郑芝龙据台湾，曾多次到福建招募沿海居民到台湾开荒种地，不少永宁人前往，大多集中在台南一带。《永宁霁霞高氏家谱》记载：高题“生万历丁亥（1587 年），卒顺治壬辰（1652 年），葬台湾演武场”。又“九世印柱，生崇祯戊寅年（1638 年），卒康熙辛巳年（1701 年）殁于番邦。娶陈氏，生崇祯癸未年（1643 年），卒在台湾”。

清顺治十八年（1661 年），郑成功收复台湾后，首批入台人数达 2500 多人，其中就有永宁人。郑成功夫人董友是沙堤村人，也随军赴台。《沙堤董氏东城房永宁霞营柱家谱》载：“惟禄公，字胄飞，号述静，静淮公次子。公海上英豪也，服壮即从郑藩（郑成功）举义，累有功绩，故特蒙宠任焉……嗣后，藩主（郑成功）播迁岛屿，公亦在行间……”又“沙堤村董学梁长子道孚派下相率移居台湾”。

《永宁霁霞高氏家谱》记载：“九世公裕，生崇祯甲申年（1644 年），卒庚寅年（1710 年），娶蔡氏，生男一。甲辰年（1664 年）搬往台湾。”据《鳌城鳌江蔡氏三泰公派族谱》载，永宁蔡氏自明末至清初，往台者 43 户，其中较早的有三泰公之五世孙蔡肇满。继之有三泰公之十世孙蔡惠远，生明崇祯甲戌年（1634 年），卒康熙壬午年（1702 年），于明末随郑成功入台。初居台南，生子四：邦俊、邦彦、邦昌、邦杰。再移居番仔埔，后子孙定居云林县元长乡五块寮村。清初高、蔡两姓移居台湾近 200 余人，分散在台北、淡水、笨港。

康熙二十二年（1683 年），清政府平定台湾后，尽管尚未开放海禁，但已有不少永宁人凭借地缘之利相继往鹿港等地谋生。据《鳌城东瀛刘氏族谱》载，康熙末年（1700 年～ 1722 年），永宁刘廷奎往台湾。又“刘奇耀，生于康熙辛丑（1721 年），游台湾，葬城外”。此一阶段，有永宁尤氏十一世尤铨连“葬于台湾上居”，十二世尤洵元“分居台湾大埔林”。日茂行的创始人林振嵩，于乾隆二十五年（1760 年）自永宁赴台湾鹿港从事食盐买卖与船头行生意。西岑村施氏第十三世施文睿于乾隆三十九年到鹿港，继之第十五世施光赐也到鹿港定居。据《沙堤董氏东城房谱》统计，该房系这段期间往台者有董明趋等 25 人。

清乾隆四十九年，清政府开放蚶江与台湾鹿港对渡之后，永宁、祥芝也成为对台开放支港。永宁等地居民竞率渡台，还出现兄弟相携、夫妻同往、举家迁徙的现象。《鳌西林氏长房二家谱》统计，这一时期往台人数达 80 人左右，集中居住于鹿港、彰化、大甲、西螺、凤山。乾隆年间（1736 年～ 1795 年），霞泽陈姓开始移居嘉义、琅娇、台北、台南、凤山、彰化等地。嘉庆十七年（1812 年）移居台湾府城的族人陈文芳，以贡生、布政司经历的身份携带移居台湾族裔的资料，来霞泽认祖归宗，纂修族谱。

据《银江李氏族谱》载，振仲公十四世孙李金灿分支彰化县东门街 454 番地。嘉庆七年，长房十五世孙李锡金分支台湾新竹南区。另有永宁霞滴陈氏《新建霞陈小宗祠序》载，清嘉庆九年旅居台湾的陈明玉回永宁谒祖，捐出所有积蓄，兴建霞滴陈氏宗祠。

民国之后，也经常有人迁居台湾。据资料记载，从抗日战争胜利至中华人民共和国成立之前计有 40 余人徙台。1949 年，国民党撤离大陆退踞台湾，在沿海抓走不少渔民，仅梅林村就有 10 多艘渔船 100 多人被抓往金门当兵。据统计，2010 年永宁镇在台同胞有 1314 人。

**台胞移居永宁** 清光绪二十年（1894 年）后，日本占领台湾，强迫台胞加入日籍，不少台胞不愿入日籍而移居大陆，有的回永宁定居。鹿港郊商谦和号许志湖父子于 1895 年 8 月 25 日，于日本侵略者尚未攻占鹿港之前回外高村租房子居住，并将谦和号迁来外高开张新和益号。永宁钱江施幼云等回西岑村，往来于厦门、福州等地经商。20 世纪 40 年代初，还有一些台籍医生回永宁开业，如西医高墀显、牙医李国明等。1938 年，金门、厦门相继失陷后，所有台籍人士全家被遣散到崇安，后多人到浙江金华参加台湾义勇队，从事抗日救护工作。1945 年抗战胜利后，他们大多回永宁执业。

据统计，1988 年全镇有台胞 26 户、107 人。1997 年有 30 户、159 人。

**建设台湾** 早期入台的永宁人，胼手胝足，和台湾各族人民一道开拓垦殖。台湾新竹李氏开基祖李锡金，祖籍岑兜，清嘉庆七年（1802 年）往新竹，初当杂工，后经商致富，购地达 20 多平方公里拓垦种植，改造成万顷良田。还有不少人发展手工业、工商业。乾隆年间，西岑村施氏第十三世施文睿、第十五世施光赐先后渡海赴台，在台湾鹿

台湾日茂行

台湾日茂行大厅

港开设施锦玉、施金玉、施美玉香铺，生产“奇楠香”，薪传家族传统的制香技术，至今享有盛誉。两百多年来，施家人才辈出。譬如清末台湾著名诗人施士洁、当代台湾宏碁电脑集团创办人施振荣等。施振荣所创办的宏碁电脑公司，为世界十大个人电脑公司之一，他本人于 1996 年被美国《商业周刊》评为“全球 25 位最杰出的企业管理者”之一。

清代鹿港郊商林振嵩，为永宁西门外人，于乾隆二十五年（1760 年）渡海赴台，创立日茂行商号，经林振嵩及其子林元品、孙林廷璋三代人的苦心经营，成为当地首屈一指的商号。其后人林诚湖曾任马绍尔共和国副总统。

20 世纪 70 年代，西厝村人郑周敏，在台湾创办亚洲信托公司，以低廉价格大量收购地皮建居民住宅，在高雄兴建拥有 3000 套住宅的亚洲商业城；在台北兴建亚洲游乐园、台北火车站前建环亚大饭店。郑氏在台湾还拥有 40 多家公司。1986 年，郑周敏之女郑绵绵继任亚世集团董事长，被誉为“世界企业皇后”，1987 年荣登“台湾最成功女性”榜首。

**热心公益** 永宁人热心住居地与家乡的公益事业。林振嵩经常接济贫民，他曾多次返祖居地，捐资修葺姑嫂塔、虎岫寺和泉州顺济桥。其子林元品于清嘉庆六年（1801 年）诰授奉直大夫，在台湾捐银重修府学文庙、倡造彰化县城、监造定军山寨、带头重修鹿港圣母宫、率郊商殷户平粜施粥救济饥民，“全活者以万计”，深受民众爱戴。岑兜村人李锡金，曾于清咸丰年间（1851 年～ 1861 年）平息民间械斗，还捐款办理平粜、赈济贫民。清光绪六年（1880 年），福建巡抚为他题请旌表，入祀孝悌祠。

清代永宁梅林村蔡名标赴台经商致富后，曾多次参与修桥造路。

**经贸往来** 唐宋时期，永宁即辟有航线，可达台湾。明代初期，虽遭“海禁”，但商船走私航运往来两岸一直没有停止。明中叶开放海禁后，梅林港与台岛通航往来频繁。清初又实行严厉的“迁界”政策，永宁诸港口，一度成为死港。到康熙二十三年（1684 年）复界，清政府宣布解除海禁，海上交通贸易才逐渐复苏，对台贸易商行才日渐增多。不少商行，如日茂、霞源、永进、荣兴、宝藏、东源、东益等，皆因经营对台贸易而致富。清乾隆年间（1736 年～ 1795 年），永宁荣兴号商行，经营乌槽船运输、油磨坊和线面生意。荣兴号乌槽船来往于永宁与台湾之间，将自家作坊生产的面线、豆饼、花生油及闽南的瓷器、纸张、香菇、笋干、茶叶等土特产运输到台湾，尤其是该商号自己生产的线面，因细韧洁白，在台湾各埠深受欢迎。乌槽船返回时，从台湾运回大米、白糖、干贝、柴鱼巴、香蕉、菠萝等货物。

第二次世界大战期间，对台贸易中断。抗战胜利后，梅林村有近百艘大渔船转为商运，台湾也有许多商船直接抵梅林港或停靠外高港。每天有二三十艘商船进出，货物则以大米、食糖为大宗。

1949 年 9 月至 1978 年，两岸贸易中断。1979 年后，两岸关系逐渐缓和，民间贸易日益增多。1981 年梅林港设立台胞接待站、台轮停泊点，台湾渔民因补充渔需物资，开始以货换货或以外币购买大陆物资。1987 年，台湾当局允许海峡两岸开展间接民间贸易。1988 年 11 月，台湾“经贸部”公布“大陆产品间接处理原则”，允许间接进口大陆 50 项产品。此后两地贸易关系日趋明朗化。同年 12 月，梅林码头作为对台小额贸易的台轮停靠点，凤里贸易公司经营对台小额贸易。输入的台货主要有涤纶线原料、化工产品、家用电器；输出的物资主要有烟、酒、海产品、药材、食用菌等土特产。1990 年，梅林码头共接待台轮 36 艘次，贸易额 41 万美元，1994 年增至 65 万美元。1995 年，梅林港进行对台贸易试验点的建设。同年省广宇集团公司、泉丰贸易公司和石狮市人民政府、永宁镇人民政府有关单位联合创办宁宇开发建设有限公司，从事对台贸易试验点业务。当年宁宇对台贸易公司等单位参与海峡两岸商品博览会，成交金额达 520 万美元。据统计，2006 年梅林港对台小额贸易 370 艘次，货值 378.8 万美元；2010 年 710 艘次、货值 2704.31 万美元，连续四年保持两位数增长。

## 文化交融

**教育往来** 清康熙二十三年 (1684 年 )，清廷统一台湾后，台湾始立府县学，岁科试以取生员。永宁刘廷简等往台求学，在台取得秀才资格后，再返原籍参加乡试。清乾隆年间 ( 1736 年 ~ 1795 年 ) 徙台林氏家族在台入学致仕者就有 8 人。其中林廷梯，道光年间 ( 1821 年 ~ 1850 年 ) 中举人；林元科，台郡庠生；林廷珪，凤山县岁贡生；林逊淑、林逊貌为彰化县武庠生。担任官职者有林元品，授中宪大夫；林逊举，例授文林

李亦园（右一）与时任全国人大常委会副委员长费孝通（中）合影

郎，拣选县正堂兼内阁中书舍人；林元品长子林廷捷，为福建延平府沙县儒学正堂。清道光年间，西岑籍施琼芳生于台南，于道光二十五年（1845 年）中进士即补江苏知县，铨选六部主事，但他未就职，归台南受聘于“海东书院”讲学授徒。清嘉庆年间（1796 年～1820 年），岑兜李锡金之孙李祖琛在新竹设立私塾，侄孙李祖训任台湾府学训导，均从事教育工作。光绪二十一年（1895 年），李锡金的裔孙李舜臣中举人，内渡返岑兜故里从事文教事业，并于 1913 年 3 月与岑兜华侨李文矩集资创办银江小学。

永宁西门外林朝素之子李亦园在台湾大学毕业，留学美国，曾任台北“清华大学”人文社会学院院长、台湾“中央研究院”院士。

1959 年，永宁籍旅菲华侨郑衍蕃寓居台湾，曾任多家报刊记者或编辑，著有《春草吟笺》，收集 300 多首诗词。

**民间信仰** 永宁城隍于清道光十九年（1839 年）“分灵”鹿港，后再由鹿港分支台中、彰化、台南各地。台湾奉祀永宁城隍的庙宇达数十座。台南忠泽堂城隍，即由永宁分炉于石狮的“石狮城隍”分香到台湾，后再分灵到台北等地。又如外高“英济庙”的关帝爷也是清代由徙居台湾的永宁移民分香到台湾建庙奉祀的。

1979 年以后，海峡两岸关系缓和，分香台湾的庙宇相继组团到大陆祖庙进香谒祖。1989 年 3 月 26 日，台中灵兴宫董事会首次组团到永宁城隍祖庙进香。至 2010 年，台湾各地城隍庙先后 20 多次组团到永宁进香谒祖。永宁城隍庙也多次组团到台湾联谊。

**演艺及武术活动** 1995 年 9 月 23 日～24 日，在永宁黄金海岸度假村举办“1995 年闽台民间文化节”。参加演出的有台北汉唐乐府、台湾亦宛然掌中剧团、福建省梨园剧团等全国各地 22 个表演团体，包括梨园戏、掌中戏、南音、歌仔戏、高甲戏、车鼓、舞龙、排子吹、拍胸舞、北管、舞狮、什音、木偶戏、畲族歌舞等，观众达 9 万多人。

2012年，永宁举办首届古卫城暨城隍文化节，来自新加坡、菲律宾、马来西亚和中国台湾、中国香港以及大陆各地共1000多名嘉宾出席。在“踩街”活动中，台湾有鹿港的电音三太子、台北的狮阵、嘉义的跳鼓阵以及金门的十二婆姐等。

永宁镇代表团拜访台湾施金玉（永宁西岑人）香铺（2012年）

台湾鹿港城隍庙

永宁侨联会访问鹿港城隍庙

鹿港城隍庙到永宁城隍庙谒祖

台中灵兴宫到永宁城隍庙谒祖

首届古卫城暨城隍文化节来自台湾的踩街队伍

2012 年 1 月 28 日，海峡两岸狮阵武术大汇演暨石狮市沙美狮阵武术理事会成立庆典在沙美村举行，参加表演的有台湾台南大学、台东大学金狮阵、宋江阵与石狮市卢厝狮阵武术馆、沙美狮阵武术馆等，海峡两岸共有 300 多名运动员同台献技，观摩交流。

**联络　接待**　1949 年后，虽然海峡两岸对峙，国民党当局实行“不接触、不谈判、不妥协”的三不政策，对两岸进行严密控制，但数十年来，去台人员眷念故土亲人，千方百计通过关系与亲人联络。1979 年元旦，全国人大常委会发表《告台湾同胞书》，两岸关系逐渐缓和。不少永宁台胞利用各种机会，绕道香港回家乡与亲人团聚。

1981 年，梅林港被辟为台轮停靠点，并成立台胞接待站，开始正式接待到梅林港避风、修理的台湾渔轮。1986 年 6 月，台轮“晋海春号”“财富国胜号”因台风警报驶靠梅林港要求避风，受到热情接待。船员陈先生还被接送到晋江深沪科任村探亲。1997 年，梅林码头经国务院批准为台湾渔船停泊点，2006 年正式开通对台小额贸易服务。永宁边防工作站建立后，已先后接待来靠台轮 2900 余艘次，接待台湾渔船员 15700 余人次。贸易额超过 8500 万美元。先后接待来靠补给的船只 605 艘次，修理故障船只 120 艘次，救助患病台胞 48 人次，为台胞挽回经济损失近 800 万元。永宁边防工作站主动加强横向沟通协调，与海关、商检等地方部门协同合作，设立码头临时监护点、高倍聚光灯等设施，开通“对台服务绿色通道”，为来靠台轮创造一个良好的经济贸易环境。

福建省涉台文物授牌仪式

梅林港

1987年年初，台湾当局允许台胞回大陆探亲，许多台胞陆续组团返祖籍寻根访祖。1988年5月15日，台湾粘氏宗亲2人到永宁祖地祭祖扫墓。嗣后，台湾粘氏宗亲会会长粘火营率谒祖团一行13人到永宁拜谒祖先。永宁有关部门也多渠道做好与台湾的基层民间交流。2009年5月，永宁镇侨联会组织侨联委员34人到台湾考察旅游，先后参观鹿港城隍庙、日茂行、台中城隍庙、台南忠泽堂城隍庙、台南唐明殿城隍庙，并与相关人员交流座谈。2012年2月5日，台湾国民党云林县第六区党部书记郭侑谚偕夫人龚丽凤及家族成员一行受父辈之托到永宁寻根，经认真细致核对沙堤村龚氏族谱、家谱，后确认沙堤村田头三房为寓台乡亲龚意展、龚丽凤的堂亲。

# 文物古迹

永宁历史悠久，留下许多珍贵的文物古迹，如建于宋代的石塔、古庙，元代的崖刻和明清古街。古卫城还存有不少见证永宁卫繁荣鼎盛的历史文物、“名人故居”“闽南古大厝”。而欧陆风格的华侨番仔楼具有中西合璧的特色，是另一道独特的风景。

# 全国重点文物保护单位——姑嫂塔

原名关锁塔，建于南宋绍兴年间（1131 年～ 1162 年），至今已有 800 多年。其塔身高 22.86 米，边长 5.2 米，外望 5 层，实为 4 层，全部石筑，成六角形，呈楼阁式仿木结构，中间虚空。塔之六面，似有设门，其实仅一门可通。游者从塔中石磴拾级而上，每登一层，便至另一层之外围，再进一道门，自门内石级而上，则又上另一层。如此旋转而上，即到塔巅。塔之第二层，门额上刻有“万寿宝塔”四字，是以该塔又称为万寿塔。

姑嫂塔　　张英涛 摄

塔之末层内壁有一方形神龛，雕刻佛像三尊，乃“三世尊佛”，但民间多讹传为姑嫂石像。《八闽通志》记载：“永宁有石塔，甚宏丽，商舶自海还者指为抵岸之期。”此塔为古代泉州湾的主航标，是宋元时期“东方第一大港”泉州海外交通贸易繁荣发达的重要历史见证。中华人民共和国成立后，姑嫂塔屡经政府拨款修缮，并层层置围栏环护。2006 年 9 月，该塔被列为第五批全国重点文物保护单位。

## 中国历史文化名街——永宁老街

永宁老街建于明洪武年间（1368 年～ 1398 年）。中开坊十字街口，为永宁城的中心点，有街道直通五个城门。中开坊旁边有座“赵帅府”古庙，庙中有块拜石，为当年建城安放罗盘的地方。从十字街口向西直落到西门（永清门），原称西直街，府志载：“右千户

永宁城隍庙中殿

所，营房八百四十间，在永清门西直街。”可见当时为驻军之处。清初重建后，称老街，又称“剖腹街”。当时这条街上，富甲一方的大商号就有六七家。沿慈航庙下来就是霞源，还有荣兴、永进、日茂、宝藏等好几家商号。它们经营南北商埠的航运和对台贸易，事业极为发达，至今荣兴号商行犹保存有榨油的大油车（压榨机）和磨坊等各种工具。此街直至20世纪80年代，一直是永宁的商贸中心。2013年6月8日，文化部、国家文物局公布：永宁老街入选第五届“中国历史文化名街”，为该年度福建省唯一入选的古街。

## 宗教建筑

**永宁城隍庙** 坐落在永宁南门与小东门之间，为永宁至今保留较完整的一座古寺庙。清道光二十三年（1843年）《重修永宁城隍庙序》称“吾永宁卫为郡要区，名锡鳌

城，地连鲤廓。都人士创建庙宇，崇奉城隍。钦神灵之赫濯，侯封宪贲六龙；壮山海之观瞻，庙貌高临五虎”。由于永宁卫地位重要，规格较高（卫指挥使为正三品），故永宁卫城隍被主奉宋丞相文天祥，谥号“忠佑侯”。

《八闽通志》载:“永宁城隍庙在卫治东南。洪武年间指挥（佥事）洪海建。正统年间，卫知事王廉修建。成化九年（1473 年），千户陈宗重建。”据有关资料考证，原永宁城隍庙规模仅限于现有的后殿。清道光十五年（1835 年），由乡贤蔡铭标发动各方善信，捐资扩建。清光绪年间（1875 年～ 1908 年），再由港边村乡贤佘马堆前往菲律宾，向乡侨筹募资金加以整修、挺高门楼，方成今日之大观。

永宁城隍庙坐北朝南，建筑面积 1407 平方米，由门楼、前殿、戏台、拜亭、后殿和左右厢房组成。后殿面阔五间，进深三间。殿前有檐楼，抬梁式木结构。前后殿均为重檐歇山式屋顶，余为单檐歇山顶。永宁卫城隍庙规制完备，除主祀城隍神外，还模仿封建仪制，设置二十四司、四大将、三夫人、役吏差官等近百尊神像，是闽南地区少有的规模较大、保存较完整的一座城隍庙。其建筑艺术结构严整、精美。书法、联文、木雕、石雕、砖刻均出自明、清高手。门楼两侧“雷厉”“风行”四个石刻大字，书法遒劲、端庄大气。拜亭两侧的清代石雕狮子栩栩如生，雕工精湛。庙内尚保存道光年间重修碑记、碑序各一方。该庙于 1996 年 2 月，经福建省人民政府公布列为第四批省级文物保护单位。

**虎岫寺** 位于宝盖山东麓，建于宋代，原名真武宫，主祀玄天上帝。明洪武廿四

永宁城隍庙

年（1391 年）改称虎岫寺。嘉靖年间（1522 年～ 1566 年），住持云静法师募款修葺，筹建中枢大殿，奠定虎岫寺的主体建筑规模。后历代均有维修、增建。“文化大革命”期间被毁，1983 年重建。中间真武大殿高三丈二尺，威武气派。大殿东侧为聚星阁及禅房，聚星阁上下堂分别供奉如来佛祖、十八罗汉和三夫人妈。殿西设观世音菩萨佛堂。大殿埕前是“飞来塔”，塔临一池，名“半月池”。大埕东为关夫子殿，西为森罗宝殿。大殿后山腰建有祀奉文昌公、魁星爷的文昌祠。众多神祇供奉一处，掩映于绿荫翠峦之间，各得其所。

虎岫寺中存有南宋绍兴二十五年（1155 年）蔡梦良捐建石龛方碑 1 块和清同治八年（1869 年）《重修虎岫寺碑记》抹角首长方形碑一方。庙之西侧悬崖存有历代名家题写的崖刻五处。1990 年 5 月，经石狮市人民政府公布为首批市级文物保护单位。

**鳌南天妃宫**　位于永宁卫城内南门境，祀妈祖，相传始建于宋代。至今庙中尚存有一妈祖浮雕石像（长 59 厘米、宽 31 厘米），头戴乌巾，与后来的妈祖塑像有很大不同。据专家考证，乃宋代石像。古时，商船可沿梅林港驶入南门装卸货物。今英国伦敦大英图书馆印度和东方写本部阅览室保存着一套清代闽南海澄、漳浦的民间道教科仪书，其中《安船酌献科》，记载沿途所经各海口、岛屿必须祭拜的宫庙及海神，并附有清代闽南民船往“西洋”“东洋”“下南”“上北”的航行路线。其中从海澄北行至浙江、江苏、天津的“上北”航线，到晋江必须祭拜“围头妈祖、永宁天妃、松系（祥芝）土地、大队（坠）妈祖”。可见，当年鳌南天妃宫在南来北往航线上的重要位置。

虎岫寺

**永宁慈航庙** 又称中亭观音宫，位于永宁观音亭境。占地 400 平方米，建筑面积 330 平方米。主庙分前后两部分，庙前左右有钟鼓楼。庙中石碑记载，相传始建于隋朝，历代有重修。该庙原奉祀一男相观音，“文化大革命”时被盗失。史学界普遍认为，男相观音系唐代之物。该庙于 1998 年 2 月，经石狮市人民政府公布为第二批文物保护单位。

**徽国文公祠** 俗称文祠。位于永宁观音亭境。殿宇一列三厅，中奉徽国文公（朱熹），东祀关圣帝君，通称文武两圣。墙外之东南角，有一石亭，内立二碑，乃为纪念永宁明代教育先驱陈用之及陈愈在永宁启学所立。

文祠始于明代的鳌水书院，历经倭患，仅余残迹，直至清乾隆年间（1736 年 ~ 1795 年）重建。文祠中有魁星楼（今已无存），为永宁举子会文处。楼上祀五文昌。大厅前埕角有一香桧树，今犹存。大门外有照墙，墙东壁下有一纸炉，供焚化城内废弃之字纸。纸灰满炉，即集都中人士，鸣锣打鼓，执各种锡头木柄之兵器模型，曰七十二对，列队送到宫屿撒入海中，谓之送海龙王。

**永宁梅福庵** 俗称小街观音宫。该寺肇自清光绪六年（1880 年），普陀山僧人善修奉观音佛像入永宁，择于小街建庙，经乡贤蔡恢扬首倡，与善修两度赴菲募捐，历五

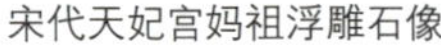
宋代天妃宫妈祖浮雕石像

慈航庙

年，于光绪十一年动工，光绪十五年竣工。继后并土地公宫建成大雄宝殿，塑佛像 28 尊，命名为梅福庵。庵内有《新建梅福庵碑记》一方，辉绿岩质，记述兴建梅福庵的经过。另有《新建梅福庵募捐小引》碑记，罗列捐款人和捐款额，其中记有菲律宾岷尼蚋（现马尼拉）、佳教鄢、怡朗的永宁侨亲 70 多个捐款人姓名，还记有当时 24 个永宁捐款商家的商号。20 世纪 70 年代该庙后梁倾圮，80 年代重修，1984 年翻建钟鼓楼、修建中亭。2004 年将大雄宝殿及帝君公宫（保生大帝庙）合建为四层大厦，占地 550 平方米，建筑面积 850 平方米。底层供奉三世尊佛、保生大帝，二、三层为讲经堂及供奉诸佛。

**梅林妈祖庙**　又称安澜宫。相传始建于宋末元初。由避难于梅林村的赵宋皇族兴建，奉祀恩主大圣侯杨延平、恩主二圣侯杨延定及将军伯三尊神像，称圣侯宫。后于明初随着梅林港海上贸易和渔业的发展，为祈求妈祖娘娘的庇佑，改为主祀妈祖，附祀大圣侯等神明。1940 年永宁“七一六”惨案，安澜宫遭日本侵略军炮舰轰击，夷为平地。1947 年重建，1975 年重修，2010 年扩建。2012 年 6 月，被列为泉州市闽南文化生态保护区展示点。

**永宁礼拜堂**　位于永宁北门街，建于 1922 年，为石狮早期一幢较有特色的哥特式建筑。2000 年重建，设计保持原有的造型及建筑风格，整个教堂华美壮观、宽敞明亮、功能齐全。

梅福寺

基督教永寧堂

# 摩崖石刻

**永宁卫石刻** 永宁城内东北隅益辅山上，山岩宛伏，有崖刻多处，统称“永宁卫石刻”。1990 年 5 月，被列为石狮市首批市级文物保护单位。这些崖刻包括“镇海石”及其背面“水端台”（楷书，竖刻，字径 61 厘米 ×47 厘米）、“骊龙珠”（楷书，竖刻，字径 37 厘米 ×48 厘米）和附近“吟风弄月坛”（楷书，横刻，字径 28 厘米 ×38 厘米）、“渐入佳境”（楷书，横刻，字径 33 厘米 ×27 厘米）以及两幅诗匾。

镇海石系一长方形巨石，高 6 米、基底每边 3.3 米，贴叠在另一块大石上。其底部略呈椭圆状，有如风动石一般。字阴刻于巨石临海一面，竖向，阴刻楷书“镇海石”三字，笔力遒劲。字幅高 3.6 米、宽 1.4 米，单字径 60 厘米 ×50 厘米。

镇海石

尽瘁捐躯

海天一色　　吴泽荣　摄

“镇海石”三字，乡间传说为明代抗倭名将俞大猷所题。只因年代已久，风化腐蚀严重，题款者姓名已剥落，难以稽考。近年来，查得清代著名学者陈棨仁曾于《闽中金石录》中记载，实乃宋代泉州太守王十朋所书。

**文祠岩刻**　位于文祠东侧石岩上。刻有“尽瘁捐躯”四字，楷书，字幅高 0.9 米、宽 1.2 米，单字径 38 厘米 ×27 厘米。旁附题：“钦差大臣沈葆桢为奏请赐恤世袭云骑尉陈维礼立。光绪三年。民国十二年，男克庚泐石。”

此岩刻溯之同治十三年（1874 年）夏，日本借口台湾牡丹社蕃（土著）杀了日本人，开兵前来讨伐，军驻南鄙，一场战争迫在眉睫。清廷封福建巡抚沈葆桢为钦差大臣，赴台督办军务。时有陆路提督前营外委（五品顶戴）陈渊安（字维礼），永宁西门外人，随福建陆路提督唐定奎入台。其受命由台北苏澳带同勇丁护送艋舺盐局饷银前赴新城，至台北大石公岭下。不期逢社蕃抢劫，陈以其超群武艺力敌众蕃，掩护粮饷突围，自已则因势孤力乏，被重重困住，终投江自尽，以身殉职。粮饷平安抵达后，沈葆桢获悉，深为感动，为表其忠烈，特奏朝廷，钦赐世袭云骑尉，并赠巨匾一幅，上题“尽瘁捐躯”四字。云骑尉一职，则由长子陈植扶（字邦臣）袭之。后于 1923 年由陈渊安次子，武秀才陈璧经（字克庚）将匾上“尽瘁捐躯”四字泐于文祠东侧之岩石上，以为纪念。

**西山岩崖刻**　位于永宁西厝村后西山岩。上刻有篆书大字“海天一色”，字幅高 2.2 米、宽 1 米，单字径 60 厘米 ×50 厘米，笔法圆润，颇有古意。上款“云山许允宗立”、下款“灵武王用文”，乃出自元末书法家王翰手笔。

**虎岫寺崖刻**　位于塔石村虎岫寺。原有题刻 46 方，多为历代名人题咏。后因采石被毁，仅存 1924 年大总统为褒奖晋江人杨元勋修（泉州）洛阳桥及捐资办学等善举而颁发的赠词石刻，及行书“好行其德”“里党观型”等题刻。

“大总统褒赠崖刻”字幅高2.3米、宽2.2米，单字径15厘米×13厘米，楷法端正。原文：“大总统褒曰：子产施乘舆之惠，东里流芳；士元延冠冕之誉，南州著望。急公好义，博爱为仁，兼而有之，不可及也。尔福建晋江杨元勋，乡评有素，物望所归。造蔡襄之桥，行人无忧乎灭顶；筑杜陵之厦，寒士大慰乎欢颜。儿童诵君实之名，好是耆英结社；弟子志康成之学，居然通德榜门。行谊如斯，褒扬允矣。于戏，纾楚国之难，不妨毁弃家财；闻伯夷之风，毕竟化除懦弱。作之坊表，光乃矩修。中华民国十三年三月。”下方有一方印：“荣典之玺”。

**马鞍石崖刻**　永宁城隍庙大门口右侧之马鞍石上，有崖刻“靖国保民”四字。楷书，横刻，字幅高72厘米，宽275厘米，单字径60厘米×46厘米。旁附题“民国八年三月、靖国军司令官黄华秋先生率兵莅此，弥斗兴学、各界欢呼，爰是勒石纪念。绅商学界敬立”。字幅高90厘米，宽106厘米，楷书，竖刻，单字径8厘米×10厘米。

据陈仲瑾遗作《靖国军之驻安海》记载：“靖国军为孙中山先生军队主力，成立于广东，交由方声涛统率，后因陈炯明叛变，广东立足不住，乃由方声涛率众退居福州。旋以张贞为旅长，以一团归其统领，许卓然、秦望山等起而为之辅……其后复设安海县，以陈世哲为县长……”当时永宁、石狮、深沪、青阳皆属安海县管辖，凡是民事纠纷、械斗冲突、治安缉盗、抓鸦片犯等等，皆由靖国军前来调停处理，对保护一方安定起了一定作用。另者，许卓然、秦望山还支持永宁设立阅书报社、创办竞新女学，故永宁各界于城隍庙前勒石以为纪念。

马鞍石崖刻

# 古代遗址

**浔尾古盐场遗址** 位于永宁镇南侧，离镇区 1 千米。南临深沪湾，北与沙美村接壤，东至永宁、港边边界，西与子英村相邻。据庄为玑《晋江新志》“晋江的海盐”篇中载：“晋江自建县开始，人民就懂得制盐，唐代盐场一个、元代有三个（浔尾、梧州、丙州）、明清继之。其中最主要的是岑兜乡的浔尾场……浔尾场合丙州场，共一万四千五百二十九坎。生产的盐分三等，一曰净白、一曰次白、一曰青花。净白约占五成。过去制盐，有煎法、晒法……”而浔尾场使用的是“漏法”翻晒的制盐技术，使之所产海盐，以其优质洁白驰名。由此可见永宁盐业在元代已相当发达，并形成以岑兜浔尾盐场为中心的沿海盐场。今港边村后海边、湾内、虎空口等地皆有古盐场遗址。1998 年 12 月，浔尾古盐场遗址经石狮市人民政府公布为石狮市第二批文物保护单位。

**永宁闽海局关遗址** 清乾隆年间（1736 年～1795 年），永宁港（包括梅林、外高、沙堤等港口）海上交通、港口贸易又趋繁荣。清政府即于永宁设立海关，属泉州法石口馆（法石海关）管辖，负责征收出入口税。道光二十三年（1843 年），永宁城隍庙重修，其碑文就有永宁海关捐银四两七钱的记载。光绪七年（1881 年），称闽海局关，其关址设于现永宁镇小街观音宫边。民国初年，改称永宁海关。1918 年，永宁海关在梅林港设立派出机构，称水司馆，遗址在今梅林村西尾黄厝祠堂后面。永宁海关一直延续至 1939 年。

# 名人故居

**李子芳烈士故居** 位于永宁镇子英村，建于民国初年。故居坐西朝东，用不规则的花岗岩石块砌筑成不足 3 米高的墙体，面积 67 平方米。房子有 2 道门，进西门是 2 间对向面积不足 10 平方米的小房间，进东门是 1 间小厨房，过道左侧是小厅堂，右侧是卧室。1910 年 5 月，李子芳就出生在这座房子里。故居近年加以修葺，1990 年 5 月，经石狮市人民政府公布列为首批市级文物保护单位，为石狮市爱国主义教育基地。

**董云阁烈士故居** 位于永宁社区后山。建于 1930 年，坐北朝南，占地 334 平方米，是一座水泥框架结构、高两层的洋楼。最上层还有 1 座仿古风楼。进入大楼厅后，有一回廊式楼梯通往二楼。楼房整体深受南洋建筑风格的影响。如一、二楼大门与骑楼，尤其是拱门及半月形门窗、细部装饰更带有明显的南洋建筑特征，而洋楼内部结构及布局却充满闽南传统文化气息，一些细部装饰，采用凤凰、牡丹、蝙蝠等吉祥图案，生动活泼，整幢楼房呈现出中西建筑文化互相交融的特色。故居于 1998 年 2 月，经石狮市人民政府公布列为第二批市级文物保护单位。

李子芳烈士故居

董云阁烈士故居

白刃故居

**白刃故居** 位于永宁北门街“下新厝”，系民国初年建的古大厝。其布局为二进五开间带单侧护廊，坐东北、面西南，建筑面积约700平方米。房屋结构为穿斗式木构架，悬山式屋顶，燕尾形屋脊。其厅堂甚为宽敞，古香古色，厅中供奉王氏先祖牌位，两边大木柱，颇为壮观，只是对联均已剥落，柱上字迹亦已模糊难辨。大厝有围墙，高1.8米，底部用条石砌成，上竖一长列石窗棂，形成一个个格窗，整齐而美观。围墙内有花岗岩石铺成的大石埕，墙外有池塘，曰“下新厝池”。

## 闽南古大厝

永宁“皇宫起”大厝，大门都有“同字壳”凹入的“凹岫”，大多是二进或三进。中有天井，采用中国传统民居对称、严谨、封闭的格局，红砖赤瓦、燕尾山墙，镶嵌精美的木石雕刻。永宁古大厝又可分为清初和清末民国初两种风格。前者多为郊商大户所建，其结构恢宏，颇为壮观，且有“金包银”（也称“出砖入石”）的墙壁，如日茂、东源、霞源，多已倾颓。至于后者，多为华侨所建，规模略小，但雕梁画栋，精雕细镂，名人书画，琳琅满目，注重装饰与色彩纹样，如莺山书舍、贻谋堂等。

**霞源古大厝** 一座富有闽南特色的皇宫式建筑。结构为三进三开间带双护厝，附石埕及围墙，面积约1000多平方米。左侧护厝前设典当，后作书房；右侧护厝前辟小花园，后作厨房。屋宇外墙下砌条石，上叠褐色方砖。其凹岫大门则与两边角门构成“同”字状，凹岫双侧，下有浮雕底座，中为粉垛，上饰砖雕，所刻花鸟梅兰，俊逸生动。其石埕，系用花岗岩石板平铺。石埕南边建一石舂屋，备以节日舂米之用。围墙底部，皆用角石平砌，上部则以红砖堆叠。围墙北置大门，面对大路。

**莺山书舍** 位于永宁西门外，又称“大书房”。建于清代，为林氏子弟课读处。其建筑规模至20世纪60年代保存尚好。大门外，一大片石埕，点缀着盆景假山，花木争妍。书舍中，窗屏上的名人书画，流金溢彩。墙壁上，泥塑木雕工艺精湛，内容包括花鸟鱼虫、四季吉庆、八仙祝寿、二十四孝等，形象栩栩如生，线条清晰流畅。书院左侧有一片桃花园林，配以书轩楼阁，甚为幽雅。

莺山书舍

贻谋堂

**岑兜贻谋堂** 位于子英村，系旅菲华侨李祖堦建于1890年。乃皇宫体古民居建筑，铺石埕，砌围墙，附有花厅、书房、碓间及小花园。命名为“贻谋堂”，取之“贻厥孙谋，以燕翼子”之意。贻谋堂的石雕大门门框的样式，乃李祖堦亲自设计，被工匠称为“堦框”，流传至今。其大厅正门两边几副木雕花窗的镂空篆字对联，至今无人能认清上面所有字句。贻谋堂的木雕石刻，不仅内容寓意高雅，而且图案形象生动，其所有匾额的题字及大门两边的粉墙字画，都是泉州地区书画名家和文人雅士的墨迹，故被称为泉州古厝建筑之精品。

**黄念忆古大厝** 光绪三十三年（1907年），爱国华侨黄念忆偕胞弟黄念潭、堂弟黄念杰在故乡金埭村兴建三座毗邻的闽南古大厝，规模恢宏。古厝还建有梳妆楼、书房、后花园，功能齐全。材料系主人精细挑选，千里迢迢从南洋运回，而后重金聘请工匠雕刻，故而石雕木刻等做工精细，线条流畅。当时泉州名儒张勉仿刘禹锡《陋室铭》撰文一篇，以贺新居落成：“山川钟毓，金鳌其名。高堂大厦，人杰地灵。仿彼荆室，江夏余馨。竹苞当阶绿，松茂入帘青。彝伦敦乐事，岐嶷喜添丁。可以爰居处，守常经，有前人之创始，免后起之劳形。我亦爱吾庐，物表喜亭亭。善居室，无殊荆有。”

**永宁故事会馆** 位于永宁南门街，俗称黄厝，为华侨黄际吝于光绪三十一年（1905年）所建，是聚木雕、石雕、漆画等精细工艺的五开间二进古大厝。门前两侧红砖墙上有两幅堑堵方篆，一边是“存忠孝心”，另一边是“行仁义事”。2013年“第二届永宁古卫城暨城隍文化节”期间，在镇政府支持下，这里开设为“永宁故事会馆”。每逢传统节日，常有老人、学生来这儿听“讲古”或举行民俗活动。

黄念忆古大厝

永宁故事会馆

燕尾脊 规尖灰塑及琉璃窗

古钱纹花砖墙

砖砌拱券门 砖雕对联

砖雕

福寿纹砖雕(局部)

模印

錾砖堵方篆

花砖墙

永宁闽南古大厝砖雕工艺

塌寿木雕

绦环板人物雕

人物木雕

门簪

笼扇木格

榉头木雕博古

雕龙托木

通随、鸡舌

永宁闽南古大厝木雕工艺

堨寿石雕

龙柱石雕

门簪

书卷式石雕窗楣

绦环板人物雕刻

浮雕

沉雕

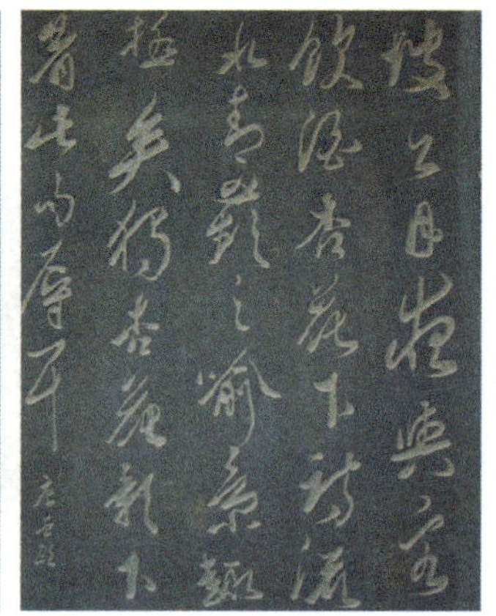
书法字体雕刻

圆篆联雕刻

永宁闽南古大厝石雕工艺

# 华侨番仔楼

永宁的番仔楼建设可分为两个阶段。第一阶段建于二十世纪二三十年代，为水泥钢筋结构，乃纯西洋式的风格。常常是华侨在菲律宾请人画好图纸，所有水泥钢筋、五金配件均由菲律宾海运过来，有的番仔楼还装有发电、照明、抽水等设施。第二阶段为抗日战争前后至解放初期，是中西合璧的产物。屋前仍保留西式“露脚架”（骑楼），主屋则采用传统的格局，有厅堂、双侧大房、边房、回向房等。建筑材料则以砖瓦、杉木、石料等为主。楼顶正面有拱台，旁围栏杆。

**宁东楼** 坐落在永宁观音亭境。该楼建于20世纪20年代，为永宁旅菲同乡会第三届会长陈植鱼所建。规格结构高大宽敞，外观为精工细琢的花岗岩石砌成。楼前有宽广的庭院，二、三层有雕花的阳台、欧陆风格的立柱、中国古典风味的石刻门楹。1940年7月16日，日本侵略者登陆永宁，该楼被占为临时指挥部。中华人民共和国成立后，宁东楼成为永宁农民协会、永宁民兵营等团体组织的活动中心。1954年，台海局势紧张，部队在该楼及附近一带建设军事工地，设置“警戒区”。于是，宁东楼成为监察台海动态的一个前哨瞭望站。1962年，警戒区撤除，宁东楼终于回归古镇的宁静。

宁东楼

粗壮挺拔的西式廊柱（宁东楼）

**贻庆楼** 位于外高村，系旅菲华侨高祖希建于20世纪30年代。贻庆楼共三层，为钢筋混凝土结构，有40多个房间，并有花园、发电房、抽水、围墙等配套设施。该楼是一座典型南洋风格的花园式建筑，占地1300多平方米。1940年7月16日，日本侵略者登陆永宁前夕，敌人开来战舰停留在深沪湾，拂晓时分开始向海边的村庄开炮。其二、三楼及一些设施均遭炸毁。至今大楼仍留有断垣残壁，为石狮市爱国主义教育基地。

**六也亭杨家大院** 位于后杆柄村，俗称“九十九间大厝”。大厝以六也亭为主体，包括副楼、走马楼、连同三座“五间张”大厝、高围墙、大山门，组成一个规模恢宏、中西合璧、相映成趣的建筑群。该古厝始建于清代，2003年，村里集资50余万元翻修，保留五开间两进双护廊的古建筑特色。

大楼为旅菲华侨杨邦梭所建。于1929年动工，1933年竣工。建筑面积约2万平方米，是一栋规模宏大、气势磅礴的中西合璧建筑。当年曾被誉为泉州规模最大的华侨民居之一。石柱、石门、窗栏，随处可见精美的雕刻花纹。顶楼为石亭，犹如皇冠，给六也亭增添了几分高雅的气质。大楼是以天井为中心的四栋楼房所组成的联合体，前门楼与后厅楼各三层，两侧边楼只有两层，相互对称，随处是走廊、过道、栏杆，房间数不胜数。主楼东侧，建有一座副楼，建筑风格与主楼相似，规格略小，三个大门均朝西，虽是单一的楼房，但长度却有普通民房的三倍。大楼三楼东西两侧建有守更楼，副楼建有钟楼，钟楼悬挂青铜大钟，负责鸣报开饭时间。其时六也亭四世同堂，人丁兴旺，有两百多人之众，另有仆人丫鬟老妈子一二百人，真可谓“钟鸣鼎食之家”。

六也亭杨家大院　　姜玉荣 摄

汉林楼山花上的砖雕、陶塑、彩绘装饰，琳琅满目、清晰灵动

**汉林楼** 位于永宁小街，俗称“小街大楼”，系旅菲华侨蔡泽洽建于 1947 年，1949 年竣工。该楼占地 1000 多平方米，为三层大洋楼，气势恢宏、线条简练。房子结构独特，采用前七间、后七间的格局，一层和二层各 14 个房间，再加上第三层两间，共有 30 间房。除二、三楼拱台上有彩色瓷片剪贴的“江山多娇”“汉林楼”等匾额及花饰外，其余门窗、柱子均用白色石料雕成，颇显典雅大方。1952 年，十五区人民政府从北门迁到汉林楼办公，一直到 1962 年，永宁人民公社管委会才从汉林楼迁到西门外新址。

汉林楼

**平粜会旧址** 位于永宁溪源境。由旅菲华侨郑尊良建于1934年，1936年落成。它是一座中西合璧的二层洋楼。一层条石构建，二层为红砖壁。楼前部分，为双层水泥露脚架，后部格局为三开间二榉头的中国式民居。正中为大厅，两旁各有大房一间，厅前有横廊，廊前则为石天井。二楼的天井口装有围栏，颇有当今楼中楼的味道。二楼天井上，还建有大玻璃窗，以加强整座房子的采光。抗日战争爆发后，这座房子刚落成不久。由于日寇的封锁，外地粮食难以运入，时旅菲华侨为疏解家乡断粮之危，立即发动各地华侨踊跃捐款，并联系福建救济会协助，接运大米到永宁平粜。同时通知在乡热心人士组成平粜会，遣人往泉州接米返乡。因该洋楼宽敞亮堂，且厅廊、天井均用石板铺成，易于打扫，故借为平粜会发售场所。时来买平价米的人争先恐后、络绎不绝。不久，华侨倡办平粜会善举被晋江各地竞相仿效。

**立璇楼** 位于西岑村。华侨王立璇建于1937年。立璇楼与闽南侨乡的诸多八角楼有所区别，它将三凹岫两端的龟头，由半个六角形改成四方形，门前露脚架基座相连，类似于传统五开间榉头之风格。三楼砖埕后落另建数间，两侧设置中式凉亭，飞檐翘脊，在此可俯瞰四周景色。2014年10月，该楼由王立璇后人捐赠给永宁镇政府作为文化旅游设施。

王立璇故居

万芳楼

**万芳楼**　位于子英村。旅菲华侨李木铎建于1933年。该楼既有西洋的建筑风格，又有闽南地区传统民居或官式大厝的格局。“万芳”乃李木铎创办的侨批馆商号，故名“万芳楼”。主体洋楼为两层三开间，中间出龟，正面墙呈曲线弧状。洋楼右侧建有一排红砖护厝，与主楼间设置天井采光排水，镜面墙模印红砖上有“塘边成兴瓦窑”字样的吉祥图案装饰，煞是美观。护厝与主楼红灰对比，反差明显，不失为一道特别而且亮丽的风景。1940年7月16日，日本侵略者登陆永宁，攻进万芳楼，砸破房门，翻箱倒箧，大肆抢劫，后又纵火烧楼。因这楼房建筑材料均以钢筋水泥为主，幸无大碍，得以保存。

**万安楼**　沙美村卢谋乞、卢谋尚兄弟早年前往菲律宾谋生，主要经营烟叶、百货生意，后被誉为“烟草大王”。兄弟俩事业有成后，回乡建成三开间四榉头的两层万安楼。后来，卢谋尚的儿子卢永兴曾任菲律宾ABBA省副省长。洋楼精雕细刻、富丽堂皇，极富文化内涵。

万安楼

出水口

栏杆

竹窗

独具特色的番仔楼构件

## 彩绘工艺

“狮子绣球”彩绘

凤凰彩绘

花草彩绘

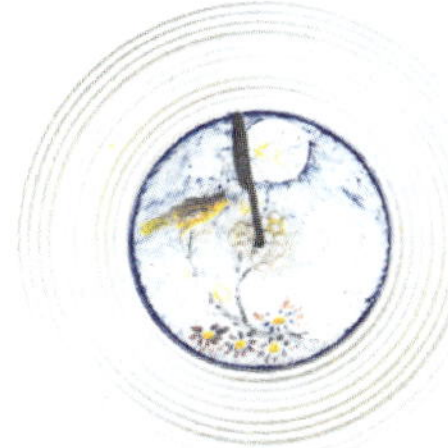
“梅鹊报早春”彩绘

“翠莲乐夏天”彩绘

“松鹤助冬景”彩绘

“福寿图”彩绘

倒莲彩绘

天花板灯彩绘

天花板灯彩绘

“丹凤朝阳”彩绘

“鹿竹同春”彩绘

精美的番仔楼彩绘工艺

# 历史纪念物

**“七一六”蒙难纪念碑**　位于永宁西门外“孝女姑”庙前，立于1941年1月16日。时值日本侵略者登陆永宁制造“七一六”惨案半周年，永宁各界人士举行追悼殉国军民大会，并在永宁西门外孝女姑庙前泐石建立一座四棱台形、高1.9米的纪念碑。碑座正面蔡秉禄题词：誓灭仇雠；碑座背面庄澄波题词：雪耻复仇；碑座左侧吕尘心题词：新仇旧恨；碑座右侧李振贯题词：血泪洒鳌城。

1990年5月，经石狮市人民政府公布为首批市级文物保护单位。1995年，被定为石狮市爱国主义教育基地。

永宁“七一六”蒙难纪念碑

## 附：永宁“七一六”蒙难纪念碑碑文

呜呼，日寇之仇不共戴天矣！其侵略我国也，所到州县悉逞暴戾淫威，真世界上最无人道者也。民国廿九年七一六侵晓，金厦寇以楼船飞艇掩护台之伪军，偷越海滩，焚毁劫杀，一时烽火熏天，肝脑涂地。吾守土军民悬强弱拒不支，而各乡扶老携幼之难民哀振数里，惨不忍闻。当寇之攻入我镇公所也，警卫士或殉职，或受伤，终以枪弹不继而假座鳌城王氏宗祠之公所亦因是殉焉。午后，吾军冲至而寇遁矣。呜呼，数小时间遭蹂躏者十有三乡。军民死者八十余人，市屋数十座，渔舟悉灰烬，财物货品为劫者则更仆难数矣。痛乎不痛，回忆明季吾卫城罹倭祸之惨，所谓城廓丘墟者，至今犹有痛沉，旧仇未报，新仇增创。此日寇之仇，真不共戴天矣！愿我人励尝胆漆身之志，以歼此木履儿也。今者已半周年，吾人痛定思痛，追念我守土军民为国殉难壮烈凛然。开大会追悼，以起吾民族精神，坚节操，乘时而雪此重耻，完抗建之钜功。泐立斯碑，示不忘也。

本镇七一六惨遭倭祸纪略

民国三十年七一六永宁镇各界泐石

李子芳烈士纪念馆

**李子芳烈士纪念馆** 位于永宁镇子英村村两委办公楼西侧。建于 2002 年，占地 5000 平方米，建筑面积 88 平方米。纪念馆主建筑大门口前面正中位置，竖立李子芳全身石雕像，底座雕有原全国人大常委会副委员长叶飞 1985 年的题词“纪念李子芳烈士”。纪念馆内墙上依次悬挂着 50 多幅珍贵照片，并配以文字说明，概括介绍李子芳短暂而光辉的一生。该馆被列为“泉州市爱国主义教育基地”和“石狮市青少年教育基地”。

**黄念打烈士纪念公园** 位于金埭村，2000 年 10 月建。公园占地 0.13 公顷，乃金埭村旅菲乡贤、烈士黄念打之堂侄黄昭注独资捐建。公园中竖立金埭烈士纪念碑，碑高 5 米，呈四棱台形，碑座高 1.17 米，四围每边长 2.6 米。碑座正面题刻旅菲抗日烈士黄念打生平简介，左侧题刻为群众救火牺牲的时任金埭支部副书记刘德凹英勇事迹，右侧题刻在对越自卫反击战中壮烈牺牲的战士李国超立下的战功。

**李德沐烈士纪念碑** 位于洋厝村与岑兜村交界处。2002 年建，碑高 6 米左右，为纪念在 1951 年 8 月 19 日祥芝奈厝前村剿匪中牺牲的晋江县第九区武装干事李德沐而建。

**高积山烈士纪念碑** 位于永宁西门外孝女姑庙北侧风炉山上。2013 年 8 月建，碑高 7.5 米。该碑为纪念 1979 年 2 月 17 日在对越自卫反击战中牺牲的中国人民解放军 53562 部队战士高积山而建。

## 古墓葬

**明代武探花陈有纲墓** 俗称“探花墓”，位于永宁下陈埔，圆形封土结构。陈有纲，字用谦，号豫庭，永宁人，于明万历三十年（1604 年）中武进士，殿试第三名，探花及第。1996 年，该墓由陈有纲后人重修。1998 年 2 月，经石狮市人民政府公布列为第二批市级文物保护单位。

**永宁粘氏始祖墓** 位于永宁镇信义开发区。永宁粘氏始祖完颜·粘博温察尔（1303年～1369年），满族，金源郡王之八世孙，官至河中知府。元至正年间（1341年～1368年），因避乱举家入闽，留居永宁洋丹，后迁晋江衙口。粘博温察尔卒后葬于洋丹。墓向西，占地240平方米，呈“凤”字形。墓碑“凸”字形，长2.6米，高0.75米，楷书阴刻“八世祖粘公墓”。1989年修葺，同年4月，晋江县文物管理委员会在墓左侧竖立保护石碑。

**郭坑郭氏祖墓** 位于郭坑回族村西山，俗称“月亮墓”。郭坑郭氏自惠安县白崎分支石湖，再从石湖分支郭坑。该墓主人为郭坑郭氏三世祖。墓地长约4米，宽3.2米，墓穴皆由条石砌成，上面用石板加盖，墓碑高1.09米，宽0.9米。碑顶部圆形如满月，正面刻有莲花瓣及云纹图案。正上方有汉字“三世祖”，下刻阿拉伯文，字迹风化模糊。

永宁霁江高氏大宗祠

柳青 摄

# 古镇保护

永宁历来重视古镇历史文化资料的搜集整理，20世纪60年代就有计划地开展乡土资料的征集研究。同时，通过举办卫城文化学术研讨会、永宁古卫城暨城隍文化节，提升古镇美誉度。另聘请高端专业团队，编制《永宁古卫城重点地段保护与发展规划》，形成“自在永宁、历史永宁、商务永宁、活力永宁”的保护规划与发展思路。

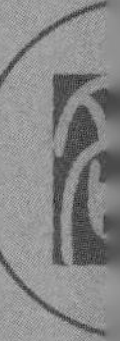

## 永宁乡土资料的搜集整理

永宁古镇的保护，始于对乡土资料的搜集整理。1962年，郑天应、李显扬等青年开始着手对家乡的历史遗存进行广泛调查，后编成《永宁乡土志》初稿。这工作得到乡里有识之士的关心和支持，并引起晋江专署文化局的重视，由文化局出资印刷《永宁乡土志》油印本，是为永宁乡土资料的最早版本。

1980年，晋江县文化馆筹划编印一套《晋江乡土资料选辑》，永宁作为第一辑推出，由县文化馆资助出版。那时，由于得到泉州海交馆刘志成的帮助，参照府志、县志、族谱等有关资料，对永宁历史作了进一步探讨论证，从而使永宁历史追溯到南宋。

永宁乡土资料创刊三周年座谈会全体留影

1988 年春节，永宁居委会牵头成立“永宁乡土志编筹组”，继续征集有关资料，同时出版油印小报《永宁乡土资料》。

1991 年，永宁镇人民政府正式成立“永宁镇永宁乡土资料编委会”，编委会由原永宁居委会乡土志编筹组扩充组成。主任陈增成（永宁居委会支部书记），副主任郑天应、李显扬。《永宁乡土资料》以其史料价值引起专家学者的关注和支持。如厦门大学教授、地方史专家庄为玑，泉州市统战部副部长、省华侨历史学会副秘书长郑炳山，华侨大学教授、华侨研究所所长郑山玉教授，不仅来信、来稿给予支持和鼓励，还在百忙中前来参加永宁乡土史料讨论会。

至 1995 年，《永宁乡土资料》出版 55 期，发表文章 120 多篇，共 17 万字，内容包括历史沿革、地方掌故、华侨史料、人物传记、文物古迹、风土人情、民间故事等，其中不少文章被省内外报刊采用。1995 年 3 月，出版《永宁乡土资料汇编》（主编郑天应，副主编高永清、李显扬）。

## 永宁古卫城学术研讨会

2001 年 5 月 4 日，第三届泉州旅游节期间，为进一步发掘、研究永宁古卫城的历史文化，推进古镇的保护工作，永宁镇邀请中国社会科学院、清华大学、北京师范大学、中国人民大学、中国明史学会、福建省社会科学院、厦门大学、华侨大学、泉州师范学院等 10 多所大学及有关研究单位的明清史专家、学者等 20 多人，汇聚闽南黄金海岸海洋宾馆，举行“永宁古卫城学术研讨会”。会上，专家学者就永宁古卫城的历史地位、历史作用以及保护与建设等问题展开热烈的论证和研讨。北京师范大学历史系教授、博士生导师顾诚特别指出，“近二十年来，我国经济建设突飞猛进，城市、道路大规模拓展。在这种情况下，妥善保护好文物古迹，如明代残存为数不多的卫、所遗迹已成为刻不容缓的课题。永宁卫既然在明代卫所中具有显致的特殊地位，对它的遗址进行重点保

永宁古卫城学术研讨会留影

护和修复就更应当列入优先项目。福建石狮市和永宁镇政府、永宁居民委员会高度重视明代永宁卫的遗址遗迹，并且致力收集永宁卫的史料，不仅有助于乡土研究，开拓旅游事业，更重要的是为国家保存一份珍贵的历史文化遗产，使后人对在历史上发挥过重大作用的明代卫所制度能增进直观的感性认识。”这次研讨会，被媒体誉为开创乡镇级举办全国性学术研究会的先河。会后，由石狮市博物馆馆长李国宏执编出版《永宁古卫城文化研究》一书。

## 古卫城保护性规划论证

2010 年，永宁镇被列入泉州市小城镇建设试点镇，编制完成《石狮中心城区永宁分区规划》《永宁镇中心镇区控制性详细规划》，形成以休闲旅游、商务服务等功能为主的城镇功能定位。为确保永宁历史文化及古建筑得以保护，2012 年永宁镇特聘请同济历史文化名城保护中心为永宁编制《永宁古卫城重点地段保护与发展规划》《永宁城隍民俗文化街区控制性详细规划》《永宁古卫城控制性详细规划》，涉及面积达 100.12 公顷，形成“一圈、两轴、四区、四片、五路径”的布局形态，对老镇区的整体格局和重点地段加以保护，不允许随意改变原状、面貌及环境。确需进行修缮的，必须在专家指导下按原样修复，做到“修旧如旧”，并严格按审批手续进行报批。2012 年 6 月 20 日，举行古卫城重点地段保护性设计与发展规划评审会。石狮市市领导李丽月、张桂森、陈贤明、庄宝玲，中国历史文化名城保护专家委员会首席专家、同济大学国家历史文化名城研究中心主任阮仪三，有关专家以及市有关部门负责人、永宁镇政府有关领导、永宁四个社区居委会成员等参加会议。设计方案认为，永宁古卫城作为明代闽南沿海海防要塞，其历史悠久，是一笔独特的文化遗产，是中华文化的重要财富。根据规划设计，永宁古卫城重点地段保护设计主题为“滨海千年古镇、东南第一卫城”；保护呈“一带、两段、四区、多节点”的框架结构。“一带”为古卫风情带；“两段”为休闲旅游娱乐段、闽南传统街市段；“四区”为东瀛卫城体验区、城隍文化活动区、侨乡思情感恩区、台海经贸展示区；“多节点”则由境内的文化古迹、南洋风格建筑、旅游景点等构成。设计构思则由节点将分散的点联系成为一个整体，最大限度地彰显永宁古卫城的特色。

2013 年，永宁镇再次被列入泉州市强镇扩权及连片建设示范镇，并以其浓厚的历史底蕴和独特的生态优势确定了历史文化及生态旅游特色型小城镇建设目标和定位。

为使永宁的历史人文优势能与既有的生态环境相结合而服务于全镇的文化旅游产业发展大局，2013 年市委、市政府还重金聘请美国 AECOM 深圳公司对永宁镇进行全方位的考察论证，制定《石狮永宁镇发展战略及城市旅游规划》，形成“自在永宁、历史

石狮永宁镇发展战略及城市旅游规划（封面）

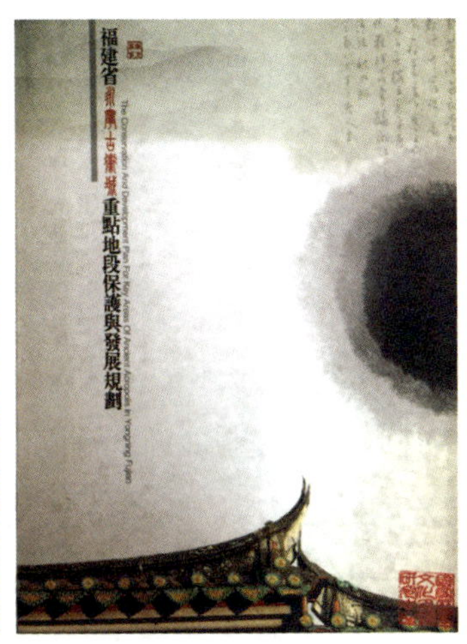


古卫城重点地段保护与发展规划（封面）

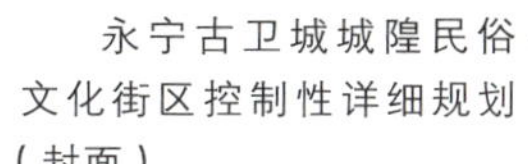

永宁古卫城城隍民俗文化街区控制性详细规划（封面）

永宁古卫城控制性详细规划（封面）

永宁古卫城旅游发展概念规划（封面）

永宁、商务永宁、活力永宁”四大片区发展战略及旅游资源分布格局。同年率先在此基础上先行启动“历史永宁”保护修缮项目，2014 年完成古卫城东瀛门城楼及广场修复工程，2015 年还将继续开展永宁老街管线改造与修缮整治项目、城隍庙片区拓展工程及文祠的修缮项目。

为形成系统性的历史资料考证及宣传展示，2013 年永宁镇启动《永宁镇志》初稿的修订工作，并聘请厦门大学教授就永宁的相关历史进行收集考证，形成永宁镇华侨史、卫城史、革命史及对台关系论证等相关史料的整编，后期将建设相应展馆。

## 永宁古卫城保护措施

2013 年 6 月，在第五届“中国历史文化名街”的评选中，永宁老街从全国各地参评的 65 条街道中脱颖而出，成为该年度福建省唯一入选的街道。

7 月 24 日，永宁镇召开普查老街重要建筑工作部署会议，邀请市有关部门、永宁镇文史专家共同探讨老街重要建筑的保护和修缮工作，石狮市副市长庄宝玲参加会议。老街普查工作范围由永宁车头沿老街至城隍庙，重点普查车头至宁东楼南北两侧的所有房屋及两侧纵深部分的重点文物、房屋。普查内容为永宁老街内各重点建筑的年代、建筑布局、现存状况、人文内涵，并就居民对永宁老街的保护、修缮和发展意向做一次初步摸底，为永宁老街下一年度的整体修缮做好先期的准备工作。同时制订老街下一步的保护及改造的实施方案。2014 年，政府拨款 100 万元，用于杨家大院六也亭大楼的立面修缮。同年 9 月 26 日，旅菲华侨先贤王立璇家族基于对故居的保护和对当地政府加强闽南传统古厝宣扬展示举措的支持，在石狮市博物馆、西岑村村委会的见证下将此楼无偿捐赠给永宁镇人民政府。

2015 年 12 月，启动老街路面及排水排污的整治、文祠的修缮和城隍庙广场及中轴线景观的打造工程。

2013 年下半年出台的《永宁小城镇旅游开发建设连片示范区规划》指出，滨海古卫特色旅游连片示范区将由黄金海岸休闲度假区、永宁古卫城历史文化街区、信义商住购物区、深沪湾休闲运动区、台湾食品旅游购物区、外高游艇客运区、美丽乡村观光休闲区 7 个分区组成。截至 2014 年，已完成古卫城东瀛门及部分城墙的复建及文庙、宁东楼等重修施工图设计。2014 年，永宁镇政府成立旅游开发有限公司，负责筹集资金，全力支持各大建设项目的顺利运行。

立璇楼捐赠仪式

2014 年 12 月 20 日，为加快推进永宁古镇的保护开发，进一步强化永宁古建筑的修缮整治与合理利用，经研究决定成立古镇保护开发领导小组。组长：王文挺（镇长），副组长；丁思洪（副镇长）、蔡清墩（副镇长）。领导小组下设办公室，挂靠镇党政办公室，主任：施旭红，同时颁发文件《永宁镇古卫城保护及管理办法（试行）》。

## 附：永宁镇古卫城保护及管理办法（试行）

一、宗旨：为弘扬传统民族文化，继承和保护优秀的历史文化遗产，使当地独具特色的闽南文化、明、清、民国初年遗存的古建筑及现存的古城整体风貌景观得到合理的保护和开发，使其与本镇的文化旅游产业发展相互映衬、更加和谐，现特制定本（试行）办法。

二、组织实施：镇人民政府负责组织、协调、监督古镇核心保护区、一般保护区、建设控制区及风貌协调区的建设工作。古镇保护开发领导小组办公室（下称古保办），负责古镇保护事项，按照国家、省、市有关法规以及《永宁古镇保护管理办法（试行）》《永宁古卫城重点地段保护与发展规划》《永宁古卫城控制性详细规划》等规定，对古镇保护和开发工作实施管理、监督和指导。

三、部门配合：镇人民政府各有关职能部门均应依照国家、省、市有关法规以及《永宁古镇保护管理办法（试行）》《永宁古卫城重点地段保护与发展规划》《永宁古卫城控制性详细规划》等规定，在各自的职责范围内做好古镇的保护工作。

四、保护范围及分级：核心保护区：即针对历史文化街区，其范围为东至小东门土地庙向东约 1 米，南至城隍庙大门向南约 40 米，汉林楼外墙向南约 15 米，西至林氏宗祠向西约 18 米，北至小东门街向北推进约 24 至 28 米，文祠外墙向北约 3 米，永宁老街向北推进约 30 米，西门十三架向北推进约 1 米，总用地为 8.28 公顷。一般保护区：整个永宁古卫城，以城墙遗址为基础围合的范围，总用地为 63.32 公顷。建设控制区：在一般保护区范围向外推进约 5 至 30 米的范围，总用地为 17.01 公顷。风貌协调区：以建设控制区为界线，局部向外拓展，其用地规模为 35.92 公顷。

五、保护控制要求：核心保护区、一般保护区、建设控制区及风貌协调区内的危旧房修缮整治、后建房立面改造、室内外装修、道路桥梁维修、环境整治及石结构房改造等均属管理范围。

核心保护区内不得进行与古卫城保护无关的建设项目，街巷保持原有空间尺度，各种修建需在规划、文物等部门严格审批下进行，其建设活动应以维修、整理、修复及内部更新为主，其建设内容应服从对文物古迹的保护要求，街区内的建设内容应服从街区整体风貌的保护要求，其外观造型、体量、色彩、高度都应与街区整体风貌相适应，较大的建筑活动和环境变化应由上级城市规划主管部门组织专家评审会通过方可执行。

一般保护区内不得进行与古卫城保护无关的建设项目，保持古卫城原有的街巷格局及其空间尺度，禁止一切居民自建活动，原有建筑的拆除、翻建、扩建等活动应在规划、管理等有关部门指导同意下才能进行，其建筑内容应根据文物保护要求进行，以取得与古卫城保护之间的风貌协调。建筑形式以传统古厝、番仔楼、洋楼为主，体量不宜过大，色彩以暖色为主，功能主要为居住或公共建筑为主。对任何不符合上述要求的新旧建筑，除必须搬迁及拆除之外，应对其进行外观改造，以达到与古卫城环境的协调。该范围的一切建设活动均应经古保办、规划建设部门、文物管理部门等严格批准、审核后才能进行。

建设控制区内各种修建性活动应在规划、管理等有关部门指导并同意下才能进行。其建设内容应服从对整个古卫城历史环境的保护要求，其外观造型、体量、色彩、高度都应与传统风貌相适应，较大的建筑活动和环境变化应由专家评审。

风貌协调区内新建建筑或更新改造建筑必须服从“体量小、色调以闽南红与暖灰为主”的原则。其建筑形式要求不破坏古卫城风貌的前提下，可适当放宽，该范围内的一切建设活动均应经规划部门批准、审核后方能进行。对整个协调区，新建筑应鼓励低层，原则上不超过6层，在视线控制范围内的建筑高度应严格按照“高度控制规划图”执行，禁止不符合上述要求的任何新的建设行为，对不符合要求的已有建筑，应停止其建设活动，并在适当的条件下可以改造。

凡在上述范围内申请翻建、修缮整治房屋的单位或个人，必须严格按照规定先办理报批手续，报批时需出具新建或修缮后的房屋方案设计图、施工图及相关建筑说明；对古保办已确认为重点保护建筑的原则上不得随意翻建或立面改造，如经质监部门鉴定，实属危房的，按本办法规定报批，经审核同意后按照《永宁古卫城重点地段保护与发展规划》及“四原原则”：原环境、原结构，原材料、原工艺进行修理，体现原真性。

核心保护区内的房屋修缮整治指该区域内所有建筑的大、中、小修理，立面改造、沿街房的室内外装修、外观立面附着物的设置、外墙涂饰、粉刷、空调、遮阳及其他设备的安装，门窗、气窗开设，地面、踏步、阶沿、店板、店牌、灯光布置等的修理、更换、重设、交叉等涉及房屋上的一切活动。

七、报批程序：本人申请，村(居)委会把关；古保办、村建办、小城镇办等有关部门现场踏看核实初审；符合条件及有关规定的报送镇政府审核后，报上级相关部门批准；镇村建办接到批准回复后，通知古保办及建、修房户办理施工相关手续。

八、其他规定：在暴风、雷雨、雪天、洪水等不可抗力的情况下，应及早做好防范工作. 应由村建办、古保办等相关部门设立应急预案，做到平险结合，有备无患。发现房屋险情及时采取措施，确保人民生命财产的安全。

杨家大院

赵建河 摄

# 旅游

永宁钟灵毓秀，文化积淀深厚，散发着浓郁的闽南侨乡风情。永宁着力培育以黄金海岸为龙头的滨海旅游业，以“旅游+”跨界发展模式，融入海滨休闲、老街访古、爱国教育、乡村寻趣等特色体验游。

# 黄金海岸旅游度假村

永宁旅游业的开发始于1993年。香港友邦国际集团杨孙西、卢文端、许荣茂联合投资近3亿元，在永宁滨海湾区兴建闽南黄金海岸旅游度假村，总规划400公顷。首期开发132公顷，建成的项目有金沙游乐园、海洋世界、滨海休闲广场、海滨浴场、游艇俱乐部、露天夜总会、黄金海岸大酒店（大观园）以及金沙别墅、度假公寓、金沙花苑等房产配套设施。区内的宗教旅游项目有沿海岸边高15.8米的观音雕像，还有海岸东北半岛的海天佛国洛伽寺。洛伽寺占地1.34公顷，2000年3月开工，2001年5月1日举行正殿圆通殿落成庆典。寺庙规模宏大，古朴庄严，雕饰精美，寺内亭榭映辉，海面烟波浩渺。

黄金海岸度假村里的海洋世界，建于2000年，是福建省重点旅游项目之一。里面有海洋世界馆、海豚表演馆、潜水俱乐部三大旅游项目，还有海洋宾馆、听涛酒楼、观海茶座、购物商场、观海游泳池、雅艺博览馆、奇石博览馆等配套项目。

黄金海岸 张英涛 摄

1995年9月21日～24日，在永宁黄金海岸度假村举行“首届闽台民间艺术节”。由福建省文化厅、闽台经济文化交流促进会、泉州市文化局、石狮市人民政府主办，闽南黄金海岸度假村有限公司作为主办单位之一，独资承办。此次艺术节共邀请海峡两岸32支民间艺术团联袂献艺，其中有高甲戏、梨园戏、莆仙戏、歌仔戏、木偶等闽台地方特色戏种，有南音、什音、北管、大鼓吹、车鼓弄、女子排子吹、铜管乐吹奏等民间音乐，有舞狮、舞龙、妆糕人等民间技艺活动，有客家、畲族、闽中、闽南等民间歌舞，有民间艺术踩街、灯谜竞猜等活动。据统计，2000年黄金海岸接待国内外游客60多万人次。

黄金海岸度假村自动工以来，先后获得福建省省级旅游度假区、省级开发区、省旅游精品工程、首届泉州十佳景点等称号，并被列为福建省旅游业九五计划和2010年远景规划重点发展的大型旅游骨干项目。

2008年8月，黄金海岸项目由中国房地产百强企业中骏置业接手开发运营。中骏黄金海岸以世界级湾区的高度，集合美国道林、香港贝尔高林和美国葛乔治等国际一流设计团队，进行长达3年的规划论证和实施。

黄金海岸续建改造项目于2011年年初开工建设。首批动工的占地10.67公顷的景观示范区及运动会所、滨海广场、香湖公园等项目于2012年3月完工。总建筑面积24万平方米的一期度假、居住组团，于2013年5月开始陆续交付使用。一期海岸线整治项目已动工，将建成2.5千米长的滨海景观公园。

## 永宁古卫城暨城隍文化节

2010年，永宁城隍信俗被列入泉州市第三批非物质文化遗产名录。

2012年7月20日，首届永宁古卫城暨城隍文化节开幕。文化节以“弘扬古卫城隍文化、促进两岸三地交流”为主题，举行“祈福永宁”城隍会香祭典、“鳌城”永宁历史文化学术研讨会、民俗大踩街、“印象永宁”摄影展等具有浓厚闽台特色的民俗活动和两岸经贸交流活动，共有来自中国台湾、中国香港、中国澳门等地区以及东南亚等国家的十多个参访团、敬贺团参加盛会。

2013 年 3 月 29 日，在黄金海岸举办“沙雕艺术展”，作为第二届永宁古卫城暨城隍文化节的开头戏，展示国内外享誉盛名的沙雕艺术家精心创作的十多座沙雕作品。7 月～8 月举办“黄金海岸·永宁印象”导游之星电视大赛。9 月 12 日举办第二届永宁古卫城暨城隍文化节，有“祈福同祥”城隍会香祭典、中国历史文化名街——永宁老街授牌仪式、永宁导游之星颁奖仪式，花样风筝表演、永宁文化创意产业发展论坛等多项活动，活动共接纳游客上百万人次，吸引国内外 100 多家媒体、网站、微博宣传报道。11 月 6 日，永宁古卫城小东门（东瀛门）修复工程动工，由福建省永春华夏建设有限公司承建。

第二届永宁古卫城暨城隍文化节——两岸城隍会香祭典　　纪锦明　摄

2014年9月27日，第三届永宁古卫城暨城隍文化节在永宁古卫城广场开幕，由永宁古卫城文化促进会、台湾鹿港文教基金会联合主办，海内外各地1000多名嘉宾出席。文化节有首届两岸热气球嘉年华活动，“永保安宁”城隍会香祭典，“微笑永宁”照片文化墙揭幕，永宁古卫城城门城楼复建工程竣工揭牌，“书话永宁”两岸书画家笔会，“永宁印记”图片资料展，地方戏曲表演，妆糕人、剪纸、糖画、木偶等非遗文创活动，及两岸书画摄影作品联展等。

第四届永宁古卫城暨城隍文化节于2015年9月26日在永宁古卫城广场开幕。此届文化节由永宁古卫城文化促进会、台湾鹿港文教基金会、永宁城隍庙联合主办。它延续了“弘扬传统文化、重振古卫雄风、促进交流合作、再铸永宁辉煌”的主题，在继承和融合前三届优秀传统活动的基础上，又有所创新，活动内涵进一步丰富。文化节主要有“炫彩非遗，祈福同祥”城隍民俗活动、“畅游永宁”两岸自行车骑行活动、“童话永宁”小记者采风活动、“邂逅永宁”景观艺术摄影图片展、“童心永宁”文艺汇演等。文化节恰逢中秋，主办单位特地筹备了主题为“中秋梦圆·情聚永宁”两岸中秋灯会。近千盏形式多样、缤纷多彩的花灯，环绕在古卫城周围，把古卫城装扮成一片绚烂的花灯海洋，让游人边赏花灯，边穿梭在老街古巷，边聆听南音管弦之乐，享受到一场历史文化、古卫文化、民俗文化交融共生的盛宴。

第四届永宁古卫城暨城隍文化节

永宁卫青年旅舍

## 旅游配套设施

永宁镇旅游业起步较晚，一些配套设施正在逐步完善之中。

### 旅游食宿

**永宁卫青年旅舍**　位于永宁菜市场旁边，由永宁青年蔡世力创建，为第一家推广闽南文化、保护闽南古建筑及承接民间旅游的旅舍。该旅舍被石狮市团市委授予“大学生创业实践基地”称号。

**东旭观光大酒店** 位于黄金海岸度假村对面，建于2011年。以餐饮为主，附有KTV，住宿部设有60套（间）。

**波斯湾商务宾馆** 位于黄金大道与古卫城路交叉路口。住房部有21套（间），附设KTV。

**冰岛海鲜楼** 位于邮电街与永码路交界处。以餐饮为主。

**丰盛海鲜楼** 位于永码路中段，以餐饮为主。另置有KTV及住宿部。二楼为接待大厅，三楼为KTV包厢。住宿部设有20套（间）。

**涛园海鲜楼** 位于黄金海岸。以餐饮为主。

**金海岸食府** 位于黄金海岸。以餐饮为主。

**阿宗海鲜楼** 位于永码路东段，以餐饮为主。

### 风味小吃

**阿潭水煎包** 该店开设于1935年。水煎包底色金黄，一面焦脆，三面软嫩，且呈弹性。肉馅分“咸”和“半甜咸”两种，鲜美无腥味，馅中有些肉汁，食之满口生津。2014年，其制作技艺列入第三批石狮市非物质文化遗产名录。

**陈氏牛肉羹** 将上等牛肉切成薄片，木槌反复舂打，加入番薯粉拌打成馅，捻成一个个小块放于煮开的水中，再将冷芡汁、盐、醋等依次加入，稍停即可食用，如再加些水姜丝、蒜茸，味道更佳。

**西门外面线糊** 面线须冷水下锅，再用虾、蚝、蛏等海产品熬汤调理，佐以猪肠、炒蛋、炸葱花等，再配上一根油条，犹觉香脆而清甜可口。

**梅港芋圆** 先将芋头切丝拌入番薯粉，搅拌均匀，以此作皮，包上香菇、虾仁、五花肉等合成的馅料，制成一颗颗芋圆，然后放在蒸笼里慢火蒸熟。食时配以蒜茸、辣酱、花生末，再佐以一碗猪尾龙骨汤，更是另有一番滋味。

**郑氏壶仔饭** 以上等糯米加少量酱油，然后炒油。装罐前须先将五花肉、虾米、香菇、蛋片等配料入罐，然后把炒米装入罐蒸制。食时加上调料，再请店家配上一碗独家肉燕汤，自是十分爽口。

**松碧肉粽** 以糯米为主，配上猪肉、虾米、香菇、蛋片等原料，用粽叶包成菱角状，用细咸草绑好，置于锅中蒸熟。食用时配以辣椒酱、蒜茸、香醋、芫荽等，再配上一碗肉羹汤，食之胃口大增。

风味小吃

**西厝薯粉粿** 将番薯削皮煮熟，调番薯粉置石杵舂中杵嫩，即可贴制成粿皮。馅则用炒花生，将其杵细，调白糖包于粿皮中，然后置于油锅炸熟，即可食用。此粿甘甜可口，最具侨乡农家风味。

**十字街口糯米肠** 分为猪大肠灌糯米和猪大肠灌猪血两种，蒸熟后有加骨汤或加花生酱两样吃法，为闽南古早味的一种特色小吃。

## 伴手礼

**金埭北记糕点** 源自古卫城古早味。一个礼盒能装下四小盒闽南传统小吃，分别有绿豆酥饼、五仁酥饼、贵妃饼等六种口味可供游客挑选。

**古卫城虾米** 来自纯净无污染的永宁海域的特级野生纯虾米，渔家传统方法煮制晒干，为营养丰富的高钙食品，可做汤、炒菜、做馅料或即食。

**北门全兴花生** 选用本地优良花生品种，加工时，先配盐蒸煮，然后曝晒，至干湿适度，即密封贮存。全兴花生具有香、咸、酥、甜诸特点。

**黎祥糖果** 精选九制陈皮颗粒，添加话梅果酱，为全国首创的陈皮梅软糖，有“酸酸甜甜、妙不可言”之誉。另有黑糖话梅、果泥软糕均各具特色。

**长阳海鲜食品** 精选深海鱼为原料，含有高蛋白、低脂肪及人体所需多种微量元素，为四季皆宜的健康休闲食品。

## 旅游线路

**山海览胜线** 姑嫂塔—朝天寺—虎岫寺—红塔湾—观音山—黄金海岸—洛伽寺—海洋世界

宝盖山姑嫂塔为泉州海外交通史的见证。登上山顶，拾级登高，临风远眺泉州湾，烟波浩渺，视野开阔，岛礁出没于巨浪的壮观，令人荡气回肠。宝盖山南麓的朝天寺，号称“江南第一朝天寺”，以其建筑规模之宏大，宗教文化的多元，吸引多方游客。宝盖山南麓有千年古刹虎岫寺，主殿供奉北极玄天上帝，另有众多庙宇，掩映于绿荫翠峦之间。西侧悬崖，有多处历代名家题刻。岩间清泉，流水潺潺。登临禅院，自得此间山水妙趣；极目海天，让人顿觉心旷神怡。

永宁有漫长的海岸线，其中“红塔湾”“黄金海岸”极具魅力。最令人难忘的是滨海湾区明媚的阳光、蔚蓝的海水、闪光的细沙，以及山海交融，水天一色，岛礁棋布的独特景观。尤其在夏秋季，这里的海滨浴场人气最旺，是海泳、沙滩日光浴、沙滩烧烤、篝火晚会的极佳去处。观音山上怪石嶙峋，或为珍禽猛兽，或为鱼鳖苍鹰，异彩纷呈。全新升级的“中骏·黄金海岸”，则是以日本东京湾和夏威夷等为范本结合本地地理环境与生态气候特点，打造的高端休闲平台。洛伽寺在宫屿岛上，潮来波涛汹涌，如叩拜观音；潮落礁石嶙峋，似拱揖菩萨。寺中木鱼笃笃，钟磬悠悠，香烟缭绕，妙境清净，令人尘虑悉除。“海洋世界”在黄金海岸度假村内，主体一层为海底世界，由生态自然馆、珊瑚礁鱼馆和海底隧道组成，是一座较具规模特色的海洋主题乐园。

红塔湾

朝天寺

洛伽寺

守望 蔡自然 摄

展翅 施彩云 摄

佛手　　邱国南　摄

千年神龟　　邱国南　摄

笑面鱼　　邱国南　摄

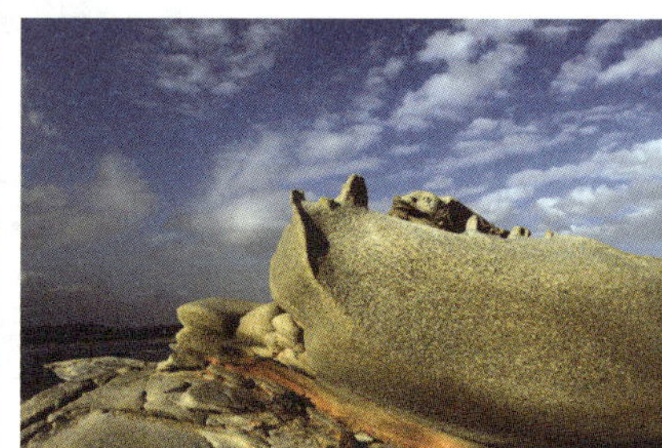

蜗牛与金鼠　　邱国南　摄

### 卫城访古线

永宁古卫城—镇海石公园—永宁城隍庙—文祠—慈航庙—霞源古厝—永宁老街—大夫第—古卫城文化驿馆

古卫城驿馆

永宁古卫城小东门段，现已按古城原有规格，重建东瀛门城楼，并在城楼两侧恢复一段城墙。广场北侧有镇海石公园，古代“永宁十八景”其中六景就在此公园内，又以镇海石最为闻名。巨石旁还有许多摩崖石刻和碑刻，见证着古城当年的金戈铁马和沧桑岁月。永宁城隍庙始建于明朝洪武年间（1368年～1398年），是闽南地区少有的规模较大、保存较完整的一座城隍庙。600多年来，永宁城隍传播于海内外100多个城镇，较著名的有石狮城隍庙、台湾鹿港城隍庙等。每年都有大批分香庙宇组团前来进香谒祖。文祠奉祀徽国文公（朱熹），原为明代卫学旧址，故又称鳌水书院，为永宁教育文化的发祥地。永宁慈航庙又称中亭观音宫，始建于隋朝，是永宁最早的一所庙宇。该庙奉祀男相观音。史学家普遍认为，男相观音系隋唐文物，中唐之后，观音则为女相。“霞源”是永宁街最富传奇色彩的古商号，其“母猪推倒咸鲑瓮”的传说脍炙人口。陈孤发家后，开创“霞源陈”，从事海上贸易，成为扬名闽台两岸的大郊商。永宁老街建于明洪武年间。从十字街口向西直落到西门（永清门），原称西直街，清初重建后，俗称“剖腹街”。此街至20世纪80年代，一直都是永宁的商贸中心。至今两侧保留着明清时期风格的古商铺和老建筑，向世人讲述着600多年来古镇老街上的商业传奇。大夫第为清代台湾著名郊商林元品故居。他所经营的日茂商行不但执鹿港商界之牛耳，且为鹿港、彰化地方公益做出重大贡献。古卫城文化驿馆则以丰富的艺术形式，再现闽南海隅小镇的自然风光和人文景观。

为给游人增强记忆，提供方便，特制订“永宁古卫城数字导览”：

**一条街** 中国历史文化名街——永宁老街。

**二书院** 鳌水书院（文祠）、莺山书舍。

**三寺庙** 城隍庙、慈航庙、梅福寺。

**四商行** 日茂商行、永进商行、霞源商行、荣兴商行。

**五城门** 海宁门（大东门）、东瀛门（小东门）、永清门（西门）、金鳌门（南门）、玉泉门（北门）。

**六洋楼** 宁东楼、养浩楼、云阁楼、汉林楼、尊良楼（平粜会旧址）、迎薰楼。

**七景观** 镇海石、骊龙珠、观日台、浸月池、丹凤朝阳、犀牛望月、海天一色。

**八小吃** 阿潭水煎包、梅港芋圆、西门外面线糊、松碧肉粽、郑氏壶仔饭、陈氏牛肉羹、西厝薯粉粿、十字街口糯米肠。

**九古大厝** 大夫第、日茂古厝、永进古厝、霞源古厝、陈氏古厝、黄氏古厝（永宁故事会馆）、东源古厝、干氏祖厝、白刃故居。

古城奔放　　陈金展　摄

**十老店号**　万通布庄、建昌布庄、合益米行、益通信局、黎明像馆、万兴馆花生行、永芳珍糖品、同化酱园、和安堂药店、达生医馆。

**爱国教育观光线**　永宁古卫城（东瀛门）—外高贻庆楼—永宁宁东楼—董云阁烈士故居—“七一六”蒙难纪念碑—后杆柄六也亭—李子芳烈士故居

永宁为历史文化底蕴深厚的古城，自古以来就因其优越的地理位置被作为军事要塞。不论是明清时期还是抗战时期，都留下有战争的痕迹。虽然那一段峥嵘岁月已渐渐淡去，但散落在各处的古厝却成了一段段历史的最佳见证。外高村贻庆楼曾于“七一六”惨案遭日军军舰的炮击，留下余垣残壁、弹痕累累；永宁宁东楼曾被日本侵略者占为指挥部，它与“七一六”蒙难纪念碑，记录日寇从海上登陆，兵分两路进攻梅林、永宁，一路血腥杀戮的罪恶行径。后杆柄杨家六也亭大楼，当年遭受日寇战机投弹，屋顶留下一个大窟窿。子英村李子芳烈士纪念馆，展现烈士生前用品，图文并茂地展示烈士在上饶集中营的坚贞不屈。永宁后山董云阁烈士故居，则讲述着一位归侨青年为革命献身的传奇人生。

**美丽乡村观光线**

前埔村—郭坑村

**前埔村**　位于永宁镇西南部，是石狮市的一个革命老区基点村。通过改旧建新，房前屋后和道路两侧广种大叶榕、白兰树、橡皮树、大王椰等名贵树种，将村道、住宅环绕起一道道绿色“屏风”。其中一条村道完全是“林荫大道”，道路两侧树冠交错，形成

前埔村和合园

一道长长的绿意盎然的“绿色拱门”。该村有一个很有特色的生态公园——和合园。园中池亭水阁，小桥流水，绿树掩映，内设置道德文化教育漫画壁，配备各种休闲健身器材，让村民在休闲娱乐中受到社会主义道德文化熏陶。

前埔村先后获全国民主法治示范村、福建省卫生村、福建省连续四届文明村、福建省园林式村庄、泉州市十佳美丽乡村、石狮市改旧建新精品村等一系列荣誉，成为石狮市新农村建设的样板，被誉为“前埔模式”。2006 年 5 月 22 日，中共中央政治局委员、国务院副总理回良玉来到前埔村考察对前埔村的新农村建设十分赞赏。他说：“这是一条因地制宜的路子，既符合以人为本，又符合建设节约型社会的要求，很有特色。”

**郭坑村** 位于永宁东北部，是永宁镇唯一的少数民族村。一进村，一座具有回族风情的建筑便映入眼帘，绿色的屋顶、雪白的墙体、伊斯兰教的建筑风格，还有回族文字，都显示着这个村子与众不同的文化气息。昔日脏乱贫穷，畜栏牛舍和碉堡式厕所遍布的小村落不见了，取而代之的是纵横交错的水泥路，生机盎然、错落有致的房屋，井然有序的园林式新农村。该村还有一座休闲公园，四周种植有香樟树、榕树、盆架子、刺桐等，乔木、灌木和花卉，一年四季常绿、三季有花。该村先后获“全国计划生育协会先进单位”“泉州市十佳美丽乡村”和“全国民族团结进步创建示范村”等称号。

郭坑村还有一座颇值得一游的慧源寺，系 20 世纪 90 年代在海外乡亲热心支持下建成的。现已完成天王殿、大悲宝殿、大雄宝殿、藏经阁、讲经堂、佛塔及功德堂、斋堂、福田桥、锄云楼等工程。

郭坑回族村文体活动中心

慧源寺

永宁古镇全镇旅游导览图

永宁古卫城游览导图

# 民俗风情

永宁民间习俗，沿袭汉唐古制，尤其是婚嫁及丧葬礼仪，甚为典型。如婚嫁有从纳采至迎亲之六礼程序，丧礼则有从搬铺至出殡等七大环节，颇具古中原之遗风。另有许多涉及过番的习俗，无不彰显着华侨根扎祖国，虽远隔千山万水，但永远刈舍不了与家乡的骨肉亲情。

## 岁时习俗

**春节** 正月初一凌晨，各家各户燃放烟花爆竹，争先“开正”。家庭主妇备下糖茶，供家人起床后饮用，先尝一年之甜头。早餐合家吃线面，兆福寿绵长。亲友邻里之间互相拜年，互道“恭喜”，以甜茶、糖果、蜜饯相款待，寓示一年甜蜜如意。20 世纪 50 年代后，还举行新春茶话会，开展拥军优属、拥政爱民团拜活动，各村组织灯谜、南音演唱，及象棋赛、篮球赛等活动。20 世纪 90 年代后，时兴互赠贺年卡、打电话拜年。21 世纪后，采用手机发短信贺年甚为普遍。

**虎岫庙会** 正月初九，俗称“天公生”。是日，宝盖山方圆数十里村民，破晓前供奉天公之后，便成群结队赴虎岫寺参加“游春”庙会。妇人们提着供品，男人们带着酒食，小孩们打着彩旗，还有民间乐队，纷纷到寺中汇集。老人、妇女分别向玄天上帝献金叩拜，祈求新春如意。殿堂前的大埕上有鼓乐队、舞狮队、彩球队、高跷戏竞技献演。弦管、什音、龙虎调，交响不绝。

初九虎岫庙会

元宵节南音坐灯　　施彩云 摄

**元宵节** 正月十五为元宵节，又称“上元节”，有吃“上元丸”的习俗。元宵夜，家家门口，花灯灿烂。20 世纪 90 年代，永宁城隍庙多年举办花灯展览、侨乡谜会，有时还举行攻炮城、南音坐灯、文艺踩街等活动。儿童手提花灯，成群结队，走街串巷，到处“游灯”。

**清明节** 永宁古来即有“清明不返家‘无祖’”之乡谚。外出做工者和港、澳、台“三胞”，多在清明时赶回家祭扫祖墓。是日，家家户户吃“润饼”。有的还在节期（清明前后的 10 日内）为亡故的亲人拾骸迁葬。清明日，漫山遍野尽是红男绿女，牵儿携孙，络绎不绝，鞭炮声此起彼伏。

清明节前后，各学校少先队员在老师带领下到革命烈士陵墓祭扫、献花圈、悼念先烈，接受爱国主义教育，给节日赋予了新的意义。

**端午节** 五月初五为端阳节，俗称“五月节”。明朝，永宁卫城军士盛行“赛龙舟”。到了清代，衍化为“扛龙船”乡俗。即由 4 人扛一泥塑黑虎神像在前引路，鼓乐紧跟，后由数人扛一木制龙船，到各家各户驱邪。各户人家还要包“五月节粽”，门插蒲艾、松枝。且因时属黄梅季节，常连日阴雨，人们盼望天晴，故又有“煎堆补天”的习俗。即用麦粉煎成一片片的饼来食用，意为以此“堆”来补不断“漏雨”的天。当午，还要曝“五龙蒲（袍）”，意谓此日，连皇帝也要把五龙袍拿出来曝晒。天刚放晴，将发霉的衣物搬出一晒，消灭细菌，实乃有益的卫生习惯。家家户户还要熏蒸苍术、蝉蜕，以驱邪杀菌。

**中秋节** 八月十五中秋节，永宁一带除赏月、吃月饼、亲友互赠“中秋饼”外，还有烧塔仔、博中秋饼、听香等习俗。每近中秋，姑嫂塔下各村儿童便在门前以瓦片堆砌小塔仔，塔仔高3至4层。中秋夜，即在塔仔各层点上小红烛，儿童成群结队互相嬉戏。此晚，还有“听香”古俗，姑娘或少妇先于菩萨前焚香祷告，然后躲在僻静处，把窃听到的第一句话当做“香语”，等待日后应验，以此卜问有关择婿、生子或南洋亲人何日归来等隐私。

**重阳节** 九月初九重阳节。民国时期，虎岫寺常常举行拜孔庙会，参加者大多是文人，他们朝文昌祠、拜孔子神像，登山眺海，观翠品茗，即兴作诗。至午，由寺内设素宴招待，而他们则留赠给寺内诗文书画，以作答谢。如今，重阳节已被定为老人节。各有关团体常于此日组织对老人进行慰问。

中秋“烧塔仔”习俗 茅罗平 摄

**冬至** 亦称“冬节”，俗语“冬节小年兜”。节前，各户人家舂粞做粿，搓米丸子，并用米粞捏制十二生肖等小动物，以兆六畜兴旺。当日清早，先祀祖先，后合家吃汤圆；中午，另备丰盛供品再次敬神祀祖。诸姓祠堂在冬至前后，择日“祭冬”，礼仪颇为隆重，祭毕，集中开筵。

**尾牙** “做牙”（闽南方言），是初二、十六敬奉土地公的一种民俗，尤以“尾牙”最为隆重。每年十二月十六日最后一次“做牙”，称“尾牙”。永宁街历来商业兴旺，供奉土地公，是民间一项挺讲究的事，许多人往往把财神爷和土地神混为一谈。每年“尾牙”，商家都要备办丰盛的牲醴佳肴，点香烛、烧冥纸、放鞭炮，虔诚祭祀土地神，祈求生意兴隆、财运亨通，然后用供品宴请伙计，谓之敬神敬人，含有对员工表示犒劳之意。

**除夕** 俗称“年兜”。腊月廿三“送神”之后，过年气氛日渐见浓。在外地的亲人纷纷返乡过节；家家户户趁天气暖和，提前掸尘（大扫除），家长忙着置办年货。岁除中午，各家备办菜肴到祖厅敬祀祖先。下午贴春联，还要“挑水过年”，即把家中的水缸装满水，并于缸中放 4 颗红枣、4 枚银币，以示财物满盈。

晚上，合家团圆吃年饭。饭后，长辈给孩子分发“过年钱”（压岁钱），也有业已长

跳火群　　　　吴泽荣 摄

大能做工挣钱的年轻人送“红包”给老人，以示孝敬。饭后，各家在大门口点燃火堆，家中所有男人在火堆上跳来跳去，边跳边念：“跳入来，大发财，跳出去，好财气；跳过东，五谷吃袂（不会）空；跳过西，钱银满厝内。”“跳火群”之后，由主妇在火堆中取一些灰烬置于烘炉里，然后放在房中，俗称“吔火乌”，表示火红兴旺之气绵延不断。

入夜，主妇点燃“通宵烛”，准备“过年饭”。同时，用碗内装米饭、芋艿、红橘和4枚银币，上插“饭春”，在房门后放置2株甘蔗，以示日子甘甜，财富充盈，年年有余。是夜，合家老少围坐畅谈，直至通宵达旦，谓之为老人家添寿。

## 人生礼仪习俗

**婚嫁** 永宁男女婚嫁，历来有一套繁琐礼仪。首先是提亲，由媒人或亲友介绍男女双方情况，经父母同意，确定议婚意向。提亲后媒人把女方用红纸写有生辰年月的庚帖送到男家。男方将其压在厅堂神龛香炉底下。3天内，如家事顺遂，即为“三日圆”，适于缔亲。后男女双方择日央请婶姆、长辈到对方家中察看仪表，了解人品及家况，谓之“相亲”。

相亲后，若双方都感满意，男方堂亲长辈即由媒人陪同，带礼物到女家行聘，确定姻亲关系。女方则以礼回谢，以示婚事笃定。迎娶之前，男家将择定婚娶的良辰吉日托媒人告知女家（俗称“念日”）。尔后，男方提前数日送给女家预先商定的聘金，然后“担盘”。女方一般都设“担盘桌”接待男方担盘者。同日，女方将嫁妆送到男家。因华侨长年累月出洋在外，女儿在家乡出生后难尽抚养之责，女儿出嫁时，往往不惜花费巨资为女儿备办嫁妆，因此，侨家女儿出嫁时嫁妆特别丰厚。

结婚当天清晨，男方安排花轿前往女家迎娶。新娘头罩乌巾上轿，挥泪哭别，然后“封轿门”。花轿一到男家，即由新郎揭去封条，“踢轿门”，然后由一男孩将新娘“请出轿”。新娘在两位婶姆牵扶下，上遮竹笠，跨越“烘炉火”，步经厅堂进入洞房。进洞房后，由新郎用厘秤挑去新娘罩头的乌巾，新夫妇共吃“相见圆”（红色糯米丸）。是夜，新郎新娘在厅堂跪拜天地，然后双双进洞房。次日，新娘在婆婆、女眷及送嫁娘陪同下，到祖厅“启公”拜祖先。新娘家里的弟弟或侄辈来“换花”，后新郎伴新娘回娘家“做女婿”，岳家办酒席接待。傍晚，新郎偕新娘回家。是夜，开始闹洞房，俗称“绞糖”。亲眷邻居欢聚一堂，尽情逗乐。

中华人民共和国成立后，实行自由婚姻和一夫一妻制。童婚、纳妾、嫁木主等婚姻劣俗被废除。未婚男女两相情愿，符合结婚年龄，到区政府办理结婚登记，开个茶会或“旅行结婚”，即宣告婚礼完成。“提亲”“送庚帖”“相亲”等旧俗大多自行消失。

20 世纪 50 年代，新娘出嫁乘挂红布的乌帘轿，后改乘坐装饰喜气色彩的三轮车。80 年代后，新娘出嫁，乘小轿车。90 年代，婚事大操大办、铺张浪费之风日盛。跨入 21 世纪，政府大力倡导婚事简办，多次举办集体婚礼，由镇长或村委会主任主婚，各家亲友欢聚一堂，举行茶话会，分送喜糖，简朴隆重，深受群众欢迎。近年来，开始时兴到酒家举行“联婚宴”，双方亲友，聚集庆贺。酒家则备有司仪主持，新郎新娘出场亮相、祝酒均有一定程序，甚为隆重，且可省去“担盘”“会亲”等许多旧礼节。

新娘入门过“烘炉火”　何国良　摄

**生育** 产妇临盆，家人煮甜鸡蛋让其吃下“压肚”。产后一个月间，一日多餐，要吃姜油煎炸的鸡蛋、线面，以及鸡鸭等滋补品，为其祛除风寒，恢复体质。产妇忌吹冷风和冷水浸洗，外人不得进入“月内房”。

婴儿出生，初哺以甘草汤，后喂母乳。婴儿出生9日，长辈为其安置摇篮。出生14日，给产妇娘家送去香油饭，俗称“报生饭”。娘家则回赠鸡、鸭、鱼、蛋等食品，给产妇“补月内”，同时送给婴儿四衫、四裘及被裙等物。到了满月(弥月)，生男婴者还要给娘家及堂亲邻居赠送“糖豆”，娘家得备办“满月红”(婴儿穿的红衣衫)、虎仔帽及布料送到女婿家，并蒸“满月圆”和相当数量的鸡蛋，供婴儿“剃头”之后分赠亲友。男家则回赠粿粽、“三牲”等物。满月前一天，请理发师为婴儿“剃头”，在婴儿后脑勺留一小撮羊尾巴，俗称“寿毛”，寓意长寿百岁。“4月日”(4周月)开始让婴儿坐轿车，婴儿的姑母当赠予“涎围兜”。外婆家则赠予裘衫、金银手链、帽子、布料及面制的“四月日桃”。男家则以粿、粽回赠。

孩子周岁，俗称“度晬”。除隆重敬奉神明外，有的还设宴招待亲友。外婆家则置办金银首饰、鞋帽、衣料及“四脚龟”(面制品)给外孙。“度晬”筵席之后，民间还有“趑龟”仪俗。即在地上放置一张新草席，草席四个角落各置一个“四脚龟”。席上放有

摇篮、轿椅

匣戥、算盘、书笔、白银诸物，然后让孩子在席上爬动，看其伸手首先拿取何物，借以卜知孩子来日从事士农工商的趋向。

十六岁，男称“成丁”，女称“及笄”，意即长大成人，于是大办酒席，隆重庆贺。外婆家赠送毛巾、扇子、布料、服装、金首饰、自行车以至彩电、摩托车等丰厚礼物。其他亲友也有比较贵重的馈赠。十六岁是最后一次祀敬床母、檐口妈和七娘妈等神明，除供品特别丰盛外，有的还把亲友赠送的首饰、衣物、电器等礼品一并陈列敬神，让人参观，借以炫耀孩子的贵气。

**寿庆** 永宁人做生日，均以农历出生年月为依据。逢十，即五十、六十、七十、八十岁，称“大生日”，但也有提前一年做大生日，即七十九做八十岁生日。因方言“九”与“久”谐音，寓有长寿之意。不逢十则为“闲生日”。从前，由于人口平均寿命较短，一般娶了儿媳、嫁了女儿，有了孙子，五十岁便开始做“大生日”。“闲生日”较简单，一家人（包括已出嫁的女儿）团聚，早晨吃吃鸡蛋线面，中午加加菜即可。做“大生日”则颇为隆重。寿庆前夕，在外地的儿孙辈都要提前回家，女儿则要和女婿、外孙回娘家，同时送来猪腿、线面、金首饰等寿礼。永宁境内从前还有在做“大生日”时为长辈做寿衣、置寿板以示孝道的风俗。做寿衣称为“张老衣裳”；置寿板，即预备老人百年后收殓的棺木（有的只备木料）。运寿板时，要请“红甲吹”迎送。寿板以红漆为底色，绘有二十四孝图案，并用新草席包扎，挂上红布，再插以金花，然后竖放在祖厅旁。

中华人民共和国成立后，人民生活和卫生保健条件大为改善，人生七十不算稀，故大多数到七十岁才开始做“大生日”。做大寿前一天要“惠面”，均用熟面分赠族亲邻居（后为方便起见，则以快熟面和猪肉罐头代之）。改革开放以来，时兴送生日蛋糕。寿诞当天，天未亮时，有的人家还摆香案敬天公，叩谢上苍保佑老人健康长寿。旭日东升时，儿媳妇到祖厅焚香点灼，敬五果、放鞭炮，为长辈祝寿。早餐，合家吃寿面，各加两个太平蛋。中午，则在家里或到酒家大摆寿筵，宴请亲友邻居。来宾多以大红烛、喜炮作贺。今则时兴送花篮、放充气拱门或电子门。也有过从甚密且家庭殷富的亲友，赠送电视机、电冰箱或沙发等贵重器具。20世纪90年代，有的还在有线电视台点歌，或放映电影以示祝贺。祝寿礼毕，让已婚女儿、孙女等亲眷带回寿龟、寿桃（面制品）等物以分送邻里，俗称“压筐”，意为“内外欢喜”。

近年来，政府号召移风易俗，各村老人会纷纷响应。常常有人自觉简办寿庆，把节约的资金支持教育事业或赞助公益。

**丧葬** 永宁境内历来葬礼隆重，葬仪繁琐。凡年上半百或己身为祖辈的老人临终前，必先将其抬到祖厝厅堂内，置于用 4 块床板搭就的简易床铺上，为其更换寿衣，俗称“上厅边”。老人辞世后，即用被单将其盖紧，并在尸体胸部放置一面铜镜。

丧家门口悬挂白布，门上贴白色挽联，全家披白戴孝举哀，并分派堂亲到诸亲戚家“报丧”。被报亲戚，应给报丧者一杯清水，让其嗽上一口，余者倒掉以示添“彩气”。

大多守遗体一夜，即可入殓。时在唢呐声中，先把死者扶在交椅上“辞老”，然后放入棺中。倘若妇女丧亡，应待其娘家亲眷在场观看，方可入殓。

入殓后，即将死者用过的衣服、草席、药罐等物送到村外荒郊焚烧，俗称“送草”。

“送草”后设置灵堂，堂上立置纸龛和死者遗像，灵柩停放堂中，四壁列置亲友送来的花圈、挽幛。守灵期间，每早媳妇、女儿在龛前哀哭“请吃茶、洗面”，三餐“叫食”。亲友邻居送赙仪，俗称“金银礼”，一般由族亲专人签收。排场较大的丧礼还就近另设“丁忧所”，接待亲朋故友及有关人士前来吊唁。

棺前祭 李显扬 摄

点主 李显扬 摄

亦有崇佛信道者，守灵期间“做功德”。请僧道摆神坛做法事、超度亡灵。

出殡时，棺夫先把灵柩转至宅外开阔处，孝男孝孙跪列两旁。行过“棺前祭”，送葬队伍徐徐行进，锣鼓阵阵，哀乐齐鸣，哭声凄切。其次序以红白彩、子孙球为前导，后出殡仪式牌、姓氏灯、大鼓吹、花圈、西乐、主亭、魂轿，甚而舞狮、舞龙、高跷、拍胸舞、轻音乐，浩浩荡荡十数阵，有如踩街游行一般。灵柩于队伍后方。棺后左右牵连二条大白布，由孝眷执持而成长列，俗称“拔龙须”。有的还特制一面“灵旌”，由族中命相最好的年轻人骑马执旌于队列之中。同时，聘请一位曾任武官者乘骑殿后，称为“督旌”。

灵柩抵达墓地，先祀“后土”，再行墓前祭。由礼生唱诵，并请一德高望重者主祭，上诸供品，再由孝男读哀章，后请主祭“点主”。诸礼完毕，棺木即可落土，孝眷以丧服掬土一抔，依次绕墓地一周，徐徐将土撒入墓中，俗称“帕土”。此后即由送葬族亲邻里合力封盖墓穴。（自实行火葬后，“墓前祭”诸仪俗，均改在出殡前进行。）

尔后，送葬队伍以红灯为前导“归虞”，俗称“返主”。抵家后，如立龛已满七日，即行“倒龛”，把大厅中之纸龛移到户外旷地焚烧。境内原有“返主”后设宴飨客的习俗。丧事之后，丧家还要以咸煎、粽子（后改为咸饼及饮料）答谢亲友邻里。近年来，好些地方老人会提倡改革丧葬陋俗，禁止出丧办酒席，并对送赙仪者，仅以一纸“谢笺”鸣谢，不另购物酬答。

1997 年 1 月，永宁镇实行殡葬改革，改土葬为火葬。

## 侨胞习俗

永宁多华侨，久而久之形成了一系列的特殊礼仪。

**拜别祖先** “新客”（初次出洋者）出国，均要到祖厅点香，虔诚祷告，向祖先辞行，表示不忘家乡列祖列宗，也祈求保佑一路平安。

**送顺风**　华侨出洋之前，需到亲友家辞别，亲友有的赠送鸡蛋、面线，有的赠予鱼、肉、鸡、鸭或猪腿，亦有的送万兴馆花生、泉苑茶饼、铁观音、水仙种或党参、当归等药材，俗称“送顺风”。更为盛情者，则设宴饯行。宴席上如逢全鱼，最忌翻食，否则会被视为不吉（翻船）之兆。“新客”出洋，家里要煮“红枣鸡蛋”为其送行。并备好一小瓶家乡的井水和一小包泥土让其随身带去，使之出洋后能适应侨居地“水土”，不忘乡井故土。

**脱草鞋**　过去人们远行，都穿草鞋，回家时即脱去草鞋，洗掉一路风尘。民间沿用此义，把为番客接风洗尘称为“脱草鞋”。华侨回归故里，亲朋好友或送猪腿、美酒，或送鸡、鸭、糕饼等物，甚至设宴为其接风。番客则回赠布料、衣物或包洋银作为酬谢。不少归侨还准备一些毛巾、番纱（纱线）、香皂之类日常用品，惠赠邻居、堂亲。

**寄房**　旅居国外的未婚华侨，故乡亲人通过媒妁之言为其定亲，择日让其返乡迎娶。新郎因路途遥远、或它故未能如期抵家者，为不错过吉时良辰，当新娘花轿入门时，由送嫁娘揣来一只公鸡到轿前，以象征新郎将其迎入堂中，行礼如仪，然后连同公鸡一起送入洞房，与新娘做伴，俗称“寄房”。一旦新郎返乡，即可正式与新娘过夫妻生活。中华人民共和国成立后，婚姻自主，此“公鸡娶亲”旧俗即予废止。

**嗣子**　华侨长年出洋在外，忙于生计，难得归乡，常有多年尚未能得子。父母抱孙心切，许多家庭，便为其抱养男孩，以传宗接代。一般抱养外地的孩子，但也有同村同宗过继。孩子抱养后，不能再与生身父母、同胞兄弟往来。孩子长大后即被接往海外继承祖业。

**引水魂**　旅居国外华侨，每到暮年均有叶落归根、回归故里安度晚年的心愿。对客死他邦、骨埋异乡者，为实现其生前夙愿，即由亲人或朋友带一些墓地泥土和一件死者的衣服回归故乡。归途中，每到一处，不管上船或转车，均要低声呼唤死者的名字，并告以旅途情景。抵家后，即将墓土放在厅桌上的香炉中，然后择日引水魂。

是日，死者家属必于大清早海水退潮时到海边放纸船（离海较远者，则到溪边）。候涨潮时再到该处迎接。其时，道士在海边舞动死者衣物，口中念念有词，孝男孝孙跪在沙滩上哀号死者的名字，然后祭海龙王、土地公，再由点主官点木主（神主牌），招魂队伍方整队归回，将死者灵魂引入祖厅。后来，随着交通工具的发展，华侨出洋或归国，均已乘搭汽车、轮船或飞机，且有些乡村离海甚远，多有不便，则于大清早到村口旷地放置纸糊的汽车或飞机，中午再到是处招魂。

**祭扫祖坟**　华侨出国，短则两三年、长则十年八年，难得回家一趟，故每次归家，必至祖宗坟前祭扫，以示不忘上辈恩德。更有父母亡故时没能回家奔丧者，一旦归来，必至墓前祭奠，悲之所至，涕泪纵横，至为感人。

## 行业习俗

**农耕习俗**

永宁农民，在长期生产实践中，形成的一些习俗，以实用居多。

**敬田头公** 过去境内农户，要于五月初五到地里敬“田头公”。祀品为过端午节的粽子、馒头、包子、发粿等物，借以祈求新一年获更好收成。

**守更** 农作物快成熟时，为防止被盗窃或野兽损害，农民在地里搭个临时帐篷（俗称草寮），以供守夜，通常要到天大亮时才回家。这种习俗称为“守更”。

**扎草人** 收获季节，农民常扎稻草人于地里田间。稻草人手足俱全，头上挂一串冥纸，手摇一把扇子，随风飘动，甚为可怕，意在吓鸟驱鼠，防止庄稼被损。

**出海习俗** 海上行船，凡事都讲究吉利，不吉利的语言或行动都属忌讳。

船上忌讲漏、倒、翻、破。如“破（劈）柴”应说“攻柴”，“漏桶”应说“赵桶”，倒水应说“看察”，上下锚叫“雇斗”。

在船上吃饭时，装饭不能用饭勺装，要用碗直接在饭桶中盛。盛饭后不得在人前经过，应走在人背后。搛菜只能挟各人面前的菜，更不能把碗底的菜往上翻。碗只能迭三块，忌迭四块。

在船上站立忌双手反剪背后，坐不能足垂船舱，更不能来回摆动。在船上不能吹口哨，不能在水仙门口（后舱门）小便，忌问本流水要驶到什么地方，或明天要到什么地方等。农历正月忌逢七，二月忌逢八，七日是“凶煞日”，八日是“兵消日”，均不宜出海。

船行在海上，遇到溺水尸体，呼为“好兄弟”，要把尸体捞上船，用草席或麻袋包装好，待船入澳后，焚烧金楮冥钱，后把尸体埋葬。航行中，若逢孕妇在船上分娩，视为吉兆，船上添丁，是特大喜事，要披红、送“红包”、放鞭炮祝贺。

在船上发生口角打架，一方跳过绞车后，另一方就不能再追，以此平局。

货船启程之前，务先酬谢“天公”和“妈祖”，后取若干供品倒入海中犒祀“好兄弟”。事毕，在“满载，顺风”的呐喊声中扬帆启程。渔船沿外海捕捞，船头要插一把绣有龙图案的黑旗，告示诸海神，将开“杀生”之戒，以祈保佑。

### 建宅习俗

建宅造房历来均是大事，整个过程礼仪既讲究且庄重。

**择地**　建宅之前，通常请风水先生选择地址，再由其“牵庚”（罗盘定向），依龙脉（地形山势）确定住宅朝向。民居座向忌正南正北，或正东正西，多取兼字。

**动土**　择定宅址后，请“日师”根据业主的“八字”（生辰日月）择定动工日期及时辰。破土前，须先酬敬“土地公”，然后用铁锥在宅址四个角落挖开表土，俗称“动土”，后即可兴工。每逢初二、十六，均得奉敬“土地公”，直至住宅落成。

**施工**　从前建古式大厝，一般先在厅正中置一磉石，为全屋建筑测量轴线与水准的依据。整座建筑规制与格局，通常统一于一根标画尺寸的“高尺”上。各开间的长、宽、高规格均要符合“天父地母”寸白俗套。施工中，凡下砱、置门、上梁、合脊时，均要“看日”，即选择吉日良辰。同时，要在门底埋“五谷”，门柱上压红布，中梁系“八卦”等。

上梁

**谢土** 新居落成，须备办三牲和丰馔祭谢土地神，并宴请工匠，俗称“谢土”。有的还演“嘉礼”（木偶）戏，以示庆贺。“谢土”后，屋内忌放赤土，因“赤”色有火患之嫌。

**乔迁** 迁入新居之前须“择日”，并将新居打扫干净，贴上对联，张灯结彩，喜气盈门。族亲和邻居赠烛炮相贺，至亲好友则赠送镜屏、家具，以及电器等贵重物品。媳妇娘家除赠送红灯彩幛等礼品外，尚须送一个装有母鸡和小鸡的“鸡笼”，寓意兴旺昌盛。乔迁多择在拂晓之时，沿途鸣放喜炮。家人搬携摇篮、轿车（竹制婴儿坐具）、鸡笼和各式家具。其中要有一人手提畚斗，内置金锭、银锭，以兆搬迁大吉、金玉满堂、子孙兴旺。当天中午，宴请前来庆贺的亲友和邻居。中华人民共和国成立后，许多陈规陋俗已被简化或消除。

**叫卖风情** 永宁城乡，历来商贩甚多，各种叫卖之声，朝暮不息。贩者或以叫唱、或以击器代声招揽生意，世代相沿。挑货郎担卖小百货的摇小手鼓，当当作响，俗称“摇鼓仔”。挑卖蜜饯担的吹唢呐，俗称“卖咸酸甜吹嗳仔的”。修理小五金器皿、削刀磨剪的碰击铜片串，声声咧咧，称之“咧咧仔”。卖豆腐花、鱼丸等小吃的肩挑摊贩，以汤匙击碗，叮叮声脆。阉牲口的吹短笛，相命、啄鸟卦的敲牛角，卖冰棒雪糕、石花糕、凉水的摇小铜铃。还有一些走江湖打拳卖膏药的，常敲锣打鼓，以吸引四邻光顾。

## 地方殊俗

**陷城洗街** 明代倭患，永宁两次“陷城”，军民被杀伤几尽。又清顺治四年（1647年）四月廿二日，郑成功部将林顺到永宁招兵，遭清军镇压。城中被屠杀者2400余人。嗣后两天，狂风暴雨大作，满街血污随大水冲入水关沟，致逃匿于沟中避难者尽皆溺死，酿成“洗街”血案。此后，每年是日，乡人设奠祭祀。据历史记载，“陷城”和“洗街”

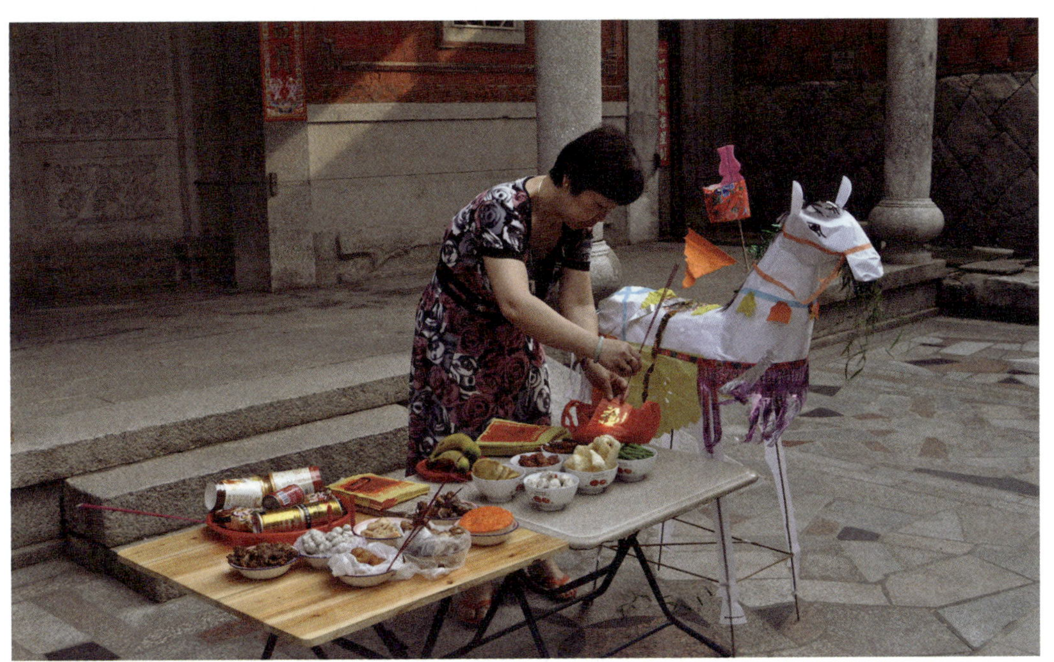

陷城洗街古俗　　董清辉 摄

是两回事，后来，人们将此日作为永宁历次陷城、遭受外寇侵略的纪念日，统称“陷城洗街”。每逢四月廿二至廿四日，乡民必依照卫城各角落沦陷的先后，备办草人纸马祭奠。时值雨季，相传每至此日，天必下雨。若未雨者，乡民必挑水洗街，以示雪耻复仇。

**相掼**　据佘煌焕《清末永宁概况》一文记载，永宁有“相掼”古俗。每逢农历正月初至元宵节，各处儿童群集城隍庙口广场，北自城隍庙，南至龙舌山为界。以永宁、外高、沙堤村人为一队，港边、梅林、埭头、浯沙村人为一队，南北对立。人数既齐，起初由儿童列成阵势，各自争先恐后，手拾石头互相投掷。斗至胜负不分之时，石块如雨，横飞空际，而双方壮年者，亦各落阵参战。或带有“掼狗烟炊”（竹头短棍制成之烟具），大肆殴打，虽头破血流，全无怨悔，至死不悟。观战者人山人海，呐喊助阵，人声鼎沸，犹如天崩地裂。相传，此古俗意在驱邪除瘴，以保一方平安。到民国后期，规模已渐缩小。后来，由于科学知识的普及，遂告停止。

**董氏做节做十四**　闽南各姓氏，均于七月十五日做“七月半节”敬奉祖先，唯独永宁董姓必提前一日，于七月十四日过节。其源自一段掌故。

相传永宁董姓祖居青阳（今青阳董厝崎），因历代封官，家祠门前竖有“下马碑”。文武官员经过都得下轿或下马步行。后来，有个泉州知府不下轿，族人便叫孩子抛石袭击，恰有一石头击入轿中，知府当场死亡。官府遣兵来剿，董氏族人至七月十四日才知道，遂提前祭祀祖先，后举族出逃。

董氏族裔之中有兄弟二人，一逃往金门，一逃往永宁沙堤。从此，永宁的董姓就沿袭此例，把七月半节提前在十四日举行祭祀。

**十月初一祭祀海神**　福建沿海渔民，大多信仰妈祖，但永宁沙堤渔村，祭祀的却是男性海神碧魂爷，因而自成一种风俗。据说，此俗源于古代祭祀海神。每年农历十月初一，沙堤村各户都要蒸制薯粉粿祭祀碧魂爷（亦称海头公），并请道师举行祭海仪式，祈求海上平安，渔业丰收，随后进行牵“水状”，超度落水亡魂等迷信活动。

祭祀完毕，当日各户即将奉敬的薯粉粿分赠给邻村亲朋好友。不过，还有两件事颇特别：一、祭祀活动不能演戏；二、道士不得收钱，只能收些祭海神的薯粉粿或芋圆作酬礼。据悉，永宁附近个别村落亦有十月蒸制薯粉粿酬神的风俗，不过日子不同。如永宁镇山边村于十月初十，祥芝镇伍堡村则在十月十一。

# 卫城遗韵

明代永宁建卫，来自全国各地的官兵汇集于这个滨海新城，带来了各地不同的生活习俗和地方文化。经和原住民数百年的磨合，加上南洋华侨文化的影响，演绎出一种有鲜明地域特征的文化形式。这些非物质性文化遗产一脉相承，延续着永宁古卫城600多年的文脉。

# 民间音乐

**南音** 亦称“弦管”，是中国现存最古老的乐种之一。中华人民共和国成立后，永宁镇南音活动甚为普及，如永宁、沙美、梅林、沙堤、后杆柄、子英、西岑、前埔、下宅等村都有南音社，经常开展活动。

永宁镇南音之传习，当溯之清末民国初时期，永宁城内一些社会贤达自行筹资购买乐器，延聘锦尚村邱柿先前来执教。参加者有林谋板、陈土、董旭先等 20 多人。后又聘安海高铭网继续任教。从此，永宁南音之风日盛。1939 年，又有蔡琼林、许星煊、高武芬等在场口开馆，由惠安名师苏德兴任教，参加者 20 多人，馆名“陶名轩”。曾培养出高标助、林诗炮、林耀欣、高挺料、董光顺等不少高徒。这些人出馆后，均能独自执教授艺。1942 年，改聘菲律宾“金兰社”归侨杨荣钵任教，不久因经济拮据暂停。后又再聘大崙蔡春先续教。太平洋战争爆发，经济萧条，再度停馆。

中华人民共和国成立后，1956 年，在溪源董群栋、郑锦标、蔡国尚等倡导下，于水关街成立新馆，聘请北门林诗炮任教。后新旧馆合并，加聘高标助共同执教。逢年过节或庆祝活动，均搭台演奏，广获好评。始定名为永宁南音社，推选蔡敦玺、董群栋为负

石狮市永宁南音社成立 15 周年庆典

南音演奏 董清辉 摄

责人。“文化大革命”期间，南音被列为封资修，不准演唱，禁止传习。党的十一届三中全会之后，永宁南音社又恢复活动。1982 年春，聘泉南名师黄守万前来任教，并吸收新社员多人。在镇政府、居委会的重视下，拨出十字街口店面作为社址，并于 1989 年 4 月 25 日正式成立永宁南音社。

永宁镇各村南音社重视对下一代人才的培养，并取得显著成绩。2005 年 8 月，永宁南音社林冰儿、张佳源代表石狮市参加泉州市第十五届南音比赛，林冰儿获中学组二等奖、张佳源获小学组三等奖。沙美村卢少泳，初中毕业后进泉州艺校南音专业深造，她不仅在石狮、泉州南音比赛中获奖，且多次赴北京、香港、澳门演出。2006 年，卢少泳应邀参加央视三套《风华国乐》的录制。2007 年，还和艺校老师、同学往德国、新加坡等国家演出。

**什音** 什音有独特的演奏形式，以鼓指挥，唢呐主奏，箫、喉管衬托，三弦、月琴、双青等弹拨乐及瓢弦、壳子弦、京胡、板胡、二胡及四胡等弦乐配合。其风格在闽南独树一帜。民国时期最有名的什音社是永宁西门外什音社，共 13 人，大多是师傅级的人物。有一次去石狮迎城隍爷，与塘边什音社比拼乐器，一夜到天明，拼得难分难解。在永宁，几乎村村都有什音队。近年来，较活跃的有沙美村海仙什音社和永宁鳌韵什音社。海仙什音社先后于 2005 年及 2008 年参加泉州市文化局主办的第一届和第三届泉州民间音乐邀请赛，并获一等奖。永宁人董伦彬现任石狮市闽南什音协会秘书长。石狮闽南什音被列为省级非物质文化遗产项目。2010 年，永宁王年强、沙美村卢远雄被列为石狮市首批非物质文化遗产项目（什音）代表性传承人。沙美村郭茂宣被列为泉州市首批非物质文化遗产项目（什音）代表性传承人。

什音演奏

**龙虎斗** 又称“龙虎罩”，是一种富有乡土特色的民间音乐形式，距今已有100多年历史。每逢盛事庆典、佛诞迎神或丧事出殡，都经常出场。“龙虎斗”一般是在行进中演出，由一位女子主唱，其他人则用各种乐器进行伴奏。奏乐分为文乐和武乐两种，使用的乐器也分文武两类。文乐的乐器主要是二胡、三弦、横笛、唢呐，武乐则为锣、鼓、钹等。表演时，两个人抬着一根前头雕刻龙头、后面雕刻虎头的木杠，杠上悬挂着雕刻精美的鼓架，放着鼓和皮鼓。杠上还悬挂南锣，一般有15个人操作。永宁南门高德时于1978年组织的“永宁龙虎斗”，为石狮范围内的一支专业的“龙虎斗”乐队。2008年，“龙虎斗”被列入石狮市首批非物质文化遗产名录。

## 民间娱乐

明清以来，永宁每逢佛生日或迎神赛会，极为热闹。各铺份均有小孩打扮戏剧人物，沿街游行。常常是北门若扮“五虎平南”，南门则扮“狄青扫北”，以示旗鼓相当，互不相让。至今仍有老人引为趣谈。另外，还有小孩穿戏服骑马游行的马队，或由24个女童扮“廿四花神”坐在花团锦簇的交椅上，各由两人扛着游行。另外还有装阁、斗狮、舞龙、车鼓弄等。民国时期，永宁许经济、董希等人均置有全套服装，供人化装游行租用。

下面是几个较有地方特色的阵头。

**火鼎公火鼎婆** 踩街时由一人扮火鼎公，口上挂八字胡须，身穿羊羔黑裘，下穿宽筒裤，裤脚束紧，脚着圆口软底布鞋，腰束长绸巾，一手执桔木长旱烟管，一手执芭蕉扇，属“破衣丑”打扮。另一人扮火鼎婆，脸上两颊涂红，身穿镶边大襟红衫，下着镶边宽筒大红裤，头顶盘起高高的发髻，脚穿厚底绣花大红布鞋，一手拿红手帕，一手摇着大圆蒲扇，属“家婆丑”打扮。两人抬着一口架在木框上的大铁鼎，鼎两侧贴上红对联，写着“扫去千灾，迎来百福”等字。铁鼎中柴火烧得通红。表演时，伴随着民间小调的节奏，三进三退，在“人巷”中或快步飞穿，或缓缓踯躅，舞姿神态随意变化，颠而不狂，醉而不痴，不时用蒲扇煽火，一路做出种种滑稽逗人的动作。

火鼎公火鼎婆

踢球舞

**踢球舞** 又称“碰球舞”，起源于古代的“踢鞠”“蹴鞠”。将蹴鞠与音乐、舞蹈相结合，而成为一种宫廷和民间共同喜爱的舞蹈。它于唐宋期间由中原仕民南迁传入泉州一带。“踢球舞”的演员有6人～10人。“踢球女”由一名旦角扮演、4名～6名小旦伴舞，以及一名彩婆和一名男球手组成。“踢球女”表演保留古老的“蹴鞠”动作，以手、足、肘、臂、膝、肩，头等身体各部位碰击彩球而起舞，做出各种捧球、托球、踢球、颠球、碰球、点球、停球、绕球等技艺动作，持球者的持球动作则学习南方武术“飞叉”的套路，使“球”模仿“踢球”时飞行的轨道。踢球舞具有形式古老、优雅、欢快的特色。

**格阁番** “格阁番”是永宁早年一种颇具特色的民间踩街阵式，表演的是昭君出塞和亲的故事。该阵式用十三块门板组成。门板两端，各钻一个小洞，供插上铁栓，使之首尾相连。其排列次序：执头旗小番二人、舞钱鼓小番二人、叩打四宝（俗称四块）的小番二人，然后是叩木鱼小调、叩响盏、打扁鼓、敲通锣和吹南嗳（唢呐）的小番各一人。继之为端坐的王昭君，后面跟着一个车夫，双手各执一面画有车轮图案的旗帜，并将车旗置于昭君座位两侧徐徐摆动，以示行车。末了由番王殿后，这些门板由二十八个壮汉扛着，走街串巷、游乡过里，沿路奏乐舞蹈。尤其是前头两个执旗的小番，在四块迭连的方凳上，一路翻筋斗、表演杂技，更是博得观众阵阵彩声。游行队伍每过多层大砌（台阶）时，由于倾斜度太大，方凳自是随之倾斜，小番除了要让身子保持平衡外，还需在上面表演，实在让人为之捏一把汗。每过梅林单桥时，桥面仅有三四条石板，下面潮水汹涌，小番犹在多层方凳上频频起舞，极为扣人心弦。尤其是过梅林关前砌，斜坡高峻，一边是山头、一边是大深沟，沟底怪石嶙峋，更为惊险。

**抉胸舞** 古闽越人祭祀时，拍击（抉）其双掌、双臂、双肩及双腿等部位使之发出响亮的音响，并以此作为舞蹈的节奏。后来，这种舞蹈被宋元南戏《郑元和与李亚仙》的“莲花落”所吸收，而成为舞台上的“乞丐舞”和一种很流行的踩街阵头。表演拍胸舞人数不拘，但都是体魄强壮的男子汉，头上戴着圆形草箍，上身裸露，腰系彩带，随着《风打梨》《三千两金》等伴奏曲的慢、中、快三种节奏和舞步阵式沿路表演，自如不拘地颤头、投足、拍胸、扭腰；双手起落，有节奏地抉胸挟腋，偶尔又投足拍腿、屈臂击肘。时而跪蹲、时而抬腿、时而踢腿，边歌边舞，豪迈矫健，情绪热烈，风趣浪漫。

**踩高跷** 俗称柴脚戏。因为表演者用一副两三尺甚至达七八尺的带搁板的木棍（高跷）扎在自己的小腿上而居高演出得名。柴脚戏多在广场上演出，以高跷作为脚的延伸，目的是高出人头，便于围观的人观看。柴脚戏经常化装成《郑元和》或《陈三五娘》戏剧中的人物，同时加上几个女角伴舞。其中装扮成《郑元和》剧中的李妈者，手中拿着一支“钱鼓球”，即篾皮制成的球，内装一些铜钱，舞动时能发出响声，以增加演出效果。抗战期间，永宁下营曾有一队柴脚戏，驰名在石狮诸乡及衙口一带。

抉胸舞

# 传统体育活动

永宁自明代以来，尚武之风甚盛，青年多以习武为晋身之阶。从万历丙戌科（1586年）至万历己酉科（1609年）24年间，永宁出武进士3人，武举人29人。其中癸卯科（1603年）武举人陈有纲“捷武闱，联登进士，殿试第三人”，夺得武探花。斯时古城，每逢民俗节日或宗教礼典，舞龙斗狮等群众性体育娱乐活动十分活跃。

据《西山杂志》记载，“明嘉靖年间倭乱，沿海村里大兴练场”，时有沙美村村民以演练狮阵习武练兵，操练“俞龙戚虎”首创的长短兵迭用的“鸳鸯阵法”。后狮阵作为沙美村村民强身健体的一种传统项目而传承下来。20世纪80年代以来，永宁境内习武者甚多，或组织健身队、聘师授艺；或学习太极拳，青壮、老年、各有所学。2010年10月20日，“沙美狮阵武术馆”正式成立。2011年2月6日，“石狮市非物质文化遗产展示暨首届狮阵武术大汇演”在沙美村举行，卢厝和沙美两支狮阵的表演赢得全场上万观众的喝彩。《中国体育报》《中国文化报》《中国武术》等10家报刊电台报道这一盛况。2011年10月20日，沙美狮阵舞龙队代表泉州市参加省第7届农民运动会，获舞龙项目第一名。2011年11月12日，沙美狮阵武术馆组团参加泉州市传统武术锦标赛暨国际南少林武术邀请赛，来自美国、加拿大、澳大利亚、伊朗、新加坡、马来西亚、印尼、菲律宾等国家以及中国香港、中国台湾等地区的近千名海内外武术界精英联袂献技。沙美狮阵武术馆摘取金牌54枚、银牌65枚、铜牌69枚。2012年，参加全国传统武术比赛和全国农民武术比赛共获得金牌16枚、银牌37枚、铜牌45枚。

2010年，沙美村卢远练、卢远献被列为泉州市第五批非物质文化遗产项目（舞狮）代表性传承人。

狮阵

## 灯谜

清代以来，每逢节庆或庙会，永宁都经常举行灯谜活动。许多店铺乐于在门口贴出几条与店中商品有关的谜语吸引顾客，并以店中商品作为奖品。中华人民共和国成立后，每逢春节，各村大都举行灯谜活动。由镇文化站主办的新春谜会始于1959年，此后每年都有举行。1988年～1990年，在晋江县举行的连续三届侨乡谜会中，永宁先后赢得团体赛一、二、三名。1991年5月，永宁夏威移凉垫厂董事长高云鹤出资 4 万多元举办首届夏威移杯灯谜大奖赛，公开向外挂猜，头奖本田 125C 摩托车一辆。

1992 年 6 月，又独资举办石狮市第二届夏威移杯灯谜大奖赛，初赛函猜，有国内 300 多人参加，先选出 50 多名优秀选手，然后邀请前 11 名到石狮决赛，设特等奖一名，奖 20 寸遥控福日彩电一台。1995 年 10 月，鳌城谜社成立，首任社长苏荣灿。1997 年 2 月，谜社参加石狮市“兴业杯”灯谜擂台赛，获团体第二名。1998 年 6 月，参加石狮市“惠泉环保杯”灯谜擂台赛，获团体第一名。1999 年 5 月 22 曰，石狮市谜协换届，苏荣灿当选会长。同年 12 月，鳌城谜社换届，李德生继任社长。同月，由谜社苏荣灿、陈永康、曾少伟三人组成的永宁镇代表队，参加石狮市“国税杯”灯谜邀请赛。参赛的有久负盛名的莆田、鲤城、晋江、惠安 4 个市（县）代表队，及石狮市凤里、永宁两个镇代表队。永宁代表队获第三名。2002 年～2004 年，永宁镇于城隍庙连续举行 3 届元宵灯谜邀请赛。

2004 年，鳌城谜社新秀蔡隆猛、蔡冰冰兄妹被选入石狮市灯谜代表队赴新加坡参加“首届国际学生灯谜观摩赛”，获团体第四名。2006 年，蔡冰冰再次入选石狮市灯谜代表队参加在新加坡举行的“第二届国际学生灯谜观摩赛”，在决赛中石狮队勇夺团体冠军，蔡冰冰获“金箭奖”第一名。

2014 年，经福建省人民政府公布，苏荣灿列为福建省第三批非物质文化遗产项目（灯谜）代表性传承人。

石狮市第二届夏威移杯灯谜大奖赛

永宁侨乡谜会盛况

妆糕人

糕人

## 民间工艺

**妆糕人** “妆糕人”以传统大米粉、糯米粉、调色素、蜡油等原料，通过水浸、微蒸后，配制成为五颜六色的糯米团，然后捏塑成各种栩栩如生的人物。“糕人”最高不过10厘米左右，为方便把玩和放置，艺人用竹签竖穿“糕人”躯体，插在担子上或泡沫盒上供人挑选。由于过去市场上儿童玩具比较贫乏，平时在大街上、或者庙会、佛诞时，“糕人”都大受孩子们的欢迎。居住在永宁三合境的老艺人雷远洲把此工艺传承至今。2010年，“妆糕人”被列入石狮市第二批非物质文化遗产名录。

**纸扎** 纸扎，是以竹、木为骨架，以线团缚部位，以糊彩纸做装饰的一种工艺。其作品主要有四类，一是神像，多指入葬时焚于墓前的大件纸扎制品；二是人像，以戏曲人物为主；三是建筑，如牌坊、塔楼等；四是明器，包括饮食器皿、吉祥用品等。不过，传统的手工纸扎也加入许多“时尚元素”。最常见的是老人去世“竖龛”，纸扎的高楼大厦中不但灯光闪烁，庭前还有推磨、打水的佣人，绕着圈子的汽车，演绎出的动态令人叹为观止。2014年，永宁苏清锡纸扎制作工艺被列入石狮市第三批非物质文化遗产名录。

纸扎工艺

## 方言

**源流** 永宁的方言，属闽南方言的泉州次方言，源于中原古汉语，跟晋、唐时期中原汉人大批南下入闽有密切的关系。如倩（请人代劳）即雇、下晡（午后三时至五时）即下午，天普光即天将明（黑浅色为普色），这些均在字典中可以查知。如今，我们还可在古书中找出极多的佐证，如《世说新语》中用得最普遍的三个单数人称代词“我”“汝”“伊”；以“饭”表示“干饭”，以“糜”表示“稀饭”；以“箸”表示“筷子”；以“暝”表示“晚上”；称“胖”为“肥”；称“难”为“恶”等等。

同时，永宁方言也与吴语有较为密切的关系。因福建部分汉人是东汉末、三国时期从江浙一带迁入的，他们的语言经与当地闽越族语言交融后，逐渐形成今日的闽语。下面摘录《简明吴方言词典》一些词语，从词形到词义与今日永宁方言完全一样。

表 4

**永宁特色方言摘录一览表**

| 普通话 | 本地话 | 普通话 | 本地话 | 普通话 | 本地话 |
|---|---|---|---|---|---|
| 早晨 | 早起 | 中午 | 日昼 | 油条 | 油炸鬼 |
| 去年 | 旧年 | 后天 | 后日 | 雾 | 雾露 |
| 旁边 | 边头 | 手绢儿 | 手巾 | 年轻男子 | 后生家 |
| 别处 | 别搭 | 木炭 | 火炭 | 媳妇 | 新妇 |
| 标志 | 记认 | 毛巾 | 面巾 | 身材 | 身坯 |
| 开水 | 滚水 | 睡衣 | 困衫 | 阴囊 | 卵脬 |
| 太阳 | 日头 | | | | |

永宁是侨乡，侨客非常多，与南洋往来频繁，因而在方言中引进许多外来词。

表 5

**永宁方言中外来词汇摘录一览表**

| 来源 | 普通话 | 本地话 | 来源 | 普通话 | 本地话 |
|---|---|---|---|---|---|
| 源自菲律宾他加禄语的外来词 | 钱 | 帕叟 | 源自近代及现代英语的外来词 | 零星 | 阑珊 |
| | 西红柿 | 甘仔得 | | 局、盘 | 锦 |
| | 吕宋雪茄烟 | 达马哥 | | 球拍 | 杯 |
| 源自印尼、马来西亚语的外来词 | 肥皂 | 雪文 | | 出界、糟 | 奥塞 |
| | 阴沟 | 隆沟 | | 商标 | 目头 |
| | 咖啡 | 糕啤 | | 扳手 | 拾八 |
| | 手杖 | 洞葛 | | 随便 | 滥糁 |
| | 铜币 | 镭 | | 巧克力 | 烛龟蜡 |
| | 街廊 | 五脚架 | | 客车 | 巴 |
| | 吻 | 斟 | | 衬衫 | 恤衫 |
| | 木棉 | 加暴棉 | | 不可理喻 | 韵钝 |
| 源自近代及现代英语的外来词 | 缝纫机 | 马劲 | | 出租汽车 | 的士 |
| | 再见 | 拜 | | 舞厅 | 迪吧 |
| | 仙令，法币 | 仙 | | | |

**特点**

*末声迭字*　永宁方言中还保存古汉语中许多末声迭字的特点，如形容女人粗犷为“赤马马”；男人凶气为“霸狮狮”“恶爬爬”或“雄壁壁”。形容胖子为“肥滋滋”，瘦子为“瘦枝枝”。极度贫穷为“穷秃秃”，富贵钱多为“富老老”。形容全身无力为“软糊糊”，毫无办法为“直寥寥”。还有形容光色的“白悉悉”“光帕帕”“红叫叫”“黑茫茫”“金煞煞”，不但加强语气，而且更加生动。

**文白异读** 永宁方言中文白异读现象十分普遍，文白对应类型也很多种。

表6 文白异读对照一览表

| 本字 | 白读 | 文读 | 本字 | 白读 | 文读 |
|---|---|---|---|---|---|
| 行 | 行路 | 行军 | 解 | 解劝 | 解释 |
| 节 | 年节 | 气节 | 草 | 草地 | 草写 |
| 桐 | 桐油 | 梧桐 | 水 | 水井 | 风水 |
| 学 | 大学 | 学习 | 家 | 大家 | 专家 |

**精辟的形容词** 房子大，就称像“开封府”；形容长即说是“连天长”；时间久，称“万代久”；袋子大形容为“乾坤袋”；站不稳就说是“鹭鹚脚”；形容人消瘦，则称是“洞箫脚腿，笔塞颔规（脖子）”。

**双音词颠倒** 在方言中，经常听到一些颠倒的双音词。如“母鸡”叫“鸡母”，“热闹”叫“闹热”，“拖鞋”叫“鞋拖”，“客人”叫“人客”，“唆使”叫“使唆”等。

**方言与普通话趣对** 永宁民间艺人李天增曾经编写一本《方言与普通话趣对》小册子，供人对照学习，颇为生动：

起头叫开端，好看叫雅观；帮忙叫支援，相披（欺）叫侵犯；
接礼叫欢迎，相好叫感情；样瓣叫模型，人巧叫聪明；
勤作叫积极，实说叫坦白；观光叫游历，拍拼叫努力；
工夫叫技术，鬼祟叫狡猾；抵触叫唐突，拳头叫国术；
通透叫开窍，举荐叫介绍；欠用叫需要，嫌疑叫尧绍；
人死叫逝世，疏通叫联系；子孙叫后裔，记账叫会计；
启动叫拜托，快活叫幸福；相甲叫合作，尽忠叫爱国；
好处叫有益，守法叫道德；赶紧叫突击，宿困叫休息；
落涂叫埋葬，捏话叫诽谤；有瞈叫希望，番邦叫吕宋；
痖疕叫疲倦，余增叫肴钻；祖家叫籍贯，号脉叫诊断；
粕实叫朴素，关心叫照顾；歹心叫怨妒，相告叫起诉；
少岁叫年幼，糁说叫荒谬；双爿叫左右，打算叫研究；
白贼叫欺骗，薛啦叫闪电；食饭叫开膳，办桌叫设筵；
周围叫环境，洗浴叫游泳；呣甘叫节省，翕像叫摄影；

天下叫世界，对拼叫竞赛；挡伤叫阻碍，吞忍叫忍耐；
拖拉叫散漫，要作叫肯干；量少叫有限，量约叫简单；
凭证叫根据，烦恼叫顾虑；佚佗叫游戏，欠安叫染病；
看轻叫藐视，欢喜叫满意；真水叫标致，僻藏叫逃避；
伐落叫准备，细腻叫客气；合心叫一致，挂心叫注意；
大路叫康庄，打扮叫化装；勇壮叫健康，乾官叫家翁；
搬家叫迁移，临伊叫随时；有倖叫剩余，团仔叫小儿；
洗身叫沐浴，在伍叫沉着；相接叫连续，搬戏叫演剧；
相叫叫招呼，砍气叫自高；受气叫愤怒，性地叫态度；
乾哺叫男子，查某叫妇女；拼扫叫清理，畅腹叫欢喜；
冤家叫纠纷，少年叫青春；男女叫乾坤，嫁娶叫结婚；
无够叫尚缺，乱做叫违法；举手叫表决，剪头叫理发；
咤郏叫清洁，创业叫建设；到底叫透彻，降价叫打折；
认错叫道歉，拼命叫冒险；所在叫地点，相导叫传染；
蹒跚叫拖拉，反省叫检查；吵闹叫喧哗，番薯叫地瓜；
听嘴叫服从，钱银叫金融；好汉叫英雄，呵斯叫表扬。

## 五色话

五色话泛指借景喻义、通俗浅显的短语，含俚语、俗谚和歇后语等，主要有：

**生产生活体验**：如“好江山呣值（不如）好下继（后裔）”，喻教育后辈至关重要；“千银买厝万银买厝边”，喻居必择邻；“情理跌倒泰山”，喻有理无惧；“修心较好吃素”，喻实践重于形式；“瘦瘦马有一步踢”，喻人各有一技之长；“圣佛不论大小仙”，喻不该以年龄或资历取人；“吃果子着（要）拜树头”，喻饮水必须思源；“牛仔出世十八跌”，喻人之成长，难免各种波折；“落水才知长脚人”，喻临事才能辩高手、识真情；“拳头放在手袖里”，喻越是高人，越不张扬。

**自然风物比喻**：如“老马展鬃”，喻晚景发达；“挽瓜揪藤”，喻追根查底；“有蚶无肉”，喻有名无实；“跑王爷马”，喻侵吞人财；“捉龟走鳖”，喻顾此失彼；“老瓜熟蒂”，喻人已成熟；“老鼠哭猫”，喻虚情假意；“捉风搓丸”，喻无中生有；“天落红雨”，喻不可思议。

**民俗风情概括**：如“死死六工 ×”，喻老调重弹；“婊子给契兄戴孝”，喻勉强应付；

“满面钱杆痕”，讥人贪财；“一文打十八结”，喻极度吝啬；“凤梨面桂花腹”，喻外拙内秀；“锄头嘴粪箕耳”，喻口拙迟钝；“笊篱告输鲎靴”，喻不该失败；“敢吃姜，不怕辣”，喻敢作敢当；“土地公听正音（京戏）”，喻不知所云；“放刁拳比”，喻虚张声势；“洞葛（手杖）多于鸟枪”，喻管事的比干事的多。

**歇后语**：如“皇金（骨骸瓮）进水——激骨”，喻言行乖张；“竹竿尾缚尿燥布——大曳”，喻过分张扬；“鸡仔飞上树——假鸟”，叽人多言多语；“猴骑羊哥——不成人马”；嘲欠缺人才；“脱裤放臭屁——圭（多）工”，喻多此一举；“棺木头（前）放枪——惊鬼”，喻故意吓人；“柴佛仔浸水——彦神”，讥人弱智；“饮烧酒配番薯——饱兼醉”，喻毫无兴致。

**通俗故事演绎**：如“捉贼赔千金”，典出高甲戏《金魁星》，喻双重损失；“魏延推倒七星灯”，典出《三国演义》，喻冒失生事；“白马不骑换镜担”，典出梨园戏《陈三五娘》，喻好日子不过，弃优从劣；“六出祁山拖老命”，典出《三国演义》，喻竭尽心力；“八仙过海各显神通”，源自民间传说，喻各展技能；“无锣无鼓抢卢俊义”，典出《水浒传》，喻空手从事；“死老爷无人扛，死奶奶娘踏破砖”，源自民间传说，喻世态炎凉。

## 侨乡歌谣

侨乡永宁的歌谣，以华侨妇女送别丈夫或思念亲人的内容居多，也有一部分是表现抗日战争期间侨眷生活的艰困和对南洋翁婿的牵挂与无奈。另外还有一些童谣，用拟人化的手法来表现，非常生动，很有特色。

电视台采访侨乡歌谣老人邱红正

### 送君送到澳仔街

送君送到澳仔街，双眼目滓流挨挨。
举起给君遮雨伞，俯落给君穿草鞋。
君仔，君啊，汝要何时回？
阮要返得后年五月初，此去相思总难改。
枕头睡落漆，我君不相识，
枕头睡到破，我君去出外，
枕头睡到必[①]，我君无消息。

### 草履鞋

草履鞋，满汝山，嫁给翁婿出外无投活[②]。
去时乌裘乌马挂，无批无信刈心肝。

### 送君

日头出来天光时，送君送到出乡里。

① 必：裂开。
② 无投活：无奈何。

人是年兜大团圆，咱是年兜才分离。
送君送到大石桥，吩咐我君着穿烧[①]。
此去一丈差八尺，照顾我君袂得着[②]。

### 思君

雨落檐头流，我君在外头。
虽是别人子，挂在阮心头。

### 十五月娘圆又光

十五月娘圆又光，我君过番离家门。
枕头被席冷霜霜，虽然爱睡畏上床。
番邦好趁[③]也好开，咱厝艰苦你着知。
若有剩钱寄返来，呣通放索恁家内[④]。

### 爸母主意嫁番客

父母主意嫁番客。
番客无来娶，一年一年大。
在家中受拖磨，无时通快活[⑤]。
兄弟一大拖，轻重总着我。
等得无投活，抽签共卜卦。
许神托佛保庇我君紧紧着来娶。
暝时爱眠梦，思想病障重。
请先生无采工[⑥]，越医越沉重。
君恁在番邦，要看总无人。

---

① 着穿烧：要穿得暖和。
② 袂得着：再也照顾不上了。
③ 趁：挣钱。
④ 呣通放索恁家内：不要丢下你的妻子。
⑤ 通：可以。
⑥ 请先生无采工：找医生没有用。

误阮守空房，不时目眶红。
劝恁姐妹千万唔通[①]嫁着番客翁。

冬天北风寒，暝时又无伴。
爱我君无处看，暝日守孤单。
君恁啥心肝，不肯返唐山。
袂得见君面，刈吊阮心肝。
底时[②]会得我君返来共我来做伴。
君恁不返圆[③]，误我病相思。
请先生无药医，我想敢会死。
想着泪淋漓，举笔来写书。
写有几句诗，寄对邮政去，
底时会得我君返来我即心欢喜。

## 番客歌

唱出番客这首歌，流落番邦无投活。
离父离母离某子[④]，只因家穷才出外。
亲像孤鸟插人群，做牛做马受拖磨。
许厝某子一大拖，勤趁不敢开半瓜[⑤]。
勤俭粒积有所望，望卜返去咱唐山。

## 五更更鼓

一更更鼓月照山，牵君的手摸心肝。

① 唔通：不可。
② 底时：何时。
③ 返圆：归来团圆。
④ 某子：妻儿。
⑤ 勤趁不敢开半瓜：努力赚钱又不敢花半文钱。

咱今相好卜按盏[①]？随在我君的心肝。
二更更鼓月照埕，牵君的手入绣厅。
咱今相好天注定，别人言语呣通听。
三更更鼓月照窗，牵君的手入绣房。
咱今相好有所望，望卜长久结成双。
四更更鼓月照门，牵君的手上绣床。
咱今相好有所瞈[②]。呣通有头半中长。
五更更鼓天渐光，咱厝爹妈叫吃饭。
双手开门呼君去，手拿门串心头酸。

**嫁翁歌**

嫁着作穑[③]翁，大缸小瓮治[④]，
子翁随身边。嫁着番客翁，
当翁卖子钱[⑤]，等批亲像望孤星[⑥]。

**六月十二打永宁**

一更更鼓月初升，六月十二打永宁。
百姓拼命搬家庭，飞机轰炸无时停。
二更更鼓月照山，战船开来高厝垵。
大炮机枪轰轰吼，掩护敌军来起山。
三更更鼓月照窗，日本鬼子真野蛮。
登陆分兵三四路，放火抢劫共杀人。
四更更鼓月照门，想着起来心头酸。

---

① 卜按盏：要如何是好。
② 瞈：盼望。
③ 嫁着作穑翁：嫁了种地的丈夫。
④ 治：满满的。
⑤ 当翁卖子钱：那侨汇就像是当押丈夫、卖了孩子的钱。
⑥ 等批亲像望孤星：等侨信就像望天边难得一见的星星。

国民政府无打算，才会给它到厝门。
五更更鼓天渐光，百姓逃难真凄荒。
有的堵着[①]日本鬼，半路被杀在田园。
六更更鼓日初升，日军放火烧上宫[②]。
放来放去烧袂成[③]，尽说城隍咧显灵。
七更更鼓月照市，日军残踏咱乡里。
沿街用抢损店门，狗袂吠来鸡袂啼。
八更更鼓日中昼[④]，日军抓人到山头。
山顶枪声啪啪吼，某团[⑤]听见抱咧哭。
九更更鼓日昼后，想着起来目滓流。
战斗队守在壕沟，惨受杀害血那流。
十更更鼓日西降，日军港边烧米行。
货栈烧了烧仓库，街仔变成火烧埔。
十一更鼓日黄昏，日军梅林烧渔船。
海口大火连天起，渔民兄弟乱纷纷。
十二更鼓敌舰开，才见国民党军队。
入乡声势真英威，亲像贼去狗才吠。

### 日本鬼子真恶毒

日本鬼子真恶毒，野心断绝吕宋路。
南洋失陷真艰苦，害阮侨眷无变步[⑥]。
交通无来[⑦]三四年，批信断绝无半圆。

① 堵着：碰上。
② 上宫：城隍庙。
③ 袂成：没有成功。
④ 日中昼：读日中罩，即日当午。
⑤ 某子：妻儿。
⑥ 无变步：毫无办法。
⑦ 交通无来：没有来往。

青年活动卖估衣，老人苦甲目青瞑[①]。
鬼子害人真路坐[②]，害阮棉绩拆纺纱。
寒天若到苦哀哀，甲起招袋[③]无人知。

## 雨落檐头流

雨落檐头流，番客婶，暗暗嚎。
番批袂得到，无米兼无草。
无米吃薯皮，无草靠肩头。
上山去拾草，落街卖柴草。
落偏街，走僻巷，呣甘目滓流[④]。
嘴干舌又渴，井水来润喉。
日头卜落山，鸟只都归巢。
思君恁出外，心内乱糟糟。
战事啥时煞，君汝返咱兜。

## 天黑黑

天乌乌，要落呼[⑤]，海龙王，要娶某[⑥]；
龟吹箫，鳖打鼓，水鸡[⑦]扛轿目吐吐；
火萤挑灯来导路[⑧]，螳螂等灯[⑨]穿绿裤，
鹅工[⑩]擎旗喊辛苦！

---

① 苦甲目青瞑：把眼睛都苦瞎了。
② 路坐：极度艰困。
③ 甲起招袋：用装杂物的粗布袋当棉绩来盖。
④ 呣甘目滓流：心里痛苦但还是强忍住眼泪。
⑤ 天乌乌，要落呼：天黑黑要下雨。
⑥ 娶某：娶老婆。
⑦ 水鸡：青蛙。
⑧ 火萤挑灯来导路：萤火虫挑着红灯来引路。
⑨ 等灯：结婚时，要让孩子提红灯到村外接花轿。
⑩ 鹅工：蜈蚣。

## 一只金雀仔

一只金雀仔，从咱门口过，
吃咱一碗大麦糜[①]，配咱一碟江鱼补[②]，
要去[③]没有同咱说辛苦[④]，害咱猪仔不吃潲[⑤]，
害咱阿公不牵孙，害咱阿嬷[⑥]笑焖焖[⑦]。

## 好媳妇

竹仔枝，麻仔籽。
梳妆头，放早起。
入灶间，讨[⑧]柴米。
入绣房，用针指。
入大厅，扫桌椅。
烦恼鸡无蛋，烦恼鸭无糠。
烦恼炊粿无笼床[⑨]，烦恼小姑要嫁无嫁妆。
烦恼小叔要娶无眠床……
欧咾[⑩]兄，欧咾弟，欧咾亲父亲母好教示。

---

① 糜：粥。
② 江鱼补：咸鱼干。
③ 要去：告辞。
④ 说辛苦：道谢。
⑤ 潲：泔水。
⑥ 阿嬷：奶奶。
⑦ 笑焖焖：笑微微。
⑧ 讨：备办。
⑨ 笼床：蒸笼。
⑩ 欧咾：赞扬。

# 民间传说

### 姑嫂塔传说

从前，宝盖山下居住着一对穷夫妻，还有一个小妹妹，一家三人，生活困苦。俗话说："盐水也有口渴的人喝。"为使一家人摆脱困境，大兄只好离别年轻的妻子和妹妹，孤身一人，往南洋谋生。

大兄去了南洋，几年没有回家，也没有寄来一枚钱一封信。他到底是死是活，是好是歹，真叫姑嫂两人牵肠挂肚，日夜思念。她俩经常登上宝盖山顶，对着大海看啊看，可是每次却只能看到一个灰蒙蒙的大海，哪有大兄的归帆呵？为了能看到很远很远的大海，她们一次又一次的扛来石头，堆叠起来，年久月深，成为一个高高的站台。她们站在石台上，踮起脚尖，不停地看啊盼啊，可是一月过了又一月，一年过了又一年，大兄还是没有回来。有一天，姑嫂俩看到孩子们在放风筝，她俩心想，我们写封家信，把它绑在风筝上，让它随风飘到南洋去吧。可是放风筝，得有风筝绳索呵。她俩就剪下自己长长的头发搓成风筝的绳子。这系上家信的风筝，就这样飘起来了。那头发编织的风筝

姑嫂塔　　贾福山　摄

绳子也越接越长，突然一阵大风，绳子被吹断了。那风筝飘在南洋上空落了下来，系在风筝上的家信被番客们捡到。这信终于传到大兄的手里。

原来大兄到了南洋后也没有找到什么好利路。他落泊在外，没什么好消息可告慰妻妹，连家信也懒得写了。如今，他读着姑嫂俩这血泪写成的家信，悲痛得大哭起来，就急急忙忙收拾行装，赶回唐山，以安慰亲人的思念。

这日，天气晴朗，姑嫂两人又登上宝盖山顶的站台，对海眺望。一会儿，只见她俩眼睛放亮，兴高采烈喊着："啊！来了！真的来了！"大兄正驶着小船回来了，亲人相聚就在眼前了。可是，就在这一刹那间，狂风大作，海浪滔天，一个浪头打了下来，小船翻沉海底了。姑嫂眼睁睁看着即将相会的亲人顷刻间葬身大海，呼天唤地的惨哭几声，也相抱跳崖自尽了。

后来，乡亲们为纪念这对姑嫂，就在她俩垒石堆台的地方，建筑了一座石塔，叫姑嫂塔。塔里还雕着姑嫂的石像。（高永清　整理）

（2012年，"姑嫂塔传说"被列入福建省第四批非物质文化遗产名录。）

### 镇海石传奇

石狮市沿海，有一座古老的永宁城。城东的朝阳山上，有一椭圆形巨石，高六米，石上阴刻"镇海石"三个大字。人们都说，那是抗倭英雄俞大猷写的。

相传明朝嘉靖年间，永宁城被倭寇攻陷。福建总兵俞大猷闻讯，立即统率所部人马，急急前来救援。俞军乘夜潜入永宁城外的澳仔村，村里的百姓在倭寇攻城时都逃亡了，仅剩下破厝空宅。为摸清敌情，俞总兵派出两个精干哨探，打扮成倭兵的模样，混

镇海石　　纪锦明　摄

入永宁城中，探得倭寇因连日大雨，全部盘踞在白厝街头的东庵内，猜拳饮酒，警戒松懈，只有两只凶恶的军犬守在庵前，逢有生人，便汪汪狂吠。

俞总兵得报，心生一计，令士兵用牛肉制成奇香扑鼻的诱饵。将近三更时分，俞军趁着大雨，悄悄摸进城内，在离东庵不远的观日台旁设下埋伏，再命二小校各执长柄铁钩，将牛肉串在钩上，然后匍匐前进。到了庵前，两只军犬闻到牛肉香味，立即跑了过来。二小校把军犬诱到观日台旁的石穴中。当军犬一口咬住牛肉时，小校则出其不意用力猛拉钩柄。狗被钩住了，在那里埋伏的人一跃而出，将这两条恶犬杀了。

除了恶犬后，俞总兵又命令士兵数人，带了好些军装混入庵中。这时已近四更。庵里烧着的火堆，仅剩余烬。借着闪烁的余光，但见倭寇一个个东倒西歪，昏睡如泥。俞军把地上的倭服取去过半，并把带来的俞军军装留下。

一切就绪，俞军鼓角齐鸣，一举杀入庵中。这时倭寇才从梦中惊醒，穿上军装，仓皇应战。由于倭寇服装已被调换一大半，倭寇分不清敌我，竟自相残杀起来。俞军协力进击，倭寇被杀得丢盔弃甲，最后剩下一百多人，不敢恋战，逃离出城，直望海口而去。

俞军穷追不舍，追到海口，倭寇已上船离岸去了，俞军一时找不到船追击，焦急万分。正当此时，一阵乌云漫天盖地而来，随之飞沙走石，风沙旋卷处，忽见一巨石从天外飞来。它行如迅雷，呼呼作响，直向贼船冲去，船上倭寇见了，又是向天祷告，又是呼爹唤娘，一片混乱。眨眼之间，巨石迫近海面，撩拨起漫天浪花，把贼船击碎沉没了。接着，一声呼啸，巨石径向永宁方向飞去。从此，朝阳山上便出现了这一峻峭挺拔的奇石。俞总兵眼看这一幕巨石歼倭的奇景，心中异常激奋。他策马率军回到永宁城中，见巨石上还留着斑斑血迹，便赞道："此乃镇海奇石也！"说完，俞总兵欣然挥笔写了"镇海石"三个大字，并请匠人镌刻在上边。如今，凡到永宁城的人，莫不怀着肃然的敬意，去观瞻这镇海石的雄姿和俞大猷那苍劲的大字。　　（郑天应、李显扬整理）

### 陷城洗街

明朝嘉靖年间，倭寇经常来骚扰我东南沿海。永宁卫城为泉州一带的重要门户。敌人三番五次来进攻，但都被我军民顽强抵抗，败退而去。后来，倭寇用重金收买了一个守城官，并订下协议，开城门后，凡是守城官的族亲，只要以面俯壁，倭寇就不杀他。那一年的古历四月二十日，永宁卫城沦陷了。

倭寇一进城，烧杀奸淫，非常残暴。虽然到处发生巷战，但城已破，倭寇潮水般涌进来，怎抵挡得住。满城军民被杀死无数，剩下老弱妇孺，全都逃匿到水关沟中避难。倭寇洗劫永宁城后，骑马在大街小巷横冲直闯，但见人迹稀少，很是疑惑。后倭寇来到水关街，战马闻到街道石板下，一股人气上冲，便蹬起前蹄不走了，还呜呜嘶鸣不止。倭寇头目很是惊骇，派人到沟下查看，发觉沟里挤满了逃难的百姓。倭寇头目兽性大发，下令杀尽斩绝。这一来，水关沟中刀光闪闪，无辜百姓均成了刀下冤魂。有守城官的族亲，以面俯壁，侥幸逃得一条性命。旁人看了也纷纷仿效。倭寇后来发觉，哪里来这么多俯壁的人，叽叽咕咕了一阵，把俯壁的也全杀了。自是水关沟中尸体堵塞，鲜血凝流。永宁城变成了鬼哭神嚎的地狱一般。这凄惨景象，似乎连老天爷也伤心流泪。四月廿三、廿四日刮起狂风，连下两整天的大暴雨，满城的雨水皆汇入水关沟中，才把血迹冲刷，顺着沟道流到大海去。

据先辈说，水关沟原来非常深，经这次劫难后才逐渐淤积变浅。从此，四月廿三、廿四日便成为永宁陷城洗街纪念日，各家各户，必备纸马草人，在家门口祭奠阵亡的将士和遭难的乡亲。通常在陷城日，必定风雨交加，阴霾漫天，仿佛天人都在为这惨痛的乡难悲哭。如果这两天没下雨，乡民也要挑水洗街，以不忘洗仇雪耻之志。　（郑天应　整理）

（2008 年，“陷城洗街”故事被列入石狮市首批非物质文化遗产名录。）

### 黄五部的传说

黄克缵，石狮永宁梅林村人。曾任刑部尚书、工部尚书、吏部尚书，并两次出任兵部尚书。所以乡亲都称他为“黄五部”。永宁梅林一带，有不少关于黄五部的传说，现抄录整理几段。

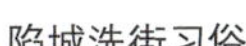

陷城洗街习俗　董清辉　摄

黄克缵画像

**聪敏的孤儿**

黄克缵少年就成为孤儿，和祖母一起生活，日子很凄苦。但他聪明过人，小小年纪就给一户姓赵的人家帮工打杂，颇有顶用。赵家虽是富户，但他的儿子却很愚笨而顽倔；入了书塾却不读书，经常被老师留下来诵读。黄克缵每日为他送午餐，就利用进餐时，老师不注意，偷偷教他。老师见赵家小子每用餐后，马上就能诵读，起初觉得奇怪，后来暗暗猜想，这莫不是黄克缵偷教的缘故吧，所以想试黄克缵的才能。一日，黄克缵送午餐来书塾，恰好老师在用餐，菜盘中有几条九节龙虾，老师指着龙虾逗克缵道："阿缵，我就将这些九节虾作对，你能对吗？对得上来，这些虾就给你吃！"黄克缵没有作声，随手捉起龙虾，就剥着吃了。老师赶紧阻止他问道："慢来！怎么还未对上就先吃了？"

"怎说未对上？"黄克缵回答，"我指如龙爪，即以五爪龙对九节虾，不就对上了吗？"老师称赞黄克缵机敏的才智，欣然将整盘虾奖给他吃，之后还收他做门生。

**为皇太后治痢**

黄克缵博学多能，精通医道，对流传民间的验方秘方也颇有涉猎。有一年夏天，皇太后患了痢疾，整月下痢不止，太医都毫无办法。

皇帝为此十分忧愁，就这事询问黄克缵。黄克缵举荐说，他家乡有种海产叫"目斗"（即小目鱼）可治痢疾。皇帝赶紧派人前去取来，太后吃了，果然痊愈。皇帝大喜，要加封克缵官职，他坚辞不受。

自此，就有"目斗"治痢的便方传开来。

**遮阳作软鞭**

黄克缵回家养病，清明节散步到了冢地，观看乡亲们扫墓。这时，忽然看见一群渔民，像受惊的鸟儿，从衙口海滩方向逃过来。黄克缵详细问个究竟，其中一个老渔民说："有个巡抚要到深沪扫墓，从衙口海滩经过，前头开道卫士，乱用皮鞭将我等驱赶，强令我等回避。我们本在海泽拖网讨小海，只好将渔网丢弃在海里，以后要靠什么过日子呢？！"说时，老泪直流。黄克缵听后，手捋胡须没有言语，好像在考虑什么。身后的家人听了，也愤恨不平。随后黄克缵对家人说："许久阴雨连绵，如今初晴，物件拿出来晒一晒？"家人会意，连声说是，立即搬来遮阳，在高坡上张放开来。这时，巡抚乘轿正威风凛凛下泽而来。却有前队卫士禀报："梅林高坡上升张黄遮阳，定是黄大人在此扫墓。"巡抚听了，惊得那威风都散到九霄云外去了。他立即下轿，双膝跪地，遥望遮阳九叩三呼，然后匍匐而行半里路远，直爬到黄克缵立脚处。

黄克缵上前将他扶起。巡抚道谢后说："未知大人在此，有失回避，罪该万死！"

黄克缵牵他的手，谦逊回答说："连日阴雨，恐怕黄盖生霉，故借晴日取出曝晒，不期招致抚座驾临，实在觉得惶恐。"

两人又彼此你谦我让一番，黄克缵婉言说道："适才有些渔民，赶紧要回避大人，将渔网抛丢海里，奔跑到此地，才知大人欲尽孝道，亲往扫墓，委实可敬、可敬。"

巡抚听了，才知黄克缵是故意张开遮阳，召他近前，软语责备，犹如软鞭责罚，不仅自觉惭愧，且立即谴责前队下属的不是，并令赔赠渔民的一切损失。然后才拜谢回去。

（高永清　整理）

### 霞源的传说

石狮市永宁观音街有一座叫"霞源"的古厝，"霞源"是房主办海运做生意的商号。

说起这"霞源"的发迹，还有好一段掌故。"霞源"的创始人叫陈孤，出生于清乾隆末年。他出身贫苦，为人却很精灵，40多岁尚在一艘商船上做水手。当时，有个海盗叫蔡牵，经常在闽浙沿海掠劫来往商船。恰好有一次，陈孤的船在海上被蔡牵截劫去，喽啰把他绑在桅杆上听候发落。他想起家中妻儿，不免黯然神伤。尤其听说蔡牵为人凶暴，杀人不眨眼，专爱挖人的眼睛下酒，如今十死无一生，不觉长吁短叹起来。却说蔡牵的妻子，乃早年兵灾逃离家园，记得家中尚有一个孤苦伶仃的侄儿。多年来，她到处打听，都找不到踪影。这天，她步出船舱；忽然听见有人叫唤"孤（姑）呀，孤（姑）呀，你命障蹇！"心中不觉一惊，因闽南话孤与姑同音。她以为是有人在叫她姑呀！待定了定神，她把陈孤打量一番，觉得面模还有几分相似，惊愕之余，便问道："你可姓——？"陈孤答："姓陈。"那妇人喜出望外，连声叫唤："你让我找得好苦哇？咱陈家就剩下你这块香炉蒂，老天开了眼，今天总算找到你了！"陈孤起初一怔，后来觉得，也许上苍见怜我，天上掉下这根救命的稻草，便也就将错就错，"姑呀、姑呀！"叫个不停。那妇人高兴得泪花满脸，赶忙找来蔡牵，告诉他找到了失散多年的侄儿。蔡牵令人为陈孤松绑放船，还备了一桌酒席为他压惊。"姑母"留他在船上过了两天。这日，蔡牵手下又截劫一条商船，里面装满咸鲑。蔡牵便向陈孤说："这次与内侄相会，没物奉赠，这条货船，你就驶回去吧！变卖了，也可作个生计。"陈孤顺势告知："侄儿一向做海上营生，可如今海路难行，此次若非碰上姑丈，要是撞到别人手中，莫说生意泡汤，生怕连这条小命也别想捡回去！"蔡牵答道："这有何难，这闽浙海面，谁不识你姑丈？

我今送你令旗一面，凡海上有为难你的，尽可出示，保你通行无阻。”陈孤想到这次出海，真是命不该休，而且平白天上掉下个“姑母”，且莫说得了一船货色，单有这支蔡牵的令旗，今后海上营生便就顺当多了，真是因祸得福，好不欢喜，便把船驶回永宁，将一大瓮一大瓮的咸鲑搬回家中。

却说陈孤有一嫁出的女儿，听说父亲被海贼劫去，如今平安回来，便前来探望。一家人团聚，听陈孤讲一通死里逃生、逢凶化吉的经过，都很欣慰。女儿回婆家时，陈孤说：“这次你父亲捡回一条命，外加一船咸鲑，你若需用，咸鲑就带一瓮回去吧！”

女儿回家后，揭开瓮盖一捣，叫了一大声。原来瓮中，只盖了薄薄一层咸鲑，底下尽是白花花的银子，真叫她傻了眼。她和丈夫一夜没睡，暗暗计议，何不趁父亲尚蒙在鼓里，把所有的货色吞骗过来，岂不是一笔天财！

次日，女儿买了好些礼物，来见陈孤说：“阿爹这么多咸鲑，在永宁，城内人谁用得着。我们山村人，比较饫鬼，乡里头尾都有人要。请阿爹开个价钱，就卖给我吧！”陈孤说：“自家父女，你尽管搬去好了，卖多卖少，以后好说！”便叫人把咸鲑搬到大门外，待雇来车辆载走。这时，恰好陈孤家中养的一头大母猪，嗅到瓮里的鱼腥味，便用大鼻子，把瓮一个劲地磕碰，冷不防把咸鲑瓮打翻，瓮裂开两半，白银便也就哗哗啦啦掉了出来。这时陈孤才恍然大悟，明白原来女儿在谋算他的银子。他大骂没良心的东西，一怒之下，把女儿赶了出门，不许她再回娘家来。

陈孤把这些银子买了好几艘大船，船号就叫“霞源”。那些“乌槽”（大运输船）可载上万石的大米。从此，他走南闯北，尤其是有了蔡牵那支令旗，不怕海贼截劫，生意越做越大。况兼好些商船，为了安全都来和他合伙，或者跟在他的大船后面，让他抽成

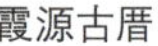
霞源古厝

城隍庙的大算盘

得利。所以陈孤每次出海，都是很长的船队，好不气派。

陈孤发迹之后，总忘不了那头大母猪的功劳，便令人将它好生供养，据说还给它挂金耳环呢！母猪死后，不但葬了个“猪母墓”，而且每年还做“猪母忌”表示纪念。

（郑天应　整理）

**城隍庙的大算盘**

永宁城隍庙大门顶上，挂着一块大算盘，长九尺，宽三尺。每碰到什么纠缠不清的烂账，还是难解的纠纷，乡里人总说：“得去拿城隍庙的大算盘来算一算。”这来源于下面一段故事。

传说很早以前，永宁城外的李厝有位叫李叔的穷人，他把女儿嫁给赵厝财主家的呆少爷为妻。财主是个一毛不拔的吝啬鬼，财主婆又刁又狠，百般虐待儿媳妇。这媳妇起早摸黑，活干累了，肚子饿瘪了，从来没人问一声。呆少爷还常常来纠缠个没完没了。她只有眼泪汪汪往肚子里吞。

有一天，媳妇天没亮就起床，扫地、挑水、煮饭、推磨，直到中午还没喝上一口水，财主婆就叫她去杀鸡了。杀了鸡、下了锅，天也黑了，财主婆还不让她吃饭，叫媳妇守着炉灶炖鸡汤。烈火在燃烧，锅里滚滚腾，鸡肉香味阵阵扑鼻而来。这时，媳妇已饿得四肢无力，两眼发花。俗语说“饫（饿）鸡不惜棰（棍棒），饫人不惜脸皮”，她打开锅盖，夹了一块鸡肝往嘴里送。

真是“冤家路窄”，恰好财主婆进门来，气汹汹骂道：“歹命娼，你敢偷吃鸡肉！”媳妇一时心慌，那鸡肝嚼也没嚼便吞下去。鸡肝塞在喉口，憋得她双眼发直，脸色涨得又紫又红。砰的一声，便倒在地上了。财主婆不问青红皂白，还破口大骂：“穷鬼，爱饲生（吃），活该！”

媳妇不省人事，真个死了。财主婆不敢声张，次日把她葬在村后山林中。

李叔得知此事，感到女儿平时没病没灾，怎会突然死去，其中必有蹊跷，就到衙门去告状。人道是衙门八字开，有理无钱莫进来。李叔反被衙役赶了出来。他愤愤不平，呼天喊地叫冤枉，一直喊到城隍庙，跪在城隍爷面前哭诉：“城隍爷呀！我女儿死得好冤枉，你老人家要为我申冤呀！”哭声哀恸，惨不忍闻。入夜，李叔回到家中，一天没吃没喝，口乾目涩，便昏昏入睡。睡梦里，他梦见城隍爷正把那大算盘拨得劈里啪啦的响。醒来，已是深夜。天是那么黑，风是那么大，远处近地正传来狗吠声。

“爸爸，爸爸开门呀！”突然，门外响起一个女人的声音。李叔听得真切，是女儿在叫门。女儿已经死了，难道变成了鬼回来？李叔没敢开门，悲悲切切地说：“孩子，你受冤死了，我已到城隍爷那里告状了，善有善报，恶有恶报，你去吧！”女儿说：“阿爸，我没有死，我让恩人救回来了。”李叔喜出望外，打开门，女儿一下子扑到爸爸的怀里哭个不停，诉说起前因后果。

原来，邻村有盗墓贼，听说赵家财主死了媳妇，当夜就去盗墓。他挖开墓穴，撬开棺材，推起赵家媳妇，让她坐定，在她胸口拍了三下说：“死鬼，对不起，向你借点东西了。”谁知这一拍打，竟把塞在媳妇喉口的鸡肝拍下肚子里去了。媳妇缓过气来，惨叫一声：“我苦哇！”这一叫，把那个盗墓贼吓得魂飞魄散，没命地跑了。

天又黑，风又大，媳妇坐在棺里，何地是归所？回到财主家么，她宁死也不愿去。回到爸爸家么，嫁出的女儿，泼出去的水。她思前想后，不禁伤心地哀哭起来。

这时，恰好王五卖鱼回家，路过后山林。听见墓地有哭声，他壮壮胆，走过去一看，是个美貌女子。他彬彬有礼问她：“何处姑娘，在此啼哭？”媳妇诉说了原委，王五义愤填膺，骂道：“狗财主，心肝黑透了！”他想了想说：“姑娘，我带你回你父亲家去吧！”便把她送到李叔家中。

却说赵家那呆少爷，见妻子死去，无人伺候他，又哭又闹，半夜里起来摆弄烛火，半疯半癫的，一把火竟然把赵家烧得干干净净。

李叔后来把女儿嫁给了王五。王五生性勤快，卖完鱼回来，便上山种地。日子虽过得不很富裕，但男耕女织，却也穷爽穷爽。

（卢孝景　整理）

城隍庙的石狮子

# 艺文

永宁地灵人杰，钟灵毓秀，文化昌盛，著书立说，代有名篇。而山川形胜，名士到访，宾主唱酬，屡有佳作，或藏之古寺，或镌之山崖，有“海滨邹鲁”之遗风。

# 古诗与楹联

### 咏宝盖山

〔明〕詹仰庇

宝盖峰孤控海东，西来金马远争雄。
手摩霄汉千山尽，眼入沧溟百岛通。
虎豹风生幽涧底，鱼龙云起大波中。
天涯恍有神仙气，一啸冷然若御空。

### 登宝盖山

〔明〕黄克晦

乱嶂边江出，大孤山最孤。
鲛宫依断石，僧路入平湖。
急雪飘难聚，飞禽过自呼，
青天憎独立，谁复插浮图。

### 登姑嫂塔

〔明〕朱梧

千寻碧玉削芙蓉，碍日含风四五重。
海入扶桑惊浪涌，山回葱岭翠微浓。
擎天八柱空驱石，绝世三维见此峰。
薄暮茫茫秋雨急，愁云何处隐飞龙。

## 题姑嫂塔

〔明〕苏濬

古刹倚嶒霄，乘风独听潮。
千杯迎海市，万里借扶摇。
琼树当空出，飞帆带月遥。
二妃环珮冷，秋色正萧萧。

## 吟姑嫂塔

〔明〕黄克晦

绝顶芙蓉塔，空怜结构劳。
影孤悬碧汉，风落壮寒涛。
元气苍苍润，冥心杳杳高。
时闻环珮响，二女出游遨。

## 游宝盖山虎岫寺

〔清〕李应时

直上层楼眼界宽，天云光彩亦奇观。
先贤古德同恭处，造极登峰道不难。

## 题虎岫寺（二首 ）

〔明〕庄一俊

一

天风吹落海云关，岩穴虚明渐可攀。
时见凌空诸鹤下，更闻说法一僧闲。
鳌城吞吐中秋月，虎岫逍遥落日山。
释子若逢相借问，近来俯仰在人间。

二

远近寒山暮不同，洞门时失海南峰。
孤城鸟外人烟断，数屋潮边野村重。

遂有渔郎下击鼓，始参释子出鸣钟。
十年蓟北关心地，此日登临理病悰。

## 游虎岫寺

〔明〕蔡彦问

好奇老去真成癖，选胜病来未厌劳。
沧海为盘宜洗耳，秋空张练好挥毫。
七闽地到金鞍尽，一郡山推宝盖高。
力量请君看醉后，百壶犹自继香醪。

## 题虎岫寺

〔明〕苏濬

落日倚层岑，清樽度石阴。
啸风岩谷应。驱石海云深。
野旷迷芳径，帘疎出远林。
问僧无一语，古木啸鸣禽。

## 题虎岫寺（二首）

〔明〕黄克晦

一

暝色投孤寺，问人山路分。
磴危霜草滑，村静桔槔闻。
落雁盘秋塔，归龙戏海云。
回看昏黑尽，空翠正氤氲。

二

力尽千峰外，心飞积水东。
阴森通客路，窈窕入禅宫。
石涌狮鸣坐，林翻虎啸风。
相将凌绝顶，引手割鸿濛。

## 咏沙堤

〔元〕夏一秦

为访名流偶出关，沙堤曲折好怡颜。
迷茫四顾青千顷，翡翠盈时碧一湾。
别浦只余三五艇，隔江又有几重山。
藜杖拄处多佳景，喜与高人日往返。

## 咏鲸江

〔明〕李廷机

鲸江美景胜天台，澳如洞庭石似阶。
百只渔舟梁上燕，采捕朝出暮归来。

## 由湄洲扬帆至永宁登观海亭

〔明〕丁一中

一

千里扬帆一瞬过，海天漠漠思如何。
频年涉险心无斂，此日乘涛兴益多。
岂以疏狂轻浩渺，祇缘忠信失风波。
苍山历历舟前渡，独倚高牙击楫歌。

二

群峰尽处一亭孤，振袂登临眼界殊。
华表风清来鹤驾，沧江波净见骊珠。
云中楼阁如图画，烟外帆樯似有无。
六载遐方双鬓改，侧身北望独踌躇。

## 题永宁庵

〔宋〕丘葵

路入永宁方午阴，禅师聊复坐沉吟。
欲将门外葫芦水，倒作田间三日霖。

## 姑嫂塔联

胜地有缘方可进；名山无福不能游。

## 虎岫寺联

〔清〕庄俊元

帝建隆基通北极；龙钟虎岫镇南关。

〔清〕吴鲁

据虎岫，挹龙波，一剑英威天地泰；
望鳌城，罗雁塔，三清镇重古今春。

幽明第一关，关节不到；阴阳无二理，理屈难逃。

客至莫嫌茶味淡；僧居不比世情浓。

石径有尘日自扫；禅门无锁月常来。

临深谨凛传衣训；济世全凭波罗心。

眺银江水天一色；仰宝盖寺塔双辉。

虎啸龙吟，风景这边无限好；河清海晏，禅门今日得重开。

## 虎岫寺百字长联

〔清〕许衡简

名山合有神栖，念吾邑背负清源，胸临紫帽，一百里崇冈枕带，地尽灵凭。况是处崖悬石翠，巢壑林荫，面泽国而辟洞天，试观前埔回潮，孤钟响彻波浪壮；

环境总资宇庇，忆昔日北争辽蓟，南割台澎，数十万沿海生灵，创深倭变。惟此地浪少鲸翻，极长鳌城，仗神功以绥民命，若论南洲开封，一剑威加节钺雄。

### 仙人山（观音山）题联

〔明〕黄克缵

浪有千层皆白练；石无一片不莲花。

### 永宁城隍庙联

人海大千界；神机第一关。

尔曹勿待森罗殿去；此地如入酆都城来。

庙貌巍峨聿求多福；声灵赫濯有感斯通。

神所凭依在德；人之祸福无门。

勿欺也善恶簿上；其严乎人鬼关头。

毋许机械变诈；难瞒聪明正直。

任凭你无法无天，今还有胆否；
须知我能宽能恕，且回转头来。

手辣竟定鹹，祇道世间无苦海；
金黄起心黑，那知头上有青天。

鳌卫固金汤，民赖御灾捍患；
城隍勋忠佑，职司理幽察明。

踞滨疆，背虎山，观落霞孤鹜；
侍卫尉，襟鳌海，喜秋水长天。

### 永宁文祠联

登峰造极尚贤路；入室开堂近圣居。

风声雨声读书声声声响亮，家事国事天下事事事关心。

### 永宁中亭慈航庙联

〔清〕陈喿仁

亭以中名，挂汉平分塔影；音从观悟，倚栏来看潮声。

## 明清诗人咏永宁十八景

明清两代诗人咏永宁十八景诗，原附于《永宁卫志》后面，许多手抄本均有抄录，以下系根据施修沪老先生所存之手抄本，校对刊印。至于作者，因已失传，无从稽考。

### 浸月池（益辅山）

皓魄当空窈窕姿，不须彩笔画蛾眉。
缘何尘垢难消却，竟说鳌城浸月池。（明诗）
一泓细浪那称奇，兔魄未升影已垂。
何处溶溶浮瑞色，海宁沟里浸蛾眉。（清诗）

观日台

骊龙珠

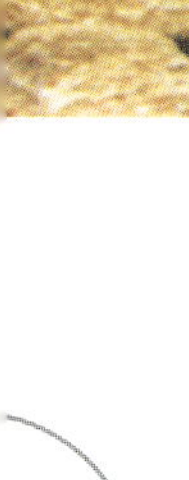

**观日台**（益辅山）

鳌东片石似高台，结伴登临曙色开。

瞥眼朱霞辉一角，金乌滚滚海东来。（明诗）

高台瑞拱峙东宁，漏尽登临爽气清。

借问停眸何不住，晴光隐隐透沧溟。（清诗）

**镇海石**（益辅山）

印石嶙峋镇海滨，题词三字泐贞珉。

行人此地频来往，几个重临墨渖新。（明诗）

峭壁当空向海挺，千秋坐镇锡嘉名。

任从倒海移山力，难转擎天塞北倾。（清诗）

**骊龙珠**（益辅山）

云龙角逐出名区，东海遨游曾戏珠。

卷石骊黄疑得似，可能化雨济时需。（明诗）

端台盘曲骊龙身，斜挂颔珠匣出尘。

任待投渊难力取，长悬峭壁瑞皇仁。（清诗）

**丹凤朝阳**（益辅山）

冲霄一举喜翱翔，凤翼翩翩五彩彰。
履正不随尘世变，飞来鳌卫每朝阳。（明诗）
东宁岂是昔西岐，丹凤何来此地仪。
有翼不飞云路去，回头唯向朝阳垂。（清诗）

**玉带桥**（益辅山）

虹腰隐约在山中，玉带成桥一路通。
游客穿云经此地，尘襟摇曳挹清风。（明诗）
山尽危桥出绿苔，绵延曲转透高台。
千秋倒挂玉钩在，岂似舆梁人力裁。（清诗）

**犀牛望月**（象山）

逡巡碣石似犀牛，高卧东皋几度秋。
不管春来冬又到，年年常见月当头。（明诗）
遨游何地不翩然，独向犀牛石上眠。
猛气难喘秋夜月，雄威只顾海东蝉。（清诗）

丹凤朝阳　　吕启明　摄

**石迫水**（下营）

天然生来绝点埃，涟漪滚滚石中来。
问渠那得清如许，源在山中不用猜。（明诗）
湛然喷出水何鲜，石迫清流记异泉。
灵地自然多胜概，鳌城信似小湖巅。（清诗）

**玉泉沟**（场口）

玉泉清冽水盈沟，涤尽红尘不惹愁。
太息年湮川已竭，更从何处觅清流。（明诗）
玉泉岂是蓝田浆，注入沟中味转香。
漫道江淘难化洁，浊流到此映波光。（清诗）

**双鲤浴滩**（南门口）

双鲤活泼善吹嘘，安得迢迢一纸书。
客自远方还未寄，任他化石跃清渠。（清诗）
东瀛双鲤浴深滩，隐约端宜带水看。
万顷波涛任泛滥，安閒游泳喷迴澜。（明诗）

**石鼓通潮**（外高村）

悦闻石磬振金声，潮水生时婉转鸣。
竟说霁江留浩气，轩轩伐鼓向东征。（明诗）
钟山自昔志奇鸣，复见通潮石鼓声。
不是灵锺地气盛，焉闻习坎水中生。（清诗）

**半月沉江**（梅林村）

梅林桂魄两朦胧，钓罢归来月正中。
疑是嫦娥厌拘束，半腾沧海半腾空。（明诗）
梅林地势入长川，如月半沉深水渊。
自古姮娥钩覆盖，而今忽落海澜边。（清诗）

**海天一色**（西厝村后）

北出鳌峰山叠连，堪从绝顶俯平川。
水天一色无双样，月映澄波恍两妍。（明诗）

**玉笏朝天**（沙堤村）

沙堤毓秀挺奇英，玉笏森严耸地生。
为有章明通奏殿，干霄直欲上三清。（清诗）

**鲸江归棹**（沙堤村）

鲸江一望钓鱼舟，远浦渔歌互唱酬。
举纲得鳞天色暮，片帆回下速于邮。（明诗）
孤峰峙立鳌城东，渺渺长江返钓篷。
如问此间何胜景，舟人回指是鲸中。（清诗）

**关锁宝盖**（宝盖山）

巍峨宝盖镇南川，关锁濬州弥漫流。
阅尽沧桑经几代，依然石塔踞山头。（明诗）
巍巍宝盖出长空，地脉直奔鳌城东。
帝座呼闻天柱上，星辰指摘汉河中。（清诗）

**圣泉古井**（关锁塔前）

泉名称圣几经秋，源自清清水自流。
疑是孔林分玉液，也曾清澈此山陬。（明诗）
水井蓝田尽洁清，圣泉流涎视转明。
若非地脉锺灵秀，那得甘香志府评。（清诗）

虎岫禅寺

**虎岫鸣钟**（虎岫寺）

山君畴昔啸岩河，一剑威加帝力多。
从此馨香流万古，钟鸣夜静壮山河。（明诗）
垒石嵯峨岩洞开，高楼拱峙水萦洄。
行人游憩闻钟韵，疑是声从天上来。（清诗）

**永嘉石室**（双髻山）

艳羡地仙赵秀才，修真石室比蓬莱。
永嘉遗址今犹在，剩有空门锁绿苔。（明诗）
双阳挺秀扼鳌城，石洞高深鬼斧成。
昔日嘉王落发地，于今遗迹尚留声。（清诗）

**永宁寇祸行**

林英仪

六月十二天正明，忽来倭寇恣横行。
隆隆铁翼凌空际，凛凛刀锋逼海城。
渔梖墟庐烈焰起，童蒙父老梦魂惊。

无端祸患燃眉睫，倏忽凄惶尽哭声。
一阵东风烧赤壁，机弹如雨雷霆击。
灰飞樯舻剩滩沙，烬落村庐化瓦砾。
模糊血肉炙骄阳，破碎山河酸泪滴。
将军熟视不膺惩，忍令豺狼来相喫。
余生劫后认残骸，沟壑遗尸弃未埋。
倭虏轻侵羞将佐，边城失策耻同侪。
曳戈弃甲罪难逭，无价牺牲痛不该。
最恨黎民空寸铁，重演当年血洗街。

## 永宁镇沦陷一日有感

郑衍蕃

春眠一枕梦魂惊，何处隆隆重炮声。
忽见碧空云黯淡，摇摇心思若悬旌。

满地横飞血肉腥，男儿为国愿牺牲。
精魂应向苍穹诉，未扫妖氛气不平。

鳌城浩劫破天荒，瓦砾堆中痛国殇。
固我金汤严守土，同心戮力保家乡。

## 姑嫂行

李孟饴

宝盖山旁夜雨秋，千家惜别意绸缪。
分居两地寻常事，异国他乡有沃畴。
宝盖山头关锁塔，无声历睹人离合。
相传古有姑嫂登，望夫肠断眼枯塌。
生死存亡两不知，悄悄心目梦魂悲。
几回盼得归帆至，入港闻呼别氏儿。

春去秋来音讯杳，孤灯只影寒冬悄。
辛酸泪血红栏干，憔悴知谁怜昏晓。
姑嫂生涯原是苦，穷山恶水官如虎。
壮男无奈别家园，异域求生樯与橹。
默祷苍天会见怜，十年为别短则五。
风波险恶海迢遥，舟楫翻沉难计数。
关锁讹名姑嫂称，凄凉故事传千古。
故事流传自有因，许多背井离乡人。
为求生计漂洋去，开拓蛮荒秋复春。
有志男儿奔四方，安能困迫老彷徨。
披荆斩棘望飞达，败者沉沦胜者昌。
三百年来基业大，荣归故里相扶将。
昔日穷乡渐富有，谁甘寂寞长株守。
交通方便事工商，攘攘熙熙为利诱。
先民白骨弃炎方，赢得侨区好景长。
何用登高瞻远客，环球水陆有机航。
堪叹闽台衣带水，人为阻隔似参商。
昔时乐上此塔巅，无限风光在眼前。
偶尔笑谈姑嫂事，嫌他咏叹赘千篇。
自从烽火遍关山，家况清寒岁月艰。
饮恨严君终岛国，伤离慈母殁台湾。
九十年来家国恨，历经三代盼刀环。
感时难寐起中宵，堪羡渊明不折腰。
江头司马青衫泪，洒向江天黯魂消。

# 图说永宁（散文诗）

**序言**

脚下是一片神奇而美丽的土地，热爱它的人们，用笔墨、丹青、弦乐等方式眷恋着它、颂扬着它、宣传着它。如何让古老而沉重的话题有崭新的诠释、独特的理解、突破的命题，摄影家们从传统中突围，用艺术的视角、创新的理念、大胆的想象拍摄了这些图景，让美丽定格，让瞬间成为永恒，把历史与现代交融，赋予人们耳熟能详的景观、建筑、故事、传说以新的内涵、新的启迪、新的展望，在思想的碰撞中拾取发展、进取的动力。

**观音山**

不知是大自然慷慨的恩赐，还是女娲补天后任性的遗弃，反正它们在这里，千年万年，忘记了时间，忘记了风霜。

观音山 陈金展 摄

望归 莫浩 摄

镇海石

或躺卧或爬行，或翘首远望，或悠然沉思。千姿百态中自有它们的风骨，惟妙惟肖中自有它们的神韵。

你道是大自然的鬼斧神工，我说是岁月的精雕细刻，其实，说不清道不明。那么就在天地间设坛打坐、参禅、顿悟。尘世的神秘都在于邈远之外，参不透、觉不醒，那就留下那双神奇的天眼，继续与日月星辰深情对望吧。

### 姑嫂塔

谁敢这样想象：这里是航海的起点，古老的中国曾经从这里走向世界，开辟了一条丝绸之路，象征繁荣与富庶、强大与文明的海上贸易之路？但，这是事实。

山上这座塔，便是航标，便是灯塔。当然，这是史书的记载。

富有想象力的闽南人却给了这座坚固巍峨的石塔以一段凄美的传说，一段动人的故事。于是，岿然屹立的石塔便成了华侨归途的指引、故国家园的象征。有了美丽的传说，才有垒石成塔、眺望成石的姑嫂，才有望海归帆、骨肉团圆的夙愿。

无论史实与传说，都无关紧要。闽南人爱它敬它，因为它传递着故土难离的情怀，传递着祖祖辈辈对桑梓的热爱，传递着思亲盼归的祝福。

### 镇海石

一块石头敢于镇住大海，这是何等的勇气与气魄！一块石头，为何要镇海，却是一段可歌可泣的沧桑历史。

无论是俞大猷还是王十朋的墨宝，一样威震四野、霸气十足、气壮山河。这就是古卫城的精神内核，这就是永宁人的精神写照。

海盗的骚扰、倭寇的入侵、清兵的洗劫，灾难一次次降临，永宁人以磐石般的坚强毅力挺立着、战争着，不屈不挠，英勇顽强，谱写了一曲曲保家卫国的壮丽诗篇。

一座城，保护了下来，存活了下来。薪火相传，不息不灭。

如今，巨石依然屹立，墨迹已干，精神不老，永宁人仍乐观、淡定、豁达而坚韧。

**城隍庙**

据说，在古代，有城，才有城隍。这是严肃的历史规格命题。

据说，城隍爷司掌着一方平安，是一座城权威的守望者；据说，他还掌管着人间与阴间的诸多事物，也是一座城有力的呵护者。那么，城隍庙就该是肃穆阴森的所在。它代表着信仰的虔诚与庄重，也彰显着惩恶扬善的使命。

如今，这凌空起舞、翩然若仙的红衣女子，则是美的化身、柔的化身、自由的化身。森严的庙宇，有了这一袭艳丽的红色，便有了惊艳的震慑力与绝世的挑战性。

这是阴阳的冲突还是刚柔的相济？这是古老信仰与现代文明的完美结合还是清规戒律与个性解放的大胆展示？

城隍庙　　何元泉　摄

### 老街与故事会馆

提着长辈手扎的灯笼，穿过幽长幽长的街巷，去寻觅童年的乐趣。那是记忆中美好温馨的珍藏，一直绚丽着成长的道路，温暖着成长的岁月。

古老的街巷浓缩着孩提时的欢乐，也延伸着青葱岁月对外的向往。

那红砖青石的古厝，承载着闽南人对家的依恋与热爱，雕梁画栋的细节中体现了闽南人审美的情趣与追求，亦儒亦道的文化思想在楹联匾额中铭刻与传承。出世与入世，变通圆融、巧妙自如，闽南人有自己的处世哲学与智慧。

还有什么比祖孙同堂、和睦相处、长慈幼孝，更能诠释闽南人对家的解读与渴望？

古厝在，老街在，闽南人固守的心灵家园就在。

### 番仔楼

土地的贫瘠，战乱的频仍，导致闽南人一拨又一拨、一代又一代地背井离乡、漂洋过海。筚路蓝缕、开创事业之后，他们重返故里，光宗耀祖。于是，闽南大地上矗立起一栋栋美轮美奂的建筑——洋楼，俗称番仔楼，或气势恢宏，或精巧雅致，或庄重典雅。这些建筑便是身在异国他乡的华侨魂牵梦萦的家园。

家在，亲人在，根就在。于是，有了华侨更绵长更深沉的眷念与企盼，有了华侨眷属更痴迷更忠贞的等待与守望，更殷勤更热烈的期许与牵挂。

番仔楼，是社会的缩影，是生活的舞台。一个个感人的故事，一段段凄美的爱情，一曲曲不渝的传说，在它们身上演绎。

番仔楼，是财富的象征，智慧的结晶，根脉的依托。

古巷　　丁长煌　摄　　观潮楼

黄金海岸

欢欣鼓舞 纪锦明

**黄金海岸**

26岁的诗人海子怀着绝望卧轨于山海关，他的理想却传了下来。面朝大海春暖花开的诗意栖居，不再是梦想，而是唾手可得的生活目标与愿景。

在洁白细软的沙滩旁，在灿烂明媚的阳光下，在习习海风的吹拂中，现代人理想的家园朝着波澜壮阔的大海拔地而起了。有了观音慈悲的关拂，有了洛伽寺众佛灵光的普照，安居乐业不再遥不可及，幸福安康不再抽象难求。

与海相亲相伴的日子，将在平凡而甜蜜中展开。与海依偎着慢慢变老，不也浪漫而潇洒?

中国最美的海岸线将穿越这里，向南北延伸，把安乐幸福向四面八方延伸……

**城墙**

东瀛门是鳌城五大城门之一，它的准确位置标注在城隍庙前的一块青石板上，是鳌城龟形地图的一个小小的标志。

城墙是冰冷、生硬的建筑，是战争、防御的工具，是鲜血、生命的另一种称呼。如今，城墙是一座塑像、一座丰碑、一座象征。

城墙在，永宁那段辉煌的历史就可以追溯，可以书写，可以颂扬。城墙在，永宁的底蕴就厚重而凝重，丰富而丰满。

将士已逝，山河簇新，情怀依旧。城墙内外、城墙上下，不再有战火，不再有血腥，不再有杀戮。人们，或起舞或嬉闹，或守卫或活动，世界一片清风朗月，花好月圆。这是对和平的向往与珍惜，对安宁的憧憬与祝愿。

# 摄影与新诗

## 与时光对峙的古街

谷晋青　摄影　高寒　配诗

不小心跌入江南的梦
在古韵幽远的街道
放轻翻飞的思绪
发黄的记忆
在合十的双掌中捂热
阅读她总能邂逅易安词的遗韵

倾斜的屋檐　　剥落的砖瓦
都落入世纪荒凉的俗套
紧闭的门扉
封锁了明清时的倩影
市井的繁华沉睡了百年
开疆拓土的命运
屡屡绕过你寂寥的叹息
不经意中你成为沉重的历史

千回百转的思念
总在月朗星稀的晚上
到达你悲怆的心坎

逼仄的记忆
留在童年的版图上
有一个叫故园的地方
静静等待灵魂的诗意栖居

与时光对峙中
你流放了曾经的辉煌
让历史熠熠生辉
总是一念的慈悲
洗礼后的你
依然可以面朝大海
春暖花开

与时光对峙的古街　　谷晋青　摄

问情　　　　蔡宏义　摄

## 问情——题姑嫂塔

蔡宏义　摄影　蔡白萍　配诗

你怎能知道
天赐给你的爱情
是让你去看日出日落
听潮来潮往
守着一片苍茫
守着月华下的微叹
石崖的青草上
总是凝着露
细数红颜一脉香
千帆阅尽
你还在问
什么是风花雪月

## 凝望

林国雄　摄影　李国宏　配诗

当烽火硝烟
如天边的浮云一般散去
当金戈铁马
如渐远的浪潮一般退去
历史
凝结成一尊不朽的塑像
守护在姑嫂塔下
守护在深沪湾畔

而你的眼神
和日光岩上的英雄一样
始终深情地凝望着
宝岛
台湾

凝望　　林国雄　摄

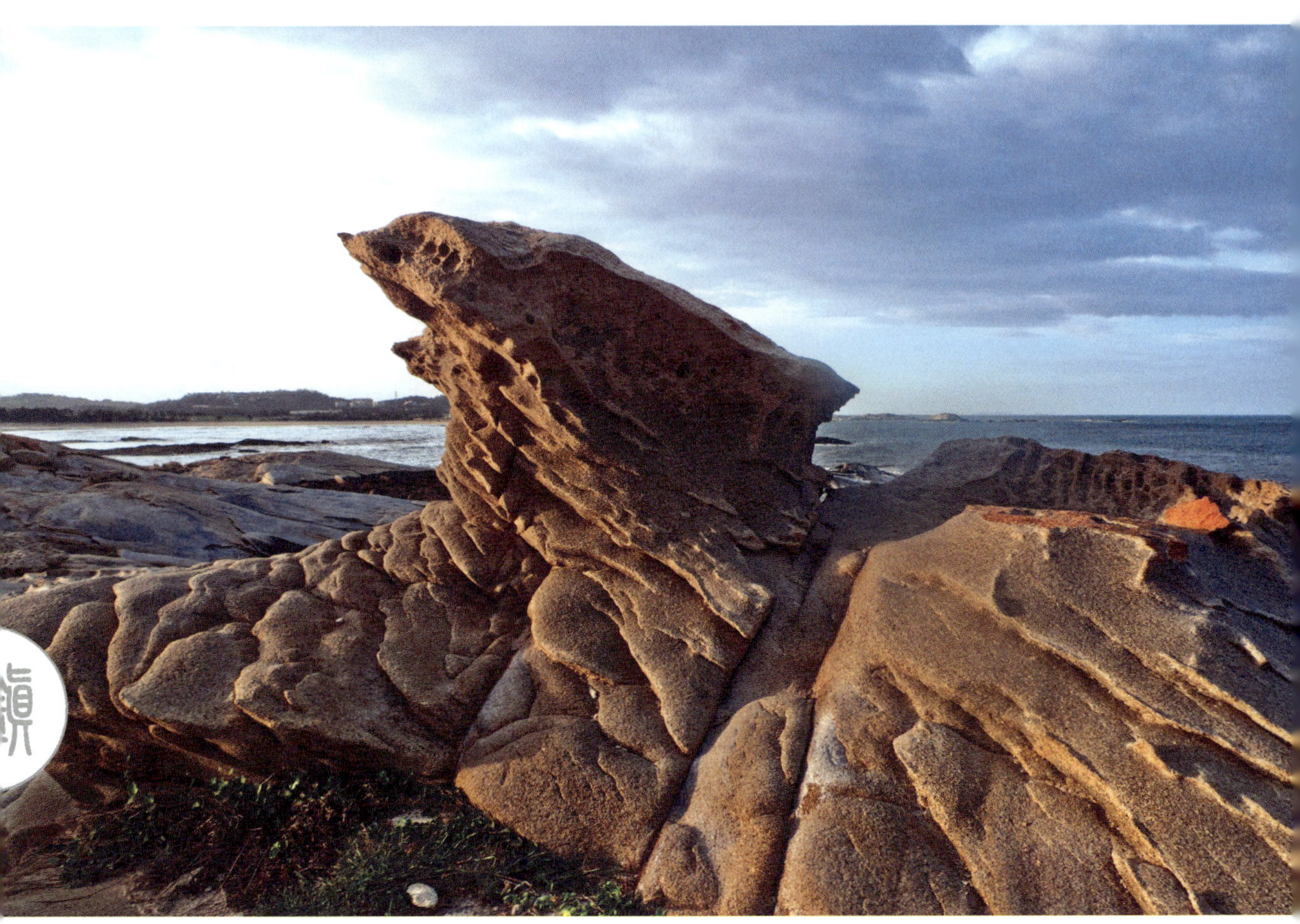

我心飞翔　　吴泽荣　摄

**我心飞翔——题永宁观音山奇石**

吴泽荣　摄影 / 配诗

是积蓄了太久太久，
终于张开丰满的翅膀，
心儿已在飞翔？

是穿越了太远太远，
容不了分秒歇脚的瞬间，
心儿还在飞翔？

## 一棵树

夜静风轻　摄影　蔡白萍　配诗

主人走了
留下我听南音袅袅
蛙鸣缭乱我茂密的枝叶
路过的阿婆
白发髻里盘着多少愁绪啊
我曾经看见她掀起红盖头
娇羞的容颜如桃花灼灼

那窗里的风月恩怨
那远去的炊烟都与我无关
我用舞姿
雕刻着时光的眼神

一棵树　　夜静风轻　摄

落入凡间的精灵　　李国宏　摄

**落入凡间的精灵**

李国宏　摄影 / 配诗

是迷恋
让你放弃远行
是迷失
让你忘记飞翔

或许
是该歇歇了
只要做出选择
又
何必在意
海阔
天高

## 万通小布庄

蔡灵智　摄影　高志远　配诗

她没有把历史遗忘
像一位老人坐在老店门槛
面对过往的行人历数昔日的辉煌
各路商家在此云集时聚时散
人来人往络绎不断
有的带走整车的布匹
有的裁剪各类的衣衫
男男女女渔农工商

虽然经历过历史的风云岁月沧桑
虽然经历过潮起潮落荣辱兴亡
她依然执拗地站在十字路口
面对无人问津的孤寂与冷眼
像一页开启的古卷
让过往的行人去读去想去忆念
昔日风华韵事绵绵

万通小布庄　　蔡灵智　摄

日子　　李东峰　摄

**日子**

李东峰　摄影　蔡白萍　配诗

正如你熟悉海的味道
午餐里有我的气息
灶台前
我把唠叨炒来炒去
日子被海风吹来吹去

我为你留的长发
很快就不再黝黑了
立在水里
只为触到你的温暖
我不知道他们说的爱情
是否和我做的米饭一样香

## 祥光普照

纪锦明 摄影 陈永康 配诗

船与岛深情地相拥着
因昨夜那份缠绵悱恻
那份柔情似水

山盟海誓
岸可以作证
海可以作证
当多情的云霞
把祥光万丈的渔网撒向大海
收获的一定是甜蜜的微笑

祥光普照 纪锦明 摄

故土情怀 魏欣 摄

## 故土情怀

魏欣 摄影 许萌萌 配诗

是一支悠扬的恋歌
吟唱着母爱的深沉博大
是一轮皎洁的明月
倾诉着乡情的醇厚芬芳
是一条闪亮的心弦
撩拨着离人的乡情乡思
是一组飘动的音符
荡漾着游子的赤诚之爱

## 竹窗内外

摄影 姜玉荣 高寒 配诗

几竿修竹
用一生的孤独凄清
牵扯出一缕红楼残梦
却摇曳不出潇湘的神韵
古典与现代
演绎出红尘的风花雪月
古老的民居
在世纪的风云中
承载着家族兴衰荣辱的使命
却让痴情男女的悲欢蹁跹而过
竹窗内外
是截然不同的道场
参得透的是生死情爱
参不透的是功名利禄

竹窗内外 姜玉荣 摄

启航　　陈世哲　摄于 1981 年

**启航**

陈世哲　摄影　陈永康　配诗

告别了
平静温婉的港湾
即使前程风起云涌
即使未来孤独艰辛
把那面创伤不堪的风帆再扬起

海的广阔
船是渺小的
然而历尽沧桑的船
却有大海的意义生命的价值

## 创业

陈世哲 摄影 陈永康 配诗

一根一根一节一节
用竹子坦荡的品格
把人生的事业艰难地撑起
撑起了一片属于自己的天地

炽热的灯火
点燃图强向上的激情
那一双双坚实的步伐
踏平了坎坷
踏出了一道成功的轨迹

创业 陈世哲 摄于 1990 年

# 历代永宁籍人著述选录

## 宋代

傅　烈（永宁人，宋庆元五年进士，梅州知府）:《傅烈诗集》

傅天骥（永宁人，嘉定四年进士，福州通判）:《野斋集》

## 元代

王　翰（安徽庐州人，寓居永宁沙堤，潮州总管）:《友石山人稿》

龚　炳（永宁沙堤村人，泉州路儒学学正）:《楼居集》

## 明代

龚　炯（永宁沙堤村人，龚炳弟）:《芳草集》

龚　楷（永宁西偏村人）:《语孟说义》《祭田方略》

干宗亮（永宁人）:《诗集》一卷

黄克缵（永宁梅林村人，万历八年进士）:《数马集》《百氏绳愆》二卷、《杞忧疏稿》《齐台疏草》《春秋辑要》《性理集解》《古今疏治黄河全书》四卷、《全唐风雅》《鉴井吟》《独奕篇》《乘槎稿》《墨刻》

黄道爵（黄克缵子，刑部郎中）:《丽瞩亭诗集》

龚廷宾（永宁沙堤村人，庐州知府）:《居家懿范》

李范春（永宁梅林村人）:《医案》

李廷森（永宁梅林村人，户部主事）:《四书精解》《诗文遗稿》

### 清代

龚锡瑗（永宁沙堤村人，宁远知县）:《邮亭草》

黄觐光（永宁梅林村人，黄克缵曾孙，中部知县）:《桥山诗文集》

何琪枝（永宁港边村人）:《玉子诗集》

刘德炳、刘廷简（永宁小东门人）:《唱和诗集》

刘廷勋（永宁小东门人，刘德炳子）:《诗集》一卷

黄　钺（永宁梅林村人，黄克缵侄孙，雍正二年举人）:《诗文集》

朱　莲（永宁人，漳州府学训导）:《十韵草堂诗文集》

施琼芳（永宁西岑村人，移居台南，道光二十五年进士，铨选主事）:《春秋节要》、《石兰山馆遗稿》二十二卷

施士洁（永宁西岑村人，移居台南，施琼芳子，光绪二年进士，内阁中书）:《后苏龛合集十四卷》

陈棨仁（永宁霞源人，同治十三年进士，翰林院庶吉士）:《闽中金石录》十五卷、《说文丛议》四卷、《闽诗纪事》十卷、《海纪辑要》二卷、《岑嘉州诗注》《绾绰堂遗稿》《铜鼓考》一册、《汉律辑释》一册、《绾绰堂书目》十二卷、《藤花吟馆诗录》六卷

李应时（永宁岑兜村人）:《莲花忏联》《珠偈梦华集》

### 中华民国

李古愚（岑兜村人）:《亦园吟草》

施雪崖（西岑村人）:《绿野田房文集》《东游随笔》《岑江施氏人物列传》

郑华民（永宁人，菲律宾华侨）:《怡轩诗集》

郑碧梧（永宁人，移居台湾）:《春草吟笺》《郑衍蕃诗文集》

### 中华人民共和国成立后著作选录

李影鹃（永宁洋厝村人）:《野草吟集》《李永鹃诗词对联集》

李苍岩（子英村人）:《岩翁九秩唱酬集》

王人杰（永宁下宅村人，菲律宾华侨）:《人杰诗词集》

李　淡（永宁洋厝村人，菲律宾华侨）:《李淡词钞》《李淡诗词手稿》

白　刃（原名王寄生，永宁人，中国作协理事、中国人民解放军总政治部副师级

创作员):《战斗到天明》《战斗到天明续集》《南洋漂流记》《龙真人别传》(以上长篇小说),《白刃小说选》《激流》《平常人的故事》《镇海石》(以上短篇小说),《兵临城下》《糖衣炮弹》《白鹭》《战火纷飞》《乌金城》(以上话剧),《野草集》《前进的回声》(以上诗集),《罗荣桓的故事》《社会发展故事》《沉冤记》《小铁腿长征记》《无敌英雄》《大时代的插曲》《血战敌后的115师》。2002年由中国戏剧出版社出版《白刃文集》1~7卷,2012年再由香港人民出版社出版第8卷(上下册)。

李哲明(洋厝村人,天津市文联理论研究室编审):《春晖集》

王明枢(永宁下宅村人,中国建筑科学院建筑物理研究所副所长、高级工程师):《建筑声学设计手册》《空气调节手册》

李天锡(子英村人,华侨大学教授):《石狮情结》

李国宏(梅林村人,石狮市博物馆馆长):《温陵杂识》

郑天应(永宁人):《乡情》

近20年来石狮市永宁镇作者部分著作出版情况一览表

表7

| 书名 | 作者 | 出版单位 | 出版时间 | 附注 |
| --- | --- | --- | --- | --- |
| 中国著名作家白刃卷 | 白　刃 | 香港人民出版社 | 2004.6 | 收入石狮绿洲读书社编辑出版的《海内外石狮人著述资料汇编》 |
| 政论家·学者陈世雄卷 | 陈世雄 | 香港人民出版社 | 2003.7 | |
| 人文学者高铭群卷 | 高铭群 | 香港人民出版社 | 2004.2 | |
| 教授·学者李天锡卷 | 李天锡 | 香港人民出版社 | 2014.12 | |
| 石狮古代著述卷 | 李国宏 | 香港人民出版社 | 2013.12 | |
| 乡土诗人王振汉卷 | 王振汉 | 香港人民出版社 | 2004.12 | |
| 菲华诗人评论家董拔萃卷 | 董拔萃 | 香港人民出版社 | 2004.12 | |
| 欣荣府 | 高　寒 | 延边出版社 | 1999.12 | 长篇小说 |
| 大洋楼 | 高　寒 | 文化艺术出版社 | 2007.5 | 长篇小说 |
| 情字一身债 | 高　寒 | 延边大学出版社 | 1998.11 | 散文集 |
| 心灵的守望者 | 高　寒 | 香港文学报出版社 | 2005.11 | 散文集 |
| 《清平乐》上下两卷 | 高　寒 | 九洲出版社 | 2013.12 | 小说集 |
| 海 | 固　赞 | 作家出版社 | – | 长篇小说 |
| 石乌篮 | 李文旭 | 文化艺术出版社 | 2007.5 | 长篇小说 |
| 另一种完美 | 蔡白萍 | 作家出版社 | 2006.7 | 散文集 |
| 我是你的天使 | 蔡白萍 | 华星出版社 | 1993.6 | 诗歌集 |
| 留痕 | 高志远 | 文华出版社 | 2011.6 | 诗歌集 |
| 为爱奔忙的人 | 高志远 | 中国文化出版社 | 2014.10 | 诗歌集 |
| 心花 | 李永艺 | 香港成达出版社 | 2007.1 | 短信诗歌集 |
| 淑园词话 | 高清泽 | 延边大学出版社 | 2000.5 | – |
| 淑园词话续笺 | 高清泽 | 香港人民出版社 | 2002.8 | – |
| 淑园词絮 | 高清泽 | 成达出版社 | 2006.5 | – |

续表 7

| 书名 | 作者 | 出版单位 | 出版时间 | 附注 |
|---|---|---|---|---|
| 淑园诗稿 | 高清泽 | 妙韵出版社 | 2010.9 | – |
| 淑园诗词拾遗 | 高清泽 | 风采出版社 | 2014.5 | – |
| 郑伯洋诗词楹联作品选 | 郑伯洋 | 作家出版社 | 2010.5 | 何子晖编 |
| 远芳吟草 | 李远芳 | 香港文艺出版社 | 2012.3 | – |
| 心潮 | 王振汉 | 中国华侨出版社 | 1996.10 | – |
| 心潮续集 | 王振汉 | 文华出版社 | 2010.8 | – |
| 潮声浅吟 | 李圣传 | 风采出版社 | 2015.5 | – |
| 泉源诗文稿 | 施能泽 | 文华出版社 | 2011.5 | – |
| 泉源诗词续集 | 施能泽 | 文华出版社 | 2014.6 | – |
| 壮志凌云 | 施能泽 | 文华出版社 | 2014 | – |
| 江声水影 | 高江水 | 国际炎黄文化出版社 | 2013.10 | – |
| 泉州谱牒华侨史料与研究 | 李天锡 | 中国华侨出版社 | 1998.3 | 与人合著 |
| 华侨华人民间信仰研究 | 李天锡 | 中国文联出版社 | 2001.10 | 2004年出修订版 |
| 晋江华侨轶事 | 李天锡 | 厦门大学出版社 | 2002.5 | – |
| 晋江宗教文化概览 | 李天锡 | 厦门大学出版社 | 2005.1 | – |
| 海外与港澳台妈祖信仰研究 | 李天锡 | 华夏出版社 | 2008 | – |
| 泉州华侨华人研究 | 李天锡 | 中央文献出版社 | 2006.9 | – |
| 晋江华侨华人研究 | 李天锡 | 方志出版社 | 2011 | – |
| 石狮华侨 | 李天锡 | 九洲出版社 | 2013.11 | – |
| 石狮文史散论 | 李天锡 | 文华出版社 | 2013.10 | – |
| 石狮城隍庙 | 李天锡 | 文华出版社 | 2015.7 | – |
| 无为斋吟稿 | 李天锡 | 香港风采出版社 | 2016.3 | – |
| 三叵居文选 | 蔡世山<br>庄法治 | 香港文汇出版社 | 2014.10 | 蔡世山为香港<br>文汇报高级编辑 |
| 怡园主人文稿 | 高武铺 | 中国四季出版社 | 2015.1 | – |
| 心之韵 | 雨　柔 | 菲律宾作家协会 |  | 菲律宾商报<br>文艺副刊编辑 |
| 心灵的原乡 | 雨　柔 | 菲律宾作家协会 | 2014.4 |  |
| 泉州民间信仰文化论集 | 李国宏 | 中国广播电视出版社 | 2003.10 | – |
| 远古的家园 | 李国宏 | 海潮摄影艺术出版社 | 2005 | – |
| 明五部尚书黄克缵年谱 | 李国宏 | 香港人民出版社 | 2006.7 | – |
| 明政治旋涡中的黄克缵 | 李国宏 | 人民日报出版社 | 2009.5 | – |
| 石狮之路 | 陈世雄 | 中国人事出版社 | 1996.12 | 政论专著 |
| 机遇与挑战 | 陈世雄 | 中国国际广播出版社 | 1998.6 | 政论专著 |
| 福建大趋势 | 陈世雄 | 中国广播电视出版社 | 1999.8 | 政论专著 |
| 霞泽牧渔 | 陈世雄 | 延边大学出版社 | 2001.1 | 政论文集 |
| 小康论 | 陈世雄 | 中国人事出版社 | 2002.4 | 政论专著 |
| 中国之路 | 陈世雄 | – | – | 政论专著 |
| 中国私营经济 | 陈世雄 | – | – | 政论专著 |
| 文化立国评论集（第一辑） | 陈世雄 | 香港人民出版社 | 2007.11 | 政论文集 |
| 文化立国评论集（第二辑） | 陈世雄 | 香港人民出版社 | 2007.11 | 政论文集 |
| 鳌城稽古 | 郑天应<br>李显扬 | – | 2014.9 | 石狮市政协<br>文史委文史专辑 |

黄金海岸之晨 丁长煌 摄

# 永宁人物

永宁地据要津，历代不乏慷慨壮烈之士。卫城鼎盛时期，教化昌盛，英才辈出。明清以来，许多富有开拓精神的华侨在海外艰苦奋斗，业绩卓著，且爱国爱乡，热心公益，为家乡做出巨大贡献。

## 名人与永宁

朱熹

**朱熹预言永宁之崛起** 朱熹于绍兴二十一年（1151 年），授泉州同安县主簿。在同安期间，与同僚赵永嘉交情甚厚。一日，朱熹应赵永嘉之约，一起畅游永宁山水胜景。朱熹预言永宁五百年后必为商贾云集繁华之地。恰好五百年后，值清初康乾盛世，永宁“太平日久，民生不见外事，而安于亩畎之自乐。君子弦歌，小人负米，鸥腾鹊起，甲于此都之盛。贾陶商贩，推我邑之多”。故卫志记载：“前大贤云，此地五百年后，有车马往来之言，其兆诸此乎？”民间一致认为朱子的圣言，极为应验，是以乾隆二十八年（1763 年），永宁议建文武两祠，武祠祀关夫子（关羽），文祠则祀徽国文公，即朱熹。

台北故宫博物院藏泉州知州真德秀画像

**真德秀展拓永宁寨** 南宋嘉定十一年（1218 年），真德秀任泉州知府。当时永宁寨为省辖，由设于泉州的“殿下前司左翼军统制厅”统领。福建沿海“海盗不时出没，米商舶贾，间遭劫掠”，而左翼军不受州郡统摄，出现“守臣亲出救援，将士偃然，不肯用命，必邀重赏，而后肯前”之弊。真德秀上书枢密院，后朝廷令左翼军“各随所在，听州、县守令节制，本寨事并申取州县指挥”。改归泉州节制后，真德秀把永宁寨由原来步兵百人、水军 50 人，改为水军百人，步兵 50 人，又招募梢工、碇手 40 名，皆“海滨强壮轻捷、习熟风涛之人”。为鼓励士兵偕同家属安居海隅、捍卫边塞，真德秀又对原有旧军舍进行展拓，每 3 间并作 2 间。即将 150 间并作 100 间，另新造 20 间。

此举可使军人“子孙生长其间”，从小培养成“惯使舟楫之人”。从而开创了军屯和移民戍守永宁寨的新方式，亦即以后明代永宁卫城的世袭兵制度之初始。此外，真德秀又添造将官房舍及寨屋 40 间，以改善官兵及其家属的居住条件。通过整顿，大大加强永宁寨在东南海防线上的重要地位。

**周德兴启建永宁卫**　洪武二十年（1387 年）三月，朱元璋令周德兴到福建，委以防倭重任，筑东南十六城。永宁卫志记载，明洪武二十年，江夏侯周德兴提镇于此，升高以望屯军之所，上按星躔，下观陵脉，喟然叹曰：“此福地也。”于是屯扎西隅，军不疾病，民皆殷富。因而奏请建城。圣旨下来，开始建永宁卫城。该城周围八百五十丈，基广一丈五尺，高二丈一尺。分为三十二铺。设五个城门：南门金鳌，北门玉泉，大东门海宁，小东门东瀛，西门永清，各建城楼。城壕宽一丈六尺。又乾隆《泉州府志・海防》载：“洪武二十年，命江夏侯周德兴入福建，抽三丁之一为沿海戍兵防倭，移置卫所于要害处，时泉设卫一，曰永宁。守御所五……”相传周德兴是一位堪舆家，整个永宁城的规划和图纸均由他一手笃定。现永宁大街头赵帅府中有块拜石，为永宁城的中心点，乃当年周德兴建城时置放罗盘的地方。

**陈用之重文兴卫学**　明成化十三年 (1477 年)，陈用之任永宁卫知事。他有感于永宁文风不振，“卫中弦诵之声素稀”，遂设永宁卫学，“访诸贵胄及戎籍子弟之秀者，劝使就学”，曰：“古人虽在军旅，不废诗书道艺，人间唯此一味最不可少也！”又亲往兴化礼聘当时的鸿儒陈愈任卫学教谕。经三年努力，培养出 30 多名可造之才。遂向泉州府推荐，要求把这批优秀生送入泉州府学深造，“以均教育，以劝来者”。从此，永宁卫“文风日进，学者德之，立祠祀焉”。永宁文祠外之石亭内原有二碑，即为纪念陈用之和陈愈而立。后陈用之秩满升调，永宁诸生“各赋一诗以写其不忍别之情”，永宁张士昭还请蔡清撰写《永宁卫送别序》一文，见于《钦定四库全书》。

**唐钰仁孝教化民风**　嘉靖年间（1522 年～ 1567 年），唐钰从泉州卫调任永宁卫指挥佥事。他一方面积极巡视海防，整肃号令，严管瞭望敌情的哨堡，选择忠勇之士驻守于要害处，使倭寇不敢来犯；另一方面重视扶持永宁文教事业。唐钰经常利用时间，向民众讲明圣训，又言传身教，教人以仁、孝礼相待。他本人事父至孝，对其弟亦甚为关爱，一家和睦，长幼有序。对于卫城中，若有“孝子顺孙，必致而礼之”，以培养良好之民风。唐钰又平易近人，奖掖后进，“雅尚儒术，日与文学才俊往来谈吐”（乾隆《泉州府志・武迹》）。

戚继光

**戚继光永宁歼倭寇** 明嘉靖四十一年（1562年）二月，倭寇攻陷永宁卫城，大肆劫掠数日而去。三月，卷土重来，再次攻占永宁城，百姓又遭残杀，惨不忍睹。由于福建战局形势严重，朝廷急调正在浙江剿倭的戚继光率部入闽，驰援福建。先后取得横屿、牛田、林墩大捷，在窑兜斩获倭首九百六十级，焚、溺倭寇数千人，解救被掳百姓两千多人，夺回被倭寇劫掠的永宁卫所官印五颗。

据《戚少保年谱耆编》记载，嘉靖四十三年三月廿五日，倭寇双桅大船一艘进犯永宁卫坑尾澳，戚继光指挥巡海水军阻击，倭寇望风南遁。四月廿五日，倭寇进犯深沪巡检司（隶属永宁卫），抢劫渔船，并突击乌浔，福全（隶属永宁卫）千户张兖椿逃遁。戚继光先后命兴泉把总金科和汛官林廷中督兵追击，击沉倭寇战船一艘，生擒一人。

嘉靖四十四年四月十二日，倭船一艘，运载一百五十余人进攻永宁卫沙堤澳，登岸后直逼永宁卫城。官军轻敌战败，幸好，戚继光指挥部属驰援，水汛哨官陈逊玉率水军夹击，倭寇被迫撤退。次日，戚继光命令金科、冯焕、金守常率部追击，斩获倭首五十九级，生擒五人。戚家军朱虎等4人阵亡。

嘉靖四十五年正月，倭寇一百多人突袭永宁。由于事先得到消息，戚继光率部在城外截击，确保卫城的安全。

隆庆元年（1567年）四月，戚继光率水师巡视永宁沿海，驻扎崇武所（隶属永宁卫）。忽然接到报告，称倭船四艘，企图强行登陆。戚继光诱敌上岸，然后分兵夹击，把总胡世冲锋在前。崇武一战，歼敌一百七十七人，俘获人员、物资甚多。从此，永宁卫所辖沿海大规模倭寇侵扰事件基本平息。福建地方官在给朝廷的奏捷报告中，称赞戚继光“忠勇性成，才猷天赋，横戈转战，八闽悉赖以荡平，航海清戎，万众咸归于鼓舞”。

阮仪三

**阮仪三慧眼识永宁** 阮仪三，同济大学教授。20世纪80年代以来，努力促成平遥、周庄、丽江等众多古城古镇的保护，因而享有“古城卫士”“古城保护神”等美

誉。曾获联合国教科文组织遗产保护委员会颁发的2003年亚太地区文化遗产保护杰出成就奖。

2011年上半年，永宁小城镇建设正在轰轰烈烈进行之中，原计划把永宁古卫城西片（包括老街中心区）全部拆迁建设现代化新城区。但群众中反对呼声甚高。当年6月，镇党委决定对永宁的历史文化旅游资源进行规划保护性开发。后聘请同济大学国家历史文化名城研究中心，对永宁古卫城遗址、城隍庙、老街等重点地段研制保护性规划。阮仪三来到永宁，对永宁古卫城作出中肯的评价。他认为："卫城是中国明朝时期特有的防御体系，直到今天，北方的一些卫所大多已被破坏，逐渐消失在人们的视野中，而永宁的古卫城却保留明朝卫城的典型特征，而且保存得较为完整，尤其是城中还存有不少见证永宁卫繁荣鼎盛的历史文物。具有很高的历史文化价值。"6月20日，举行古卫城重点地段保护性设计与发展规划评审会，阮仪三在会上，对永宁在打造古卫城旅游过程中如何保护历史文物、如何避免旅游资源同质化等问题提出了建议，强调对古卫城保护一定要遵循整体性、原真性、可读性、永续性四个原则。在他的指导下，永宁古卫城的保护工作步步推进，不断取得新成绩。2012年7月，成功举办首届"永宁古卫城暨城隍文化节"。2013年6月，永宁老街被评为第五届"中国历史文化名街"。2013年9月，永宁古卫城东瀛门段恢复工程举行竣工揭牌仪式。

# 人物传

**龚名安**(1306—1385)　字俊卿，号西斋。元末永宁沙堤村人。名安素习儒学，文武双全，与泉州人陈弦意气相投，结为挚友，时称两人"皆泉名士，为时儒宗师"。元至正初年，名安以才名被召用为宣慰司差。因到京师奏事，得丞相赏识，被擢升为上田县尉，继而调任晋江浔美场盐官管勾，再迁为丙洲场司令。浔美场在晋江十七、八都，丙洲场在晋江十一都（今石狮市、晋江市东南沿海一带）。盐场司令负责管辖盐户，督办盐运。官职为从七品。虽大材小用，名安却能恪守职责，尽力减轻盐民负担，以廉明赢得民望。

元顺帝时，朝政腐败，时局动荡，至正十七年(1357年)，泉州义兵万户西域人赛甫丁·阿迷里丁趁机发动叛乱，祸及泉州、兴化、福州等地。至正二十六年，赛甫丁进踞福州路，被福建行省平章政事燕只不花击败，余部由原来总管诸番互市的西域人那兀纳带领，航海还踞泉州，变本加厉，“炮烙泉人，杀戮残酷”“虐取货财，不得者多置于死。”当时任行省护军参谋军事的陈弦，通过间道与名安取得联系，让其在沿海募集义兵讨叛。名安积极配合，秘密联络海滨百姓接应行省军队。那兀纳为抗御行省军队，在泉州大肆扩充兵力，将胁迫来的百姓、船只集中在泉州南门外东山渡。名安将计就计，表面上答应为那兀纳招兵，暗地却令其子、泉州学正龚炳及任行省理问的女婿张仁等领滨海百姓组织的舟师往泊东山渡。一夜之间，东山渡所有舟师全部竖起行省旗帜。那兀纳本想依仗水师背水一战，及见水师易帜，进退失据，只得退守泉州城中。陈弦、名安部队又劝说泉州千户金吉反正，攻取了泉州，擒获那兀纳，槛送福建行省处置。泉州延续十年的外族兵乱方告平定。平定泉州回回人叛乱之后，名安有一段时间仍掌管水师，“一时海上赖其保障”。后又升上猷县尉。

元亡后，名安遁迹海上。1385年卒于家，墓葬仕林村牛眠山。明清两朝将其祀于泉州乡贤名宦祠。

**干八秃帖木儿**（生卒年不详） 明初设置永宁卫，卫城最高长官称“指挥使”，乃由阚、干、杨三家轮流担任。其中贡献最大且任职较久者为干家。

干家第一任指挥使干八秃帖木儿，蒙古人，原籍顺天府通州宝坻。信奉伊斯兰教。明永乐十五年（1417年）郑和第五次下西洋，“从苏州刘家港入海，至泉州寄泊”，干八秃曾带领卫城部分官兵随郑和出洋。任务完成后，仍返卫城任职。据北京故宫一部明朝《卫所武职选簿》记载，郑和奏请为沿海卫所将军参加下西洋立功者授爵，其中就有永宁卫干八秃帖木儿等8人。干八秃家自第二代即改姓干。至今，永宁尚存干厝巷、干氏祖厝等遗迹。

**张寿**（生卒年不详） 字乐静，明初永宁卫人。曾祖张祥，洪武年间任永宁卫指挥同知，从宿州迁居永宁。张寿擅长书法，远近闻名。“永乐初，寿以世职袭荫入京师”。途中盘缠不足，向人借来纸笔，挥毫作“春”字数张，悬挂闹市中求售，片刻便被抢购

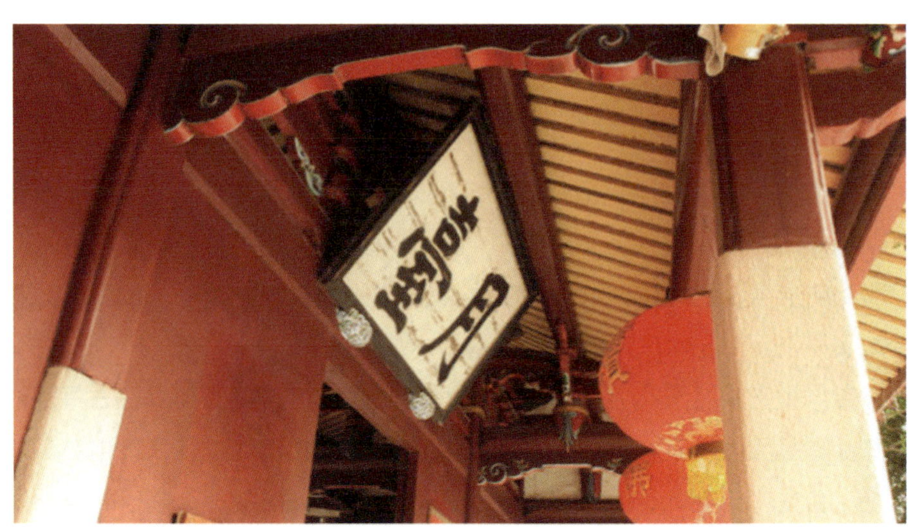

张寿题的泉州承天寺“月台”牌匾

一空。

泉州名刹“承天寺”，又名“月台寺”。一日，张寿路过该寺，住持闻讯，邀入寺中，盛情款待，并要求张寿留下墨宝。张寿欣然应允，酒酣之际，挥就“月台”二字，笔力遒劲，端庄大方。寺中僧众，拍手称绝，遂制成金匾，悬挂于山门，成为寺中一宝。后人认为“（张寿）书学精深，当在晋唐能品”。

张寿除擅长书法外，文学上也颇有造诣。乾隆《泉州府志·艺术》记载，张寿袭职卫城指挥同知后，因受逃兵连累入狱。恰巧某抚军新筑亭榭、公署，请了多位文人书写碑记，没料到这些人，数易其稿，抚军均不满意。张寿在狱中听了这件事，便向狱卒取来纸笔，洋洋洒洒，写了一篇，托人将文章呈上。抚军读后，大为赞赏，认为辞藻甚工。借此机会，抚军代张寿了结官司，让他官复原职。

**杨晟**（生卒年不详） 成化年间（1465 年～ 1487 年）任永宁卫指挥使，任内对卫城基础设施建设多有贡献。成化六年（1470 年），重建圮毁之城楼。成化十二年在卫前直街建同仁坊。翌年，与巡按监察御史戴用令创设收料库。原军器局岁久圮坏，杨晟移于卫城西廊重建。成化十七年，于西门外教场增建左右翼房，绕以周垣。杨晟爱兵如子，体恤民艰，珍惜民力，军民立碑颂其德。

**尤天爵**（？ —1502） 祖籍福清，其父尤美发因军功任永宁卫镇抚，举家移居永宁。天爵自幼聪颖，好学不倦，写文章不仅文采斐然，而且富于哲理。少年应试时，考官对他的文章大为称奇，说他是“今之颜常山”（唐安史之乱时壮烈殉国的颜杲卿）。成年后天爵袭父职，任永宁卫镇抚。

明弘治年间(1488年～1505年)，倭寇不时窜扰东南沿海，所至焚掠甚惨。永宁卫素为倭寇所窥伺。天爵与其同僚协力防守，精练部队，修备军械，积储粮饷，联络属下的崇武、福全、金门、中左、高浦5个所城，各设置烟墩，派人瞭望，贼来则以旗帜、炮声、烟火传报，互相接应。同时采用坚壁清野策略，倭寇来犯，则负城坚守，寇退则分兵截杀。倭寇屡遭重挫，恨之切齿，互相告诫："吖咛吖咛，莫犯永宁！"

弘治十五年(1502年)，倭寇纠集大批人马来犯永宁。天爵督率将士，悉力捍御，安排兵士昼夜轮班防守，并亲自带领数百精锐巡视四门，一方有警，则飞驰救之。倭寇造云梯攻城，尤天爵亲自和部下造出扭攻车、火炮、火鸡等守城兵器御敌，又率兵出城破围，将倭寇击溃。数日后，倭寇又大肆增兵，再度围城，官兵得不到援军，形势严峻。天爵一面令将士坚守，一面组织民众疏散避难。经众人劝说，他让自己的一个儿子缒城出走。他对儿子说："竭力死守者忠，全存祀者孝。吾愿为忠臣，亦愿尔为孝子，勿俾吾有遗憾。"次日，永宁城因敌众我寡而失陷，倭寇入城大肆烧杀。天爵激昂骂贼，浴血奋战，为国捐躯。除一子脱难外，其余家人与他一起殉难。

**干宗亮** 生于明正德年间(1506年—1521年)，永宁卫人。其先祖干八秃帖木儿，原籍河北通州，洪武年间授永宁卫指挥使，"世袭其职，由家焉"。干宗亮活动年代约在明正德末年（1516年～1521年）到万历年初（1573年～1593年）。他"工为诗"，与晋江人陈鸥、朱汶、江一鲤、朱梧结立"诗社"，号称"晋江五子"。其诗歌艺术特色在于"格调清越，音节铿锵，而无矫举匡拂之意"。他不受传统思想束缚，追求自我意识；不热衷科举，不为时俗所累，洒脱自在，"跌宕自豪，嗜酒不羁"。干宗亮的创作不被一些囿于正统观念的文人所接受，"旁观者笑为狂谬，甚或加指斥"，但他执著于自己的艺术观点，不流于时俗，"独喜自得"。"晋江五子"曾刊有《五子诗集》（晋江人参政王慎中作序）。干宗亮的诗因年久散失，存世有《送派上人移栖巢云》等篇。

**王世实**(1520—1568) 字德孚，号宝峰。生于明正德十五年（1520年），因先祖宜兴人王荣于明朝永乐中任永宁卫镇抚，遂籍晋江，世居鳌城。

世实自小师承家传武艺，且喜读诗书，师事著名文学家晋江人王慎中，深受教益。嘉靖十七年(1538年)，世实袭祖父王纪之职，任永宁卫指挥使司镇抚。自感责任重大，立志"振家声、巩国祚"，以"扫尽妖蜮酬国家，攘除贼寇慰平生"自励。军事驰骛之余，仍不辍习文，并告诫部下："军旅不废诗书道艺。"

嘉靖四十年，倭寇从江浙窜入福建，永宁卫城首当其冲。世实指挥卫城军民，奋勇抗击来犯之敌。有一次，倭寇集中战船，蜂拥而至，世实退守高地，占据上风，发炮击沉倭船 30 余艘，迫使倭寇遁逃。世实又亲率舟师追寇于海上，勇擒贼帅。此役官兵射杀倭寇 180 名，获贼妇 5 名、兵器 301 件。

隆庆元年 (1567 年)，起自广东海丰、惠来的海贼曾一本大肆攻掠广东、福建沿海。时任两广总兵都督同知的俞大猷特调世实往广东会剿，并以其骁勇授为前锋。世实向俞大猷献策，建议多造闽式大海船以制敌，并作《拙速解》以说服持有异议的两浙总督张瀚。俞大猷采纳他的建议后，屡战屡胜。隆庆二年，官军于潮漳附近的龙眼沙海围攻曾一本，任前锋的世实身先士卒，奋勇冲阵，“旬日三捷”，是役获贼首百余级，并生擒曾一本。世实却在血战中身受铳伤，殁于战阵。

俞大猷在《呈两广军门吴公书》中道：“猷先成天下之事得遇知己士者，受委托尽心力以任之，生死利害，付之不顾，又能忠以成谋，智以集事，世实与泰山争重。”

王世实殁后，墓葬永宁北门外北山。明廷追谥“忠勇”，加升二级世袭指挥佥事，下旨为他立祠。永宁百姓为其建“昭忠祠”于卫城关帝庙旁，春秋祭祀。

**黄克缵** (1550—1634)　字绍夫，号钟梅。生于明嘉靖二十八年十二月二十七日。梅林村人。曾任兵部尚书、刑部尚书、工部尚书、吏部尚书 (其中两任兵部尚书)，故民间称之“黄五部”。克缵自小聪明机智，胆识过人。嘉靖四十年倭寇入侵永宁，其兄被擒，他临危不惧，“慷慨对贼，请代兄死。贼奇而释之”。为避倭患，举家迁居入城。

万历四年 (1576 年)，克缵乡试中举，万历八年进士及第。初授寿州知州，爱民礼士，不避权要。任满擢升刑部员外郎。后出任赣州知府。岁值灾荒，克缵主张开仓赈济饥民。有人认为国库的粮食不能动用。克缵正辞驳斥：“积谷以待乏也，不发何待！”并采用以工代赈的形式，召集饥民修葺学宫。灾民闻讯纷纷参加，不到一个月，疏浚泮池，池上架桥，学宫修饰一新。万历二十二年，奉使入蜀参与四川武试选举。万历二十六年，升山东布政使。

克缵为官清廉，巡抚山东 12 年，家无厚资。后以多次平盗有功，擢升兵部尚书。万历四十年，诏以右副都御史参赞南京机务。时朝廷内外，朋党角立。克缵无端被御史李若星、魏云中参劾，回乡家居候命。至万历四十三年才正式上任。万历四十四年冬，隆德殿发生火灾。克缵抓住时机，上疏力陈弊政，痛述 20 多年来种种弊端，呼吁朝廷“一更旧辙，收罗人才，以济时艰，罢税停织，与民休息，大涣居积，以安边疆”，语极痛切。

万历四十七年，朝廷召克缵以兵部尚书主持大政。不久，改任刑部尚书。受神宗顾命，褒为“安邦固本大臣”。复受光宗顾命。这一时期，朝野上下围绕谋杀太子的“梃击案”、光宗暴崩的“红丸案”和光宗死后的“移宫案”(史称“三案”)，争斗纷起，对立双方互相攻讦。克缵清强有执，两不依附，保持中立，持议与争“三案”者异，结果遭到两派的攻击。熹宗皇帝也不满，责备克缵“偏听”“逞词偏执”“轻肆无忌，不谙忠孝”。克缵认为“受职自有定分，名节千古不灭”，始终坚持自己的见解。

天启元年(1621年)冬，加太子太保。翌年，复以兵部尚书协理朝廷大政。时东林党势力强盛，以“三案”意见相左，极力攻击、排斥克缵。是年秋，诏加太子太傅，乘驿传回归故里。天启四年十二月，召克缵为工部尚书。此时宦官魏忠贤当政，权倾朝野，炙手可热。履任方数月，值兴工复建三殿，克缵裁革魏忠贤工程计划中的紫阶石费30万两。魏忠贤又取南畿旧殿铜器，克缵出面反对：“留都定鼎之所，谁敢萌不臣之心，迁其重器者！”声色俱厉。事后引疾返乡。三殿落成，加太子太师。克缵不受。

崇祯元年(1628年)，魏忠贤垮台后，克缵又被起用为南京吏部尚书。他以年老体衰，不就。崇祯七年，克缵卒于泉州城内大门埔(今泉州市区灶仔巷)家中，寿终正寝。谥襄惠。墓葬南安二十三都深坑上坝山。里人在泉州城仁风门外为其建“忠猷懋著，齿德并茂”坊。

克缵雅善声律，书法遒媚多致，作文通达驯正，为诗温柔敦厚。平生著作有《数马集》《杞忧疏稿》《百氏绳愆》《性理集解》《春秋辑要》《古今疏治黄河全书》《全唐风雅》《鉴井吟》和《独奕篇》等。

**陈有纲**(1564—1611) 字用谦，号豫庭，明代后期永宁卫人。自幼聪慧，“五岁能作斗大字”，青年时代，勤奋好学，曾与当时泉州名士苏石水(刑部尚书)、李叔元(刑部侍郎)结为“莲社”，拜杨剑塘为师，名噪一时。但他不热衷科举，因而“长为诸生，屡蹶屋场”。遂弃文习武，以求立足于乱世。经多年潜心磨炼，终武艺高超，且精通韬略。万历年间，有纲参加武举，“捷武闱，联登进士，殿试第三人”。

陈有纲中武探花后，授职南直荻港守备。荻港地理位置极为重要，“上距池州(治所设在今安徽贵池)；下据庐州(今安徽合肥)、太平(今当涂)”。到任时，该地“群盗出没，私盐巧脱”。陈有纲克已奉公，为整顿治安日夜操劳。经一番整治，荻港一带政通人和。

万历末年，陈有纲以政绩显著，“改任广东督标都司，委署南头副总兵官”。上任后，发现广东沿海积患已久，海防松弛。便尽心竭力，整治军纪，操练士卒，增置器械，修葺工事，是以海防为之一振。曾有一次，倭寇纠集百多艘船只“突入内洋”，气势汹汹。有纲一接警报，立率所部开赴前线。并身冒矢石，冲杀在前，“发炮先登”。士卒以一当十，奋勇杀敌。经一番激战，“斩(敌)首级百颗，东南一路倭寇荡平。”

后来，陈有纲以家中双亲年老无依为由，辞官归永宁故里侍奉。友纲处世谦恭、为人随和，“迎养伯父母，俸余悉分二弟”。1611 年，有纲于家中逝世，葬永宁岗内山。

**李廷森** (1571—1624) 字维灿，又字登元，号芳琼。永宁镇梅林村人。生于明隆庆五年(1571 年)。万历二十五年 (1597 年) 举人，四十七年进士。授刑部山东司主事。

万历后期，金兵经常骚扰北方边界，时局混乱，出现大量官员将士叛逃案件，监狱里关满叛卒、败将、罪珰、逃宦以及涉嫌人犯。廷森秉公执法，明察秋毫，选取其中证据确凿，罪责难逃者，绳之以法；对可判可不判者，尽量不判；对蒙冤受屈者，大胆为之开脱，平反昭雪，做到人无枉死，狱无冤抑。一时人心大快，呼之为“李青天”，连一些不属于他管辖范围之内的案件，都请求廷森审理，以求公允。

天启二年 (1622 年) 廷森受外派主持河西榷务。时值地方不靖，他募集壮丁，分派防守，轮番巡逻，维护社会治安，保持水路通畅。又奏请减免一部分不合理的税收。

廷森为人质朴厚重，襟怀博大，敦友孝悌，情深意挚。他经常说：“治国难，齐家也不易；而治国齐家，关键还在自身修养。”平生嗜好古文辞，所到之处，以作文、陶经、镕史，娱情养性，排除忧闷，以此与万历会元、同安才子许獬志趣相投，私交密切。

廷森在任内以丁忧回家守制。因过度哀伤，天启四年逝世。以政绩显著入祀乡贤祠。墓葬惠安虎窟山。

**李范廉**(生卒年不详) 字狷卿，梅林村人。出身寒门，自幼勤读诗书，素有大志。明万历二十二年(1594 年)，中举人，翌年中进士，首开梅林文运。初授“南太常博士”，改授“南(京)吏部(主事)”。李范廉手中掌握一方官吏的考核、升迁大权，但奉公守纪，赏罚分明，为国选才，为民除害。后任“礼部司祭员外郎”，依然保持廉洁作风，即使日常生活，也严于律己，从不讲排场，甚至有时连厨房烧饭的仆人，想在府中找一条好鱼、一种好菜也找不到，此事一时被传为佳话。他曾曰："做人不可存有贪心，不可奢侈浪费。否则，近则败家，远则丧国"。李范廉一生好学，手不释卷，"官暇，闭户读书，恬介自守。"在范廉的影响下，梅林李氏文运昌盛。清康熙年间，列位于泉州乡贤祠。

**董飏先**（1591—1656） 号沙筑，又号沙河子。明代万历十九年（1591年）七月初六生于沙堤村。兄弟三人，飏先居次。少时，其父次桥即为其兄弟延师课读，希望他们博取功名，光宗耀祖，但飏先八次应试，均名落孙山，弄得"家徒四壁"。于是更加发奋苦读。崇祯六年（1633年）飏先以儒科捷乡闱，乡试四十二名。崇祯十年登进士，会试二百二十一名，殿试二甲二十名。初选江南泰州知州。因他性格刚强，"忤权贵"，再调通州。丁艰服阕，补广东化州，升刑部员外，转礼部郎中，又外调广东按察司副使，分守雷濂海北道。飏先居官以无为为宗，以静为用，在官时并无赫赫之名，但在其离去之后，百姓甚怀念之。故鲁王曾赠其匾曰："风高五柳"。

飏先共有四男四女。长女名友，配郑成功为夫人。董飏先为分居永宁祥芝房派。后因宦海生涯，最后定居于同安县。清顺治十三年（1656年）九月廿八日逝世，葬于同安县十九都许坑乡湖南。墓碑上书"沙河子归真处"。

**董友**(1623—1681) 一作董酉，或作董酉姑，女，郑成功元配夫人。明天启三年（1623年）九月廿四日生，沙堤村人。

董友出身书香门第，从小知书达理。崇祯十五年(1642年)春，与郑成功结为夫妻，相敬如宾。郑氏是一个大家族，董友治家有方，孝顺翁姑，友待叔侄，任劳任怨，贤淑贞惠，为郑成功的贤内助。

清顺治三年(1646年)，郑成功奉明隆武帝之命镇守仙霞关，董友随侍军中。为应付军需之急，每日亲自领姬妾婢妇纺织布匹，缝纫军服，制作甲胄，支援前线将士。战事紧急时，为稳定军心，主动捐出金银首饰，以应军饷。一日，郑成功入卧室，见董友布裙竹钗，深为夫人识大体、顾大局的举动所感动。

顺治七年十月，郑成功奉永历帝之命南下经略粤东，董友与世子郑经坚守中左所(今厦门)，郑成功叔郑芝莞管理地方事务。翌年春，清将马得功乘虚偷袭中左所，守将阮引、何德不敌败退。郑芝莞临危载珍宝遁逃。董友尽弃辎重，只奉姑翁氏(田川氏)神主牌出逃，步行海滨。郑芝莞以战船不便居止为由，劝请董友另移他船。董友识破其船满载珍宝，芝莞贪财怯敌。后来，郑芝莞以贪赃、贻误战机等罪论斩。

顺治十四年元月，董友在府第设宴招待出征及留守各文武将领之父母、夫人、子女，并颁赐金钱布帛；对阵亡将士遗孀、遗孤尤加礼待，亲自敬酒，加赐重金，体恤安抚。顺治十五年，郑军北伐，董友与各将领眷属全部随征。羊山遇风。家属损失不少，她日夜奔波，安抚体恤。北伐失利，退守厦门。翌年，清将达素进犯厦门，董友率文武官员眷属迁移金门，半年后东渡台湾。

郑成功逝世后，郑经嗣位。董友由“国母”升为“国太”。藩府内外事务，她都过问，并经常告诫郑经等人要“抚恤百姓，厚待百姓”。晚年，台湾郑氏政治逐渐衰落，郑经西征无功，董友十分气愤，当面斥责郑经：“七府速败，两岛亦丧，皆你无权略果断，不能任人，致左右各树其党耳！”

清康熙二十年（1681 年），郑经病逝。郑氏集团发生内讧，大将冯锡范（郑克塽岳父）、刘国轩杀监国郑经长子郑克壓，立年仅 13 岁的郑克塽为延平郡王。董友大权旁落，力不能及，无可奈何，涕泪沾襟。因愤懑交加，一病不起，于是年六月十六日在台湾安平古城去世。

**林元品**（1757—1826） 又名文浚，字金伯，号渊岩。永宁人。生于清乾隆廿二年（1757 年）。清代台湾鹿港著名郊商，对当时台湾政治、经济、地方公益做出重大贡献，在台湾商业史上具有重要地位。

元品之父林振嵩于清乾隆三十年移居鹿港，初从事零售食盐，后创建“日茂行”，至乾隆四十二年，已成富商。林元品幼年一直随母亲在永宁祖家，成年后才赴台。乾隆四十九年，清政府开放鹿港与蚶江对渡，泉台贸易往来骤然频繁，“日茂行”生意蒸蒸日上。乾隆五十一年，台湾爆发林爽文事件，鹿港、彰化首当其冲，全台震动。数月后，清政府命提督任承恩率兵渡台。林振嵩父子关心时局，“时振嵩率男文会、文浚及侄文湊，已倡议恢复鹿港。任公虑军需未继，振嵩即倾赀助饷，共白金五千。又自备糗粮，招募义勇，随军前导”。平息后论功封赏，“振嵩父子三人皆以监生加六品职，惟侄文湊愿就武职，以千总实缺用”。

乾隆五十三年，林振嵩回家养老，由林元品接掌日茂行。他精于商贸，在经营上作了大规模的调整和开拓，并与官方保持密切关系，对地方公益则慷慨捐输，在鹿港、彰化一带颇得官府支持和群众拥护。乾隆六十年春，台湾爆发陈周全事件，鹿港理番同知署被攻破。日茂行因与同知衙门贴近，受其波及。因此，他一度回永宁家中避难。

经福州将军魁伦传进署中面询，他据实报告事件经过，后又随提督郛兰保赴台参理军务。平息后，因军功授职州同知加二级。嘉庆六年（1801年），嘉庆皇帝颁旨封赠其父林振嵩、祖父林攀芝为奉直大夫。其后，他对地方公益更是不遗余力。如捐银参与重修府学文庙，主持重修鹿港天后宫（新祖宫）。嘉庆十四年（1809年），海盗蔡牵剽掠沿海，他"救治难民以万计"，清廷特颁旨"加四品职衔"。嘉庆十五年至二十年，他倡议造彰化县城，单独负责东门，与此同时，捐建彰化县仓北段，并监造定军山寨。嘉庆十九至二十年，他带头捐银重修鹿港圣母宫（旧祖宫）。嘉庆十九至二十一年，参加重修台南魁星楼。嘉庆二十一年，率郊商殷户平粜施粥，救济饥民，"全活者以万计"；同年，负责建造彰化县东门文昌帝君祠。嘉庆二十三年，捐建彰化县教谕署，同年又捐银参加重兴鹿港敬义园。

嘉庆三年，其父林振嵩在祖家亡故，元品回乡"奔丧哭泣、葬祭竭尽礼诚。丧事毕，仍渡东经略"。"时母（蔡氏）太恭人在堂，遇贾舶西棹，必致意请安，附物味资腆邮书"，且"为祖宗置祀田，为母党置祀田，申约族中寡妇，不可改适，按月支给，延师课其孤儿"。在他的关心和提携之下，林氏家族人才辈出，或读书成名、或赴台经商。嘉庆廿二年，林元品派人往仙游重修祖坟，二月间，他亲率子侄20余人返乡祭祖，仅《祭文》中列出的有功名士绅就达15人，一时官盖云集，从而形成了"日茂"家族的鼎盛时期。

道光六年（1826年）林元品逝世后，归葬永宁故里。

**李锡金**（1785—1865） 又名尚鎏，清代岑兜村人。十四岁即前往台湾新竹谋生。初受雇于某商家，因其父母俱殁，岁时乏祀，每当风雨之时，甚感凄苦，便泣告主人，请预给五年之薪金，为双亲修坟，甚得主人赞许。他节衣缩食，待有点积蓄后，便自己经营起小杂货店，由于经营有方，不久又经营起九八行。李锡金为人厚道，很多人都愿意与他交往。有一次，有人把一船货寄存他处，许久没来取回，李锡金一直为他保存着。两三年后，尚不见来领，才将其启开，方知尽是鸦片，李锡金将其出售之后，暴富。他便大量购买土地，共二十多平方公里，并定居于新竹北门八十八号李陵茂。是以子孙繁衍，成为当地望族。李锡金发家之后，不忘昔日艰辛，

李锡金

把当年使用的扁担和绳索悬挂于厅堂之中，以为传家之宝。李锡金热心公益事业，咸丰年间，艋舺械斗，将波及新竹，他与郑用锡前往各村劝导，乃得平息。某年粮食歉收，百姓生活困苦，他捐款办理平粜，以予赈济。道光十四年（1834年），李锡金回乡时看见祠堂破损，便独资修建。同治四年（1865年），李锡金逝世于新竹，享年八十有余。光绪六年（1880年），福建巡抚敕方锜题请旌表，入祀孝悌祠。光绪八年，建坊于新竹北门外之楠仔庄。

**施琼芳**（1815—1868） 讳龙文，字星阶。西岑村人，生于清嘉庆二十年七月初四日。其父施泰岩举家移居台湾省台南县垦殖开发。琼芳自幼"恬淡好学，早夜弗懈，自坟典经史，以及诸子百家，靡不谅贯，尤精纯诗歌古文辞赋，卓然名家，每为时贤所推许。"道光十七年（1837年）中举人，道光二十五年恩科，中三甲第84名进士，即补江苏知县，铨选六部主事。但他"未就职，乞养回籍"，住台南。后来，琼芳接受"海东书院"聘请，课学授徒。他不蹈旧规，而是开明应变，对教学进行改革，增设赋诗杂作之课，以开拓学生视野。同时，还把自己对宋明理学的研究心得编辑成《春秋节要》一书，作为启迪后进的教学精义，效果甚佳。除教学外，琼芳还"常与诸公结社，唱和短什长讴，有六朝及中晚唐风致。"他热爱祖国，对19世纪初英帝国主义把鸦片输入中国，毒害中国人民身心的罪行无比愤慨。他写下不少诗词，寄托他对故土家园的深切怀念，表达自己虽身居台湾，但时刻不忘故国的浓郁情怀。琼芳"博学鸿词，著作盈箧。"除《春秋节要》外，还有《石兰山馆遗稿》（诗文集22卷）。施琼芳后因次子士洁登第，被赐赠奉直大夫，钦点内阁中书加一级，故有"父子两进士"之誉。

清同治七年（1868年）九月十三日，琼芳逝世于台南。

**陈棨仁**（1837—1903） 字铁香，又字戟门。清道光十七年（1837年）生于永宁观音亭（霞源）。父陈大源，擅经商，家道殷实，曾官通判。

棨仁自幼随父迁居泉州城厢三朝铺（今泉州市区象峰巷），天资聪颖，有神童之誉。15岁中秀才。主考官在其试卷上批云："纵横排宕，一往情深。"弱冠与内弟龚显曾（同治翰林）拜致仕御史陈庆镛为师。同治六年(1867年)，棨仁乡试中举；同治十三年，进士及第，初授翰林院庶吉士，后改任刑部主事。奉命募赈直奉水灾有绩，又为朝廷治理台湾献策，得到朝廷及同僚的好评。上司叙劳呈报，诰授中宪大夫并花翎知府衔。棨仁当京官，过了几年"恩许金銮窥院竹，时随仙杖傍宫槐"的生活，但他厌倦宦海

陈棨仁在家乡永宁中亭的题刻

浮沉，不愿随时趋势，不久即以其父年高为由辞官回乡，遂不复出。

棨仁回乡后，在泉、漳一带主持书院，如泉州清源书院、南安石井鹏南书院、同安双溪书院、厦门玉屏书院和紫阳书院、漳州丹霞书院、龙溪霞文书院等。棨仁治学师承陈庆镛，上溯诸子百家、汉儒经学，旁及文字训诂、金石考据，且工于籀篆。讲学授徒，前后二十余载，“门下著籍累千，掇高科，举方闻”，桃李芳菲，遍及闽南各地，金门与台湾亦有不少士子倾慕其名，不畏风涛，浮海来归。

棨仁博览群书，致力搜集、校订和收藏历代珍本、善本书籍，尤其注意征集、研究泉州地方文献，其“绾绰堂”及“读我书斋”藏书之质量与数量居晚清泉州藏书家之冠，他并将所藏书籍分门别类，编成《绰绾堂书目》12 卷。

棨仁诗文雅丽宏瞻，卓识独具，为时人称道。同治初，与同邑许祖涝、洪显曾、黄梧阳等人组织“桐阴吟社”，经常雅会联咏，并将诗作结为《桐阴吟社甲乙编诗集》行世。其诗作丰富。早期倾向王渔洋，以嘲风弄月，应酬赠答，流连山川，咏怀古迹居多、以神韵风致见长。晚期经历甲午中日海战、戊戌变法、义和团运动、八国联军入侵等重大历史事件，诗作感愤世变，苍凉凄楚，有杜甫、陆游之余风。如在《哀台阳》《送林子佩回台阳》《秋感八首》诗篇中，对国家备受列强侵凌，清廷腐败无能，割地求和，民生凋零，国势垂危，深感痛心疾首，抒发爱国忧国之忧。可惜身后遗稿星散，存世无几。

棨仁一生致力于著述，著有《闽中金石略》15 卷、《藤花吟馆诗录》6 卷、《说文丛义》4 卷、《闽诗纪事》10 卷、《海纪辑要》2 卷、《绾绰堂遗稿》《温陵诗纪·文纪》《铜鼓考》《岑嘉州诗注》《绾绰书目》等。其中《闽中金石略》为其倾注毕生心血之力作。棨仁经历 20 余年，行遍八闽名山胜迹，访拓唐、宋、元碑刻，收录自古至元代福建境内的碑铭崖刻，并著录清末保存在福建的钟鼎、牺尊、镜瓳、印信等商、周、秦、汉古物，皆摹其形状，附以考订，记述赅博，为福建金石学权威著作，书成未梓。直至民国 24 年

方由中华书局整理出版。

粲仁除讲学著述之外，凡裨益乡党之事皆踊跃参与，如管理义仓、监督城工、总理乡团，无不身体力行。就在他去世前不久，还参与筹办泉州府官立中学堂（今泉州第五中学前身），任学堂总办。

光绪廿九年（1903 年）七月，卒于家，葬泉州东门外新田万安山。太傅陈宝琛为其撰写墓铭志。

**施士洁** (1855—1922) 琼芳次子，字云舫，讳应嘉，号耐公，晚年署"定惠老人"。祖籍西岑村，咸丰五年（1855 年）生于台湾台南县。"六岁能属对，有触类旁通之妙"，未冠之时便举秀才。光绪元年 (1875 年)，赴省参加秋试中举人。翌年，上京都参加春试，中三甲进士，钦点内阁中书。但他无意仕途，不久辞官返台。

施士洁

此时，正值唐景崧巡抚台湾道，对文教事业颇为重视。士洁便受聘在"海东书院"任山长（即院长），丘逢甲、汪春源等人皆入院就读。士洁思想开明，勇于创新，"于制义试帖外，倡为诗古文辞之学"，进行教学改革，使书院学风焕然一新。同时，他还主讲于彰化的白沙书院和崇文书院，循循善诱，诲人不倦，培养和造就了大批人才。除教学外，士洁还参加"崇正诗社""斐亭吟社"。光绪十九年，唐景崧再创牡丹诗社，士洁被立为当事人。对台湾文化教育事业的发展起了一定的推动作用。

甲午战争前夕，士洁应台湾巡抚刘铭传之聘，入幕参赞政事。光绪二十年，甲午战争爆发，他与台南团练局统领许南英积极招募义勇，进行抵抗。同时，还发挥诗的战斗作用，写下了《同许蕴白（即许南英，近代著名作家许地山之父）兵部募军感迭前韵》等诗篇，号召军民前仆后继，浴血奋战，保家卫国。士洁的诗题材广泛，意味深长，幽婉沉郁，充满爱国主义激情。他与许南英、丘逢甲被誉为其时台湾诗坛三巨擘。

光绪二十一年，清廷与日本签订了丧权辱国的《马关条约》。他义愤填膺，写下了"尚方愿赐微臣剑，先斩和戎老桧头"的激昂诗句。由于形势急转直下，士洁他们"势单力薄守不住，乃携眷离台往大陆故里西岑村"。后来，他移居厦门鼓浪屿林菽臧家，把自已住的地方取名为"洞天寄庐"，并参加组织菽庄吟社。不久，又参加福建晋江商会。

宣统三年(1911年)，士浩出任福建同安马巷厅长。1917年，受聘福建通志局任编辑员，参与编撰《福建通志》。

1922年5月，士浩病逝于厦门鼓浪屿。他一生著有《后苏庵诗抄》11册,《后苏庵词草》1册,《后苏庵文稿》2册；还有与唐景崧、丘逢甲、罗大佑酬唱的《四进士同咏集》传世。

**郑尊崨**（1859—1929） 字清华，永宁人。生于清咸丰九年（1859年）。父亲业炳，儿女众多，尊崨居次。因家境贫困，从小即上山佐父耕作，以供生计。胼手胝足，孝友过人。尊崨性好学，闲时即研读陶朱技术，货殖之道。成年后南渡菲岛，初供职于南甘马仁省某商店作店员，渐露头角。继迁马尼拉，自创杂货店，后又与人合资经营数家公司，任总经理。

郑尊崨

尊崨生性豪爽，见义勇为，且乐善好施。1911年，被推选为菲律宾华侨善举公所董事。他与诸董事积极维护华侨正当权益。委托律师抗争，要求美国当局准许关于华人商家未成年子弟申请出口证手续放宽施行，并向美国政府民政司要求领回华侨义山及崇仁医院产业契据。

1912年，华侨善举公所换届，尊崨被推选为总理，他更是尽心竭力地率领诸董事开展活动。4月底，孙中山致电菲律宾侨界，请侨胞代销国债。尊崨经与全体董事讨论，决定接受侨界公意，出面主持办理。他带头购买，大力倡导，获得佳绩。5月间，由厦门前往马尼拉的华人数十人被禁锢，声言要由防疫医生检疫，广大侨胞义愤填膺。华侨善举公所顺从民意，由郑尊崨等联合我国领事馆，致函美国总医局，提出抗议，终使华人得以释放。11月间，俄国与外蒙古签订“俄蒙协约”，策动外蒙独立，激起全国人民强烈反对。消息传到海外，郑尊崨即以华侨善举公所名义，通告召开华侨大会，商议成立战俄筹饷局，筹集款项，支持祖国，与之抗争。在此期间，尊崨还与全体董事为崇仁医院、华侨义山添置各种设施，方便侨胞。

1929年5月，郑尊崨逝世于马尼拉寓所。当时中国驻菲总领事邝煦堃钦其德望，挽诗云:“天以后乐报先忧，桂馥兰馨环座周。古稀一届不少留，哀荣消息播南洲。岷江之原奠厥幽，何必泥古正首邱。令威化鹤魂自由，千秋万岁看松楸。”

施光铭

**施光铭**（1866—1923） 又名光从，字昭庆。生于清同治五年（1866 年），西岑村人。弱冠之时，因其兄在菲律宾经商失败，负债累累，施光铭乃毅然南渡，为兄撑持商务。他一边经商，一边求学，几年之后不仅偿还全部债务，而且学业有成，并熟悉侨居地风土民情，积累一套经营管理经验和专业知识。初时，施光铭在马尼拉市仙道忌里示道开设晋益号罐头厂和酒店，虽然资本并不雄厚，但因经营有方，忠实厚道，甚得当地华侨和菲人的信任，生意兴隆，业务逐渐扩大，分厂、分店遍及南北甘马仁省等地。后又在马尼拉增设泉益九八行，并在南甘马仁省哪呀及乃乙两地设立分行，专营杂货及椰干土特产。其时菲律宾航运业大部分控制在西方人手中，华商货物运输受人制约，诸多不便。于是，施光铭下决心组织轮船公司。先后购置“万益号”“同益号”“捷益号”“莱特号”“千里世示号”等轮船，航运哪呀、乃乙等地。又在甲万那端开办碾米厂，在台也咨示创办木材厂，同时积极参与发起组织“益同人”保险公司及中兴银行等。

光绪三十一年 (1905 年 )，施光铭开始担任华侨善举公所董事，连任三届。光绪三十三年被推举为总理。其时，占领菲律宾的美国殖民政府突然宣布要没收民间公产。

施光铭 ( 前排左三 ) 在菲华教育会全体职员合影

施光铭与清政府驻菲总领事钟文耀和善举公所全体董事筹商对策，提出交涉，据理力争，方使华侨义山得以保存。后来他为华侨义山办理立案注册手续，进行管理制度改革，以方便华侨。同时，改组华侨善举公所，使之与领事馆分离独立，促进华侨慈善事业的发展。当年，光铭出任马尼拉中华商会第四届会长，蝉联5届，后又蝉联第十至第十三届会长。在担任商会会长期间，他积极维护华侨的正当权益。1912年10月，与施至华代表马尼拉中华商会应南京国民政府工商部的邀请，出席全国工商会议。会上，他就海内外人士普遍关注的美国政府于光绪二十一年提出的无理限制华工入境问题，提请政府向美国交涉，准予华工自由入美，并形成议案。议案为会议接受，转交外交部，由外交部向美国政府正式提出交涉。

宣统二年(1910年)，光铭与侨亲施能宗、施至泵等人发起成立“旅菲临濮堂”，联合旅菲钱江、浔江施氏侨亲，同心协力，支持家乡建设。他独资修建西岑至衙口的三通桥。

1914年，光铭被推选为华侨教育会副会长，倡议在侨胞中征收华侨教育附捐，为发展菲律宾华侨教育事业做出重大贡献。同年4月28日，《马尼拉时报》发表社论，鼓吹实行西文簿记法。5月7日，光铭以中华商会会长名义在同一时报上发表文章。据理辩驳，引起强烈反响。对制止这一旨在限制华商发展法案的实施起了一定的作用。1919年，泉州华侨女子公学前往菲律宾募捐，光铭以公司的名义捐助150银元。他经常接引乡亲往菲，并将大部分乡亲安置在自己企业中做工。对生活困难的乡亲，他更是多方接济。

光铭在厦门鼓浪屿建置楼房一幢，晚年经常往返于菲律宾、鼓浪浪屿之间。1923年逝世于菲律宾。

**林登宾**(1868—1939) 字行恕，前清贡生。早年设帐于永宁故里，门徒鼎盛。后至福州，受业于著名民主主义思想家林纾，思想趋于开明，感封建旧学之弊病，遂弃乡塾而于1901年创办行实小学堂，自任校长。命名“行实”，寓“知行并重，意在务实”之意。小学堂课程除国文外，增设常识、算学等内容。此外，学堂还兼收女生，以示男女平等。1916年，与长女林朝素创办永宁竞新女学。后又于龟湖后泽创办崇义小学。林登宾数十年孜孜不倦地致力于桑梓教育事业，培植英才不下千百。

林登宾

林登宾精于医理，抱范文正公济世活人之志，救治乡人无数，乡望久孚，人所共

菲律宾华侨义山文秀亭

钦。晋江一带林姓族人爰举为族长。倘若诸乡，衅起细微，甚或酿成械斗，其必竭力排难解纷，亲善团结。由是令誉远播，信义昭彰，至今父老犹怀其德。

李文秀

**李文秀**（1873—1936） 岑兜村（现为子英村）人。幼年失怙，稍长即为母分担劬劳，以孝闻名于乡党戚里。后于清末南渡菲律宾，在舅父茂丰行中供职。因其勤奋进取，深得舅父赞赏，便提拔他为茂丰行经理。工作之余，他认真研习西菲语言，以所学而富其才，以所事而尽其职，持筹握算，买卖出入，无不应弦合拍，丝丝入扣，因而事业勃兴，文秀也分获不少利润。经几年积蓄之后，便辞去经理职务，自创新合美公司。十余年后，发展成为规模巨大的“新合美总公司”。1906 年，文秀被推举为华侨善举公所董事。任内曾在崇仁医院创设免费部，方便贫苦侨胞。每当年底，还给住院病人馈赠银钱或物品。1933 年，他在马尼拉北郊建文秀亭一座，作为行人休憩之所。

文秀积极维护华侨权益，抗议美菲当局无理截检返菲华人，并筹款赈济美国旧金山华侨。1921 年，在反对“西文簿记法”斗争中，文秀任中华商会经济部主任，负责筹措抗争经费。他呕心沥血，四处奔波，在五年多时间内，筹措 17 万比索，为反西文簿记法的斗争取得最后胜利做出了重要贡献。

文秀热爱祖国，关怀桑梓，对当时国内政治之腐败，河山之破碎甚感痛心。1920 年，他同吴克诚、郑焕彩等人发起，于鼓浪屿叶寿堂别墅召开“华侨谈话会”，共商救乡事宜。翌月，成立福建自治会筹备处，闽侨救乡会自此发端。闽侨救乡会成立后，他捐献巨款予以赞助。1926 年 7 月，广东国民政府决定出师北伐。文秀与李清泉帮助筹款 14 万元，代募短期救国公债 100 多万元，有力地支援了北伐战争。

1920 年华北旱灾，文秀积极捐款赈济。1923 年，鉴于家乡交通闭塞，商旅不便，即与李清泉等人集资前来创办泉（州）围（头）汽车公司。1930 年，又捐资 500 比索，帮助泉州重建新桥溪导水矶头。此外，他还在厦门建造别墅，经营房地产业，为厦门市政建设做出贡献。

文秀积极支持家乡创办银江学校，曾任该校董事会主任。他还捐资赞助佩实学校。1919 年，晋江县第一区私立第一女子国民职业学校（后改泉州华侨女子公学）因经费困难，前往菲律宾募捐，文秀慨捐 500 元予以支持，并担任该校旅菲董事会董事。福建省政府特赠予“乐善好施”匾额，以示表彰。

**黄念忆** (1877—1970)　清光绪三年 (1877 年) 生，金埭村人。父黄永摺与叔父黄永遮于 19 世纪 60 年代旅居菲律宾，并于光绪七年创办黄联兴铁业有限公司。

念忆 7 岁入私塾读书，刻苦勤奋。光绪十三年，应父命前往菲律宾，在店中学习商务。他年纪虽小，但勤恳好学，且生性聪明，举一反三，很快就熟悉店中业务。后来，其父、叔先后回国，念忆便自任经理，主持黄联兴铁业有限公司。他刻苦经营，精打细算，薄利多销，业务蒸蒸日上。在基础扎实之后，又在各地设立分店，至 20 世纪初叶已成为马尼拉铁业巨子。1914 年，黄联兴公司建造 1 座七层商业大厦，在菲律宾称冠一时。旋又在马尼拉州仔岸设置店面 50 多间，不断谋求拓展。数年之后，他又创办

菲律宾华侨商务总会全体摄影。中排左二黄念忆

大规模的碾米厂，并参与发起创办中兴银行。嗣后，又相继在美国投资锌板厂，在厦门投资电厂、自来水厂，并在鼓浪屿建置房产多幢。

1921 年，菲律宾华侨开展反对“西文簿记法”的斗争。念忆担任交涉委员。他认真履行职责，四处奔波，不畏强权，据理力争，努力捍卫华侨权益。

念忆乐善好施，积极为华侨社会谋福利。他担任华侨善举公所、华侨教育会、中兴银行董事及马尼拉中华商会第 25 届副会长、金埭小学校董会董事长等职务。他十分关心桑梓教育事业，发动华侨捐款，支持家乡办学。

第二次世界大战结束后，他把黄联兴公司交由长子主持，自己移居香港九龙，创办石矿厂，建置房产等。1970 年春，逝世于九龙。

**李逢耀**（1878—1942） 生于清光绪四年（1878 年），塔石村人。幼年丧父，稍长即当肩挑小贩以维持家计。16 岁南渡菲岛，居南甘马仁省那牙埠，初当店员，后与人合办万发杂货店（批零兼营）。继则发展为万发兄弟股份有限公司。

李逢耀

逢耀热心社会公益事业，连任南甘马仁省华侨教育会会长十余届。华英学校创办时，他四处奔波，宣传鼓动，募捐筹款，使该校得以顺利开学，故又任该校董事多届。1917 年，他回故乡创办毓新小学（后改名宝塔学校），并长期负责一半办学经费。

逢耀热爱祖国，曾于马尼拉加入同盟会，支持孙中山先生的革命活动。1932 年，“一·二八”淞沪抗战爆发，海外华侨纷纷成立各种抗日救国团体，逢耀被推选为南甘马仁省华侨救国会委员，参与领导侨胞募款资助抗日。1937 年，抗日战争全面爆发后，南甘马仁省华侨抗敌后援会成立，公推逢耀兼任该会财政，后又任主席。于是，他更加积极号召抵制日货，打击奸商活动，并努力筹募款项与药品，支援祖国的抗日救亡运动。

1941 年，逢耀任国民党驻菲律宾总支部吕宋支部那牙分部常务委员，不久擢升为支部监委。是年 12 月，太平洋战争爆发后，日本侵略者在黎牙实备登陆，继又进入那牙市。逢耀协助华侨青年李忠敬等人联合菲律宾人民游击队，攻夺该市美侨集中营，营救出不少美国侨胞。岂料不久日寇援兵大至，重新占领了该市，开始搜捕抗战分子。逢耀不及躲避，遂被捕。日寇初以利诱，劝其投降，后又严刑拷打，逼其屈服，但他

华侨义山忠烈堂

大义凛然，坚贞不屈。后其子李贤华前往探望，也被拘捕。1942 年 5 月 19 日（农历四月初五日），父子双双殉难。

**王立璇**（1879—1948） 清光绪五年（1879 年）四月廿七日出生于西岑村。年轻时当过轿夫，扛过大鼓。30 岁时由其堂兄带往菲律宾。初在堂兄店中当学徒，后自己创办石灰厂、经营铁业，继而接洽与美国进出口业务。后成为菲律宾著名铁商。

王立璇

1930 年，他与王立螺、王惟杭等捐献巨款在家乡创办岑江小学，并组织旅菲校董会。1936 年春季起，他独力负担该校全部办学经费，让学生免费入学。翌年又独资捐建校舍。教育部据《捐资兴学褒奖条例》授予他一等褒彰。

1937 年，祖国抗日战争爆发。是年 7 月 16 日，菲律宾华侨援助抗敌委员会成立，王立璇被选为委员。他四处奔波，宣传抗日救国，并带头捐款捐物，支援祖国的抗日救亡运动。太平洋战争爆发后，他被入侵菲岛的日本侵略者逮捕，财产也被抄封。但他始终不屈不挠，拒绝与侵略者合作。抗日战争胜利后，他获得自由。当他的企业在其亲朋好友的鼎力帮助下刚刚恢复的时候，他便立即恢复对岑江小学的支持，并汇巨款给家乡，按每户 500 元（旧币）分发给乡人。

1948 年 8 月 7 日，王立璇因患脑出血而逝世于菲律宾。菲华各界为他举行公祭。

李逢铎

**李逢铎**（1881—1952） 岑兜村（现为子英村）人。早年远渡菲律宾，后与亲友合作经营土产，甚有成就。1932 年 4 月接任菲律宾华侨善举公所总理。其时，美菲当局有意限制华人入境，作出种种苛刻规定。李逢铎乃邀请移民公会全体成员讨论抗争办法，对延缓或制止那些不合理条例的实施起了一定的作用。1934 年换届选举时，李逢铎荣膺 57 届善举公会董事长。他又率领诸董事努力拓展会务，购置树日街 222 号 3 层大厦为会所。1934 年夏，闽南一带发生特大水灾，他即邀中华总商会召开会议，负责筹款 35 万元，救济沿海灾民。1937 年 10 月，李逢铎被聘为中华总领事馆顾问。他关心家乡教育，1946 年岑兜旅菲乡侨成立义济同乡会，李逢铎出任理事长。他热心推动故乡银江小学的复校工作，并积极为学校筹募经费。

詹孟杉

**詹孟杉**（1891—1945） 清光绪十七年（1891 年）出生于港边村，家境贫困，14 岁始进私塾读书，后因经济拮据，中途辍学。19 岁随乡人南渡菲岛，谋求生计。初在商店当学徒，后自营肩挑小贩，走街串巷，四处销售。经数年之积蓄，于马尼拉中路布市设置布厨贩售布匹。四年后回乡娶亲。返菲则转营杂货。由于他熟悉市场行情，胸有成竹，每料必中，获利甚丰。美人治菲后，他抓紧时机，转营铁业，开办“詹成发铁业商行”。不久即在铁业界独树一帜，曾连任三届华侨铁业公会会长及数届马尼拉中华商会董事。

孟杉致富之后，不忘昔日艰辛，仍简衣素食，从不以阔绰示人。但对社会公益慈善事业及国内外各种募捐，则热情赞助。1927 年，他被推选为华侨善举公会第 47 届董事。其时，菲律宾立法议会提出一项移民法案，甚不利于华侨生存发展。孟杉偕诸董事代表全体侨胞向美菲当局提出交涉。后又会同中华商会、广东会馆代表进行抗争，使该法案未能付诸实施。1927 年～ 1931 年，孟杉又连任华侨善举公所 50 届～ 54 届董事。前四届任公所主任，最后一届任义山主任。

早年失学之痛，令孟杉不能释怀。故一贯来，他对教育非常重视。1934 年，他捐资给家乡陶青小学建筑校舍，并在校中建有詹孟杉纪念楼。此外，他还曾任菲律宾华侨教育会董事二年、永宁竞新女学旅菲董事会主席四年，对于两地教育事业贡献良多。

詹成发铁业商行广告

抗日战争爆发后，孟杉积极投入抗日救亡运动。他捐款捐物，奔走呼号，在华侨中有很大影响。1937 年 7 月 16 日，“菲律宾华侨援助抗敌委员会”成立，他被选为委员。于是，他更是斗志昂扬地率领广大侨胞从财力、物力等方面支援祖国人民的抗日战争。1942 年，日本侵略者占领菲律宾，孟杉被逮捕，囚禁数载，直至 1945 年抗日战争胜利后方获释。但由于在狱中受尽折磨，身体虚弱，出牢不久即逝世于菲律宾寓所。

**黄念打**（1900—1942） 金埭村人，14 岁往菲律宾谋生，初受聘于“黄联兴铁业有限公司”，后担任詹成发商行业务员。任职期间，兢兢业业，深受好评。

黄念打

1937 年，“七七”卢沟桥事变，菲律宾华侨掀起抗日救国活动。他响应菲律宾中华商会的倡议，积极参加抵制日货活动。因工作认真，被推选为“抗敌会抵制小组”委员。他忠诚报国，多方奔走，竭力支持祖国的神圣抗战事业。

1942 年，日本侵略者占领菲律宾。黄念打与抵制日货委员蔡派恭、颜文初、施教锯等侨领共 42 人不幸被捕。日本侵略者企图利用侨领来压制菲岛的抗日活动。日本宪兵部采取各种威胁利诱手段，要求黄念打等侨领：一、通电劝重庆政府和日本议和，承认汪伪政权；二、在三个月内为日军募集菲币 2400 万比索；三、由日军指挥组成伪华侨协会。如答应上述条件则立刻释放，财产退回。黄念打等人坚守民族气节，严正拒绝日军所提条件。3 月 19 日，黄念打等 28 人被囚禁于比里毕大监狱。在狱中，备受敌人摧残，始终守口如瓶，坚贞不屈。4 月 9 日，日本侵略者以“以钱财支持抗日”罪，判处黄念打等 9 名侨领死刑，没收财产。4 月 15 日，黄念打等人被日本侵略者秘密杀害于华侨义山。

1945 年 9 月 2 日日本投降后，黄念打等被害侨领的忠骸被找出，供奉在菲律宾“华

李淡夫妇与黎牙实备中华学校学生合影

侨烈士纪念堂”中，让后人凭吊瞻仰。

**李淡**（1905—1968） 号明我，洋厝村人。早年就读厦门大学，积极从事学生运动，在五卅运动中因进行反英、反日宣传而被捕。20世纪20年代，他乘槎浮海往菲律宾。先后在中西学校、南洋公学等多所华校任教，并创办主持乃乙中华学校、黎牙实备中华学校和美骨中学，传播爱国思想。“九一八”事变后，菲岛各地华侨纷纷组织抗日救国会，李淡担任北甘马仁省乃乙华侨救国会主席，并负责编印刊物《血弹》，揭露日本侵略者侵华的阴谋。同年十一月，菲华首届华侨救国会代表大会召开，李淡当选为五人主席团成员，成为菲华救亡运动的领导人之一。

李淡

李淡热爱祖国，热爱家乡。1932年他回乡为母亲治病，期间曾帮助家乡聘请师资，创办洋山小学，积极发动侨胞捐资重建小学校舍。他还写了不少诗歌表达对故乡的深厚感情。暮年之际，李淡思亲之情更加炽热。他感慨万千地写道：“异乡长作客，故国永乡思，天际无垂幕，燕迟归。”当他束装待归之时，不幸身染重病，1968年9月28日在菲律宾逝世。

李淡善于诗草辞章。其作品经其长女李彬（笔名冰凌，《福建日报》主任编辑）整理编辑，于1994年由海峡文艺出版社出版了《李淡诗词钞》一书。2009年，又经李彬编辑，由爱达出版机构出版了《李淡诗词手书》。

董云阁

**董云阁** (1908—1932) 又名董光泰，生于清光绪三十四年（1908年），永宁后山人。其父早年往菲律宾经商，家境颇宽裕。云阁童年入家乡董氏开办的“四合成”药铺附设的私塾念书。1920年往菲律宾，在马尼拉继续就学。

1925年回国，就读于厦门集美学校。云阁性格内向，沉默寡言，从小喜欢读报、看书。入集美学校不久，即秘密参加革命活动，化名董奕象、董光华，颇受同学尊敬，称之为“老董”。是年，上海发生“五卅”惨案。厦门大学和集美学校的师生纷纷集会示威、罢课。厦门工人罢工，声援上海工人反帝爱国斗争。云阁在斗争中受到深刻的教育。

1926年10月，北伐军入闽，各地学生运动、工人运动蓬勃兴起。云阁积极参加革命活动。是年，加入共产主义青年团，不久，担任学校团支部书记。寒假期间，党组织安排云阁回永宁开展革命宣传，建立农民协会。

1927年年初，云阁返回厦门参与领导学生运动，不久加入中国共产党。由于云阁积极开展革命宣传和领导学生运动，引起当局的注意并受到监视，被迫改变身份入厦门大学当旁听生，继续从事革命活动。

1928年年底，任共青团福建省委委员，与苏效泉共同负责厦门团市委工作。1929年7月，云阁代理团省委书记。是年，共产党领导厦门海员、牛车工人举行抗议国民政府逮捕工人的罢工，大中学生争取集会结社自由和保障人权，以及中小学教员反对政府裁减教育经费，要求发清欠薪的罢课等一系列政治斗争。云阁始终站在斗争最前列。1930年，云阁任共青团福建省委书记。是年春夏间，云阁遵母命回乡和高秀真结婚，婚后才5天就返回厦门。9月~10月，云阁任福建省总行动委员会常委，负责青年工作。11月，省总行动委员会撤销，云阁仍任团省委书记。是年冬，中共福建省委派云阁、陶铸到漳州重建被破坏的闽南党组织。12月，中共闽南特别委员会重新建立，特委机关设在漳州南山寺，陶铸任书记，云阁任副书记，继续领导漳属地区的革命斗争。他们组织武装游击队，实行土地改革并着手筹建苏维埃政权。

1931年3月，中共福建省委设在厦门鼓浪屿的秘书处、宣传部被敌人破坏，省委常委兼秘书长杨适、省委宣传部部长李国珍被捕，先后牺牲。在此严峻时刻，云阁挺身而出，在代理书记王海萍和互济会党团书记黄剑津到上海汇报福建省委受破坏情况和请示工作期间，他和蔡协民、曾志临时负责省委工作，主动担负领导全省革命斗争的重任。因形势险峻，云阁母亲担心儿子的安危，多次劝他到菲律宾去，都被断然拒绝。他说，“没有国，哪有家！”中共福建省委遭破坏后，根据中共中央指示，暂不恢复省委组织，分别设立福州、厦门两个中心市委。1931 年 7 月，中共厦门中心市委成立。1932 年 2 月，云阁任中共厦门中心市委常委、组织部部长，并受中心市委派遣，以党的巡视员身份到仙游指导仙游县委成立抗捐委员会，在北区发动群众 100 多人反对鸦片捐，包围收捐军队，开展游击战争。到莆田笏石、黄石等地区开展抗鸦片捐的斗争。在云阁具体指导下，莆田党、团县委组织进一步健全，农会、革命互济会、妇女救国会等组织也有一定发展。

1932 年 4 月 20 日，中国工农红军攻克漳州，中共厦门中心市委领导人先后到达漳州配合红军工作。云阁负责中心市委的领导工作。在此期间，他组织发动一批进步青年到漳州参加红军。5 月 25 日，云阁不幸被捕。在狱中，他正气凛然，坚贞不屈，严守党的机密，始终保持共产党人的崇高气节。10 月 23 日，被杀害于厦门禾山海军司令部。

**王庆祥** (1908—1988) 字景云，永宁北门人，出生于信奉基督教的侨属家庭，就读于教会创办的育元小学。1928 年于泉州高中毕业后考进广东光华医学院。1932 年“一·二八”日本进攻上海闸北时，随医学院救护队，奔赴上海支援坚持淞沪抗日的十九路军。1936 年毕业后，先后于光华医学院附属医院和广东增城县医院任医师。1937 年，抗日战争全面爆发，翌年 1 月，他满怀救国热情，赴国民政府陆军一五八师军医处任中校军医。1939 年，又转到交通部军委工委会，先后在所属滇缅铁路工程处、西祥公路工程局和中印公路工程局任主任医师。时日机经常轰炸西南各地，他坚持为抢修铁路、公路的民工医伤治病。

王庆祥

1947 年 2 月，他回到家乡永宁开设诊所，适值晋江南部一带鼠疫大流行，他和夫人关丽倩（广东光华医学院毕业生），马上投入抢救患者的工作中。他关心家乡教育事业，在他倡导下，因抗战停办的育元小学重新恢复，王庆祥被选为董事长。1952 年 10 月，任晋江县卫生院医师兼医政组主任；1953 年 3 月，调晋江专区第一医院任外科医师；1954 年 7 月调晋江专区第二医院任外科医师；1955 年先后参加四五八二（晋江）与七九六二（龙岩）国防建设，在工地医务处任医师，荣立三等功和一次集体二等功。1956 年完成支前任务，被评为三等功臣，返回原晋江专区第二医院，当年 12 月晋升为主治医生，1964 年 4 月，晋升外科副主任医师。

20 世纪 60 年代初期，他已对胃肠道手术，胃、脾切除，椎柱减压固定术，病灶清除，乳腺癌根治，骨折内固定术等有较深造诣。他能阅读英文专刊。1958 年撰写的《自发性右侧腰三角疝》在《中华医学杂志》发表。之后，又整理发表《食道癌综合问题探讨》《国产癌敌和癌得平治疗恶性肿瘤的观察》《巨块型原发性肝癌右半肝切除昏迷治疗一例报告》《治疗广泛复杂性创伤的若干问题》等数篇论文。

1976 年，王庆祥从福建医学院附属二院退休返回故乡永宁。他仍热情为群众排忧解难，永宁卫生院遇有疑难病症或危重病人，经常邀请他会诊指导。他在侨眷与华侨中享有崇高声望，1979 年被推选为永宁镇侨联主席，并先后被选为晋江县侨联会常委，晋江县第一、二届和第七、八、九届人民代表大会代表；政协晋江县第四、五届常务委员。1988 年 3 月 16 日，王庆祥医师在永宁家中逝世。

**李子芳** (1910—1942)　乳名清心，生于清宣统二年（1910 年），岑兜村（现为子英村）人。

子芳 8 岁入银江小学读书，因父母早逝，家境日蹙，中途辍学。1923 年，随乡亲旅居菲律宾马尼拉，先在店铺当学徒，后入中西学校半工半读。时值国内大革命蓬勃发展，子芳阅读许多进步书报，萌生报国救国大志。

1927 年，子芳毅然回归祖国，一面继续求学，一面寻找革命道路，先后入县城（今泉州市区）培元、晋中和黎明高中读书。在校期间，经常与同学评论时事，批判社会腐败现象，参加学生运动，传阅革命书刊，被学校当局视为“过激派”，被“劝退”出校门。

1930 年，子芳离开黎明高中，到泉州东郊法江小学任教。他利用课余时间，指导学生开展各种形式的有益活动，出版不定期小刊物《竹芽》宣传革命道理，揭露黑暗社会，同时指导学生成立自治会。其进步活动引起地方当局的注意，行动受监视而被迫离开泉州。子芳一度到南京大学当旁听生，课余大量阅读革命书刊。不久，返回福建，在厦门鼓浪屿参加中共地下活动，并加入革命互济会和反帝大同盟。

1932 年 4 月，毛泽东率领中央红军东路军攻克漳州城。5 月，经厦门互济会介绍，子芳赶至漳州石码参加红军。6 月，随东路军进入中央苏区。他先后被分配在红四军组

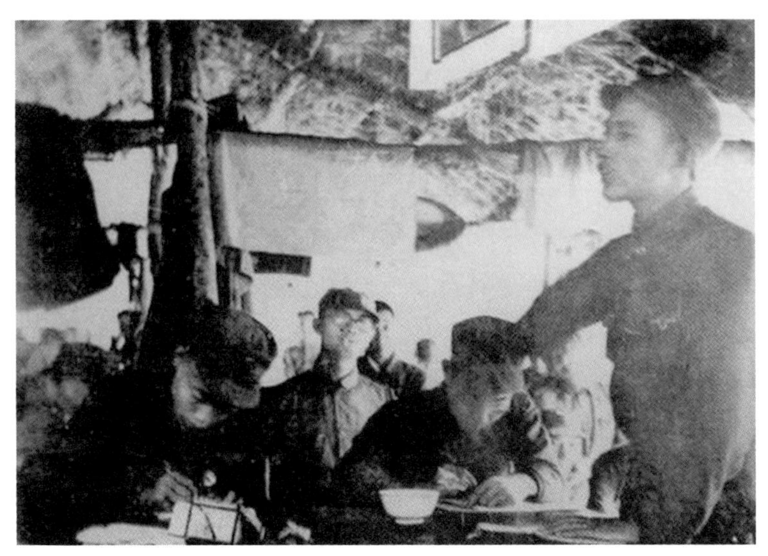

李子芳在新四军第一次党代会上作工作报告

织部和红一军团组织部担任干事。翌年 4 月，加入中国共产党。1934 年 10 月，中央红军实行战略大转移，子芳跟随大军，参加举世闻名的二万五千里长征。在征途中，他尽力帮助战友克服各种困难，还时常利用空隙时间给战友讲解天文、地理、历史、航海等知识，被同志们雅称为“大学生”。中央红军抵达陕北后，子芳先后被提升为红一军团政治部组织部副部长、部长等职，并当选为军团党委候补委员。

抗日战争爆发后，南方 8 省游击队奉命整编为新四军，子芳任新四军政治部组织部长。1937 年冬，他带领一批干部从延安到达武汉，参与组建新四军，着重担负筹组政治部及其所属各部的一切事宜。他知人善任，关心爱护同志，特别重视发挥知识分子的作用。

1938 年冬，全国抗战形势有新的发展，许多爱国青年、工人和学生纷纷投奔新四军。他又认真配合教导队各级干部，对新入伍的爱国青年进行培训。

1941 年 1 日，国民党顽固派制造震惊中外的“皖南事变”。事发前，子芳因阑尾炎手术不久，且患有较严重的肺病，军部领导曾两次决定让他与其他体弱的同志先行过江，但他坚持要与部队一起行动。当时，新四军军部及直属部队 9000 余人，遭到国民党 8 万重兵的包围阻击，形势极其严峻。在 7 天 7 夜的恶战中，子芳始终强扶病体，与部队一起冲杀。当战斗到最后关头，叶挺军长下令分散突围，子芳指示战斗人员“要杀出一条血路来，夺血路而走。”1 月 13 日，子芳与部下 10 多人，从被围困的石井坑向外突围。但他身体虚弱，步履维艰，未能逃出虎口，与几个警卫人员不幸被俘。他初与叶挺军长等新四军数百名指战员被囚禁于江西上饶集中营，后又与军政治部秘书处处长黄诚等 10 余位干部被转押至石底监狱。

在石底监狱，子芳组织狱中党支部，被推选为支部书记，领导难友开展不屈不挠的狱中斗争。是年深秋，党支部组织 3 位同难战友先行越狱失败后，敌人管制更紧。子芳与黄诚及廖振文、胡宗德均被钉上脚镣。敌人为了切断子芳、黄诚与狱中难友的联系，将其他被俘人员转押至“周田训练班”。1942 年 5 月，日军大举进逼浙赣线，国民党顽固派决定将上饶集中营迁往福建。大转移前，顽固派采用食物下毒的卑鄙手段，将子芳和黄诚等人残杀狱中。

**李中敬**（1911—1944）　又名涵清，洋厝村人。1911 年农历八月初六出生于菲律宾，幼年时父母双亡，由叔父抚养。1925 年回国，就读于厦门十三中学。1928 年返菲，经营杂货店，并在华英小学任教。

1932 年“一·二八”淞沪战起，中敬在菲律宾那牙市组织华侨抗日义勇队，并率队回国参战。不料抵达上海时，战事已经结束，义勇队遂自动解散，各自返菲。中敬顺道回家乡，与厦门十三中的同学孙美云结婚。后来，夫妻一同返回菲律宾那牙市，在华英中学任教。

1937 年“七七”卢沟桥事变，全面抗战爆发。中敬参与筹募捐款，四处奔波，发动爱国侨胞积极支援祖国的抗日战争。

1941 年，入侵菲律宾的日本侵略者进驻那牙市，中敬毅然参加菲律宾人民游击队。1942 年 5 月 1 日，中敬在老华侨李逢耀的协助下，带领游击队攻夺那牙市美侨集中营，歼敌颇多，并救出不少美侨。事后，日本侵略者大批援军进入，大举搜捕抗日分子，中敬于 10 月 5 日不幸被捕。在囚车上，他乘敌不备，纵身跳入河中，无奈镣铐在身而未能逃遁。复被逮捕后，被囚禁于皇城内山爹屯监牢中。中敬在狱中经受 6 个月的严刑拷打，始终坚贞不屈，后被转移到百灵也计文地愈巴大监狱囚禁。1944 年 12 月底，美军在菲登陆，日本侵略者溃退前疯狂屠杀抗日志士，中敬惨遭杀害，年 34 岁。

白刃

**白刃**（1918—2016）　原名王年送，又名王寄生，笔名王爽、蓝默。1918 年古历九月初八出生于永宁。1932 年

周总理在《兵临城下》演出后与演职人员合影。前排右三剧作者白刃

往菲律宾谋生，当过学徒、店员。在马尼拉半工半读。1936 年在菲参加抗日救国会。1937 年春回国，1938 年秋去延安，进入抗日军政大学学习，参加八路军。1939 年参加中国共产党。历任八路军 155 师参谋、干事、连指导员、报社主编。安东（今丹东）广播电台台长，西满军区、东北后勤宣传科长、教育科长并兼《反攻报》《后勤报》主编，新华社前线分社记者，第四野战军编辑科长等职。参加过辽沈、平津两大战役。1952 年起专事文学创作。1985 年离休。

自 1936 年开始在菲律宾华文报刊上发表作品起，60 多年来，出版小说、剧作、诗歌、散文 30 余部。著有长篇小说《战斗到天明》《南洋漂流记》等。话剧剧本《糖衣炮弹》曾获 1950 年中南军区汇演优秀剧本奖、电影文学剧本《兵临城下》获长影制片厂奖。2002 年出版《白刃文集》、共分为七卷（第一、二卷，长篇小说；第三卷，中短篇小说；第四卷，话剧；第五卷，剧本、唱词、诗歌；第六卷，纪实文学、故事；第七卷，散文）。

曾获中国人民解放军二级红星功勋荣誉章、享受国务院政府特别津贴。曾任中国作家协会名誉委员，中国南音学会顾问、中国电影基金会名誉理事、菲律宾华侨归国联谊会顾问、菲律宾菲华文联顾问、澳门福建同乡总会名誉顾问、北京集美校友会副理事长。2015 年 9 月 2 日，获中共中央总书记、国家主席、中央军委主席习近平颁发抗战胜利 70 周年纪念章。

2016 年 5 月 15 日，白刃于北京逝世。

**高明轩**（1919—1993） 外高村人。1935 年毕业于泉州培元中学，1936 年赴菲律宾谋生。曾参加怡朗华侨救亡会，1938 年年初，回国参加抗日战争，先后到延安陕北公

高明轩（后排左三）在陕北公学

学和马列学院学习，同年加入中国共产党。结业后，在中共中央海外工作委员会任资料组组长、陕甘宁边区归国华侨联谊会执行委员。1945 年赴东北，先后担任沈阳《东北日报》资料研究室主任、《通化日报》社长、长春广播电台台长等职。1947 年到香港中共香港工委工作。1948 年在闽粤赣边区担任《大众报》社社长。中华人民共和国成立后，先后担任中共福建省漳州地委委员、宣传部长、福建省政府华侨事务委员会副主任、主任，中国新闻社福建分社社长，中央华侨事务委员会委员，中共福建省委政策研究室主任、副秘书长，福建省归国华侨联合会第一副主席和中国侨联第一届委员会副主席等职。

1993 年，高明轩病逝于福州。

**高天雄**（1921—2003） 永宁人，10 岁随堂叔往菲律宾谋生。1936 年～1939 年在菲律宾怡朗市参加抗日救亡协会工作。1939 年 4 月，他参加菲律宾华侨回国慰劳团赴延安，并于当年 8 月参加新四军，同年加入中国共产党。先后在新四军任排长、连长、营长等职。抗日战争胜利后，又参加解放战争，先后参加辽沈、淮海、平津三大战役，后又渡江南下。中华人民共和国成立后，在中国空军第十六师任参谋长、副师长等职。朝鲜战争爆发后，又赴朝参加抗美援朝，带兵参战。朝鲜战争结束后，回国任沈阳军区空军副政委。1964 年转业地方，任民航广州管理局副局长。1981 年离休。2003 年 4 月 12 日于广州逝世。

高天雄

**郑周敏**（1927—2002） 永宁西厝村人，9 岁时随父母移居菲律宾。因父早逝，少时半工半读。他为人精明、善于捕捉商机，以其母创建的椰肉干公司为基础，逐步涉

郑周敏回故乡

足纺织业、地产业，事业蒸蒸日上。20 世纪 70 年代他以敏锐的目光和非凡的胆识进入台湾，投资地产和金融业，取得巨大的成功。80 年代，以他为首组成的亚洲世界集团的触角遍及菲律宾、美国、日本、加拿大等国家和中国香港、台湾地区，成为集房地产、金融、工业、贸易、旅游等多种行业于一身的庞大工商王国。他还创建总资产达 429 亿元台币的亚洲信托投资有限公司，名列台湾十大私人企业榜首。20 世纪 90 年代，他创建的亚洲世界集团在菲律宾、美国、加拿大等国家和中国香港、台湾等地拥有 30 余家分公司，总资产高达 50 亿美元，成为菲律宾华人首富。

他发达不忘贫寒，积极回报社会，与其兄周扬成立“郑龚抱月国际慈善基金会”基金达到 1.17 亿美元，超过美国洛克菲勒基金会 1 亿美元的数目。其常年发放基金，对菲律宾教育、文化、体育和各种社会福利事业予以大力资助。他关心家乡公益建设，1994 年，与其兄郑周扬捐资参与兴建永宁中学综合大楼，铺建“焕章抱月水泥大道”、重建永宁西厝郑氏宗祠。1991 年，中国发生特大水灾，“郑龚抱月国际基金会”即拨出 100 万元人民币支援大陆灾区。

2002 年，郑周敏逝世，同年 6 月 19 日，在菲律宾第一届“扶西·黎刹杰出华裔菲人奖”颁奖典礼上，他被追勋“杰出成就奖”称号。

蔡登鍊

**蔡登鍊**（1927—2012） 下宅村人。早年往菲，凭着勤奋刻苦和过人的魄力开始经商，几经翻滚，事业不断壮大，其生意渐渐遍及东南亚和祖国内地。创办菲律宾 GUZENT LNC 公司，并任董事长。其产业涉及起重机、国际贸易、仓储、地产等，尤其是起重机业，菲律宾的大小码头大多采用其大型起重机，计有 1500 多部，一度被誉为菲律宾吊车大王。

蔡登鍊身居海外，心系祖国家乡。曾先后捐资为家乡霞泽小学、锦尚镇西坑小学建教学楼；1994 年，参与永宁中学兴建综合楼；2008 年，为下宅村兴建公德堂；2010 年，又捐资参与霞泽学校校安工程的建设。

2012 年 3 月 28 日，蔡登鍊于菲律宾逝世。2013 年 6 月，被福建省人民政府追授予捐赠公益事业突出贡献奖。

**佘明培**（1933—1988）出生于菲律宾马尼拉，祖籍港边村。其父佘文闪在菲经营小杂货店，生活清苦。明培兄弟姐妹七人，他自小勤奋好学，一直坚持读完中学，后就读中正学院。为帮助维持家计，只进修理科一年而弃学经商。1962 年，他在父亲和叔父佘文钞支持下，筹集一笔资金，建了一家经营电器、建材的“佘明培商行”。到 70 年代，事业已甚兴旺。他还与人合资开办了“菲立电线厂”，任总经理。另合资经营“菲律宾长城影业有限公司”，任董事长，且与台商经营养虾业。20 年间，凭其经营才干和诚挚敦厚的人品，事业蒸蒸日上。

佘明培一生致力于发展中菲友好关系。中菲建交前夕，他与一群志同道合的青年创组了菲华青年友好协会，并任第三届会长。商总在中菲建交后发生了震荡华社的“挂旗事件”，为了使菲华社会遵奉菲律宾“一中”的国策，菲华青年友好协会公开发表声明表态声援。为了促成台湾大专院校菲律宾校友“破冰”访问中国内地，他还殚精竭虑地做穿针引线和搭桥工作。为促进菲中文化的交流，“菲律宾长城影业有限公司”代理输入中国电影，并将菲律宾电影输送中国。

他深感自小家贫失学的痛楚和教育对国家民族的重要，一生热心教育事业，大力捐资建造校舍，创设菲律宾宗亲会教师奖励金，成立资助贫寒学子基金会。他曾受“旅菲港边同乡会建筑陶青校舍筹委会”委托回乡视察，并独资捐建陶青小学礼堂。他于 20 世纪 50 年代毕业于厦门大学中文系函授班。1986 年回国参加厦门大学 65 周年校庆，捐资 30 万美元，为厦门大学助建一座可供国家级比赛使用的现代化体育馆。

1986 年，《菲华时报》面临在马科斯倒台后何去何从的问题，佘明培与李南文毅然入主《菲华时报》。由李南文任社长，自任总编辑，继续坚持创刊宗旨，并力求做“热心维护自己自由的人民精神的千呼万唤的喉舌”。因旗帜鲜明，李南文先遭暗杀，明培亦因谴责杀害李南文暴行，不幸于 1988 年 5 月 9 日在其寓所附近遭暗杀。他的不幸逝世，是菲华社会及乡梓的巨大损失，菲诸报刊及国内多家报纸均登载这一消息，谴责杀人者的暴行。

佘明培不幸离世，其家人继承遗愿，成立了“佘明培纪念基金会”，继续拨款回馈社会，捐助教育设施。

## 人物简介

**龚诗贮** 菲律宾华人企业家、慈善家。祖籍永宁镇西偏村，1926 年 11 月 11 日出生于菲律宾马尼拉市华人区岷伦洛。

1949 年，他在菲律宾开办玻璃店，还创办和经营过财务公司、贸易公司、银行、保险、旅行社、地产及人力资源开发等多种行业。他所创办的阿尼托车房旅社以成功经营汽车酒店（亦称车房旅社）业著称，被誉为“菲律宾汽车酒店大王”。龚氏并以总资产 2 亿美元荣登富比斯《1994 世界华人富豪榜》。

1961 年，龚诗贮发起组织首都青年商会，并于 1965 年成为出任国际青年商会菲律宾分会全国主席的第一个华人。

1978 年 8 月 19 日，他创办龚诗贮基金会，对菲律宾教育、宗教与精神发展、改善贫苦农民及妇女的生产与生活条件等方面取得令人称道的成绩。他还独资赞助《华侨华人百科全书》出版，并创立北京大学龚书贮基金。1996 年，北京大学为表彰龚书贮对华人与东南亚学术研究的贡献，授予龚书贮博士“北京大学名誉顾问”。2002 年 6 月，菲律宾“扶西·黎刹博士杰出华裔菲人奖”颁奖典礼，龚诗贮被阿罗约总统授予“终身成就奖”。

**李逢梧** 岑兜村（现子英村）人。生于 1931 年，3 岁随母移居菲律宾。他大学毕业后创办音乐公司，生产经营唱片。经多年努力，该公司成为菲律宾第二大唱片公司，一度控制菲律宾 60% 的本土曲目市场，曾任菲律宾唱片业协会主席、东南亚音乐工业

李逢梧

协会会长。2000 年以来，李逢梧先后获得菲律宾“杰出社会服务奖”“卓越服务总统奖”、全菲“杰出菲律宾人”奖、“第三届扶西·黎刹博士杰出华裔菲人终身成就奖”。李逢梧后又涉足房地产、电器、机械制造和旅游酒店等行业，成就斐然。1990 年，李逢梧担任华侨善举公所董事长。1998 年，善举公所改名“善举总会”。20 多年来，他把总会的服务对象从单纯的华人扩大到整个菲律宾社会。每当灾害发生，他都亲率总会董事赶往灾区救灾赈灾。1989 年，李逢梧出任菲律宾中华总商会理事长。由于李逢梧在医学界（中华崇仁总医院暨医疗中心）及旅游界（太平洋旅游公司）之非凡表现，菲律宾阿罗约总统，于 2010 年 1 月 13 日在总统府英雄厅为“医学旅游大使”李逢梧博士举行宣誓就职仪式。同年，经外交部审核，李逢梧入选中央电视台推出的《百名世界华人》。

**董尚真** 祖籍沙堤村。1935 年出生于菲律宾。他继承父业，自 20 世纪 70 年代起，引进国际先进技术和设备，扩大规模，拓展领域，与北美、欧洲及亚洲的一些国家和地区建立业务往来，使其父创办的“亚美士戈”集团有限公司成为菲律宾的

菲律宾商联总会理事长董尚真（前排左 2）回故乡

综合型跨国公司。自 1976 年始，董尚真实际成为菲华商联总会的重要决策人和中坚之一，对商总事业的发展及菲律宾华人华侨境遇的改善发挥了杰出的作用。1993 年～ 1997 年，他蝉联两届菲华商联总会理事长，任内毅然打破以往 40 年对华关系的藩篱，推动菲华商联总会与台海两岸关系的决策转变，促成菲华商联总会首次访问中国。实现了“一迎江总（当时的中共中央总书记江泽民）、两访中国”的愿望，极大地推动了中菲两国传统友好合作关系的发展，加强了菲华社会与祖籍国血浓于水的关系。

**卢祖荫** 1935 年 6 月出生于永宁。20 岁往菲律宾深造，大学毕业后，在马尼拉一家具有相当规模的造纸印刷厂从事企业管理。20 世纪 70 年代，自己创办了“亚洲印刷包装工业公司”。取得令人瞩目的成就。此后，又涉足苎麻麻纱加工、卫生用品和纺织等行业，均取得巨大成功。中国大陆改革开放后，他联合台湾、香港三位好友在泉州市南安水头镇投资创办了永顺轻工实业有限公司，创设占地 200 亩的纺纱厂，首期生产腈纶纱、棉纱和再生棉，年产量 6000 吨，其产品质量、产量和销量在福建省名列前茅。

卢祖荫曾任菲律宾中国和平统一促进会会长，菲律宾中华总商会副董事长，菲律宾石狮同乡总会理事长、石狮市中华慈善总会荣誉副会长、旅菲石狮永宁中学校董会董事长等职务，现任菲华各界联合会主席。他热爱祖国，为发展家乡教育事业做出巨大贡献：在永宁创办行实幼儿园、行实学校，捐资建设永宁中学、永宁中心小学、美江小学校舍。在多个学校设立奖教奖学金。1998 年，福建省人民政府为卢祖荫颁发“乐育英才”证书、金匾。2007 年 12 月，福建省人民政府为他立碑表彰。

卢祖荫

陈著远（右 1）接受菲律宾阿罗约总统（左 2）的嘉奖

**陈著远** 1935 年生于岑兜村（今子英村）。1949 年赴菲律宾读书，后随父亲经营咖啡厂。1967 年涉足塑胶工业。次年投资包装业。1998 年，他被推举为菲律宾塑胶公会首届会长，倡议组织东南亚塑胶工业联合会，陈著远为该会五位常务理事之一。20 世纪 90 年代到上海投资房地产，创办油墨厂、包装薄膜厂等企业，事业更上一层楼。他对家乡的教育事业慷慨支持：捐资建设银江华侨中学体育馆、运动场、校门等设施，捐资参与永宁中学教学楼建设，在银江华侨中学、永宁中学设立奖教奖学金，福建省人民政为他颁发“福建省捐赠公益事业突出贡献奖”金质奖章、奖匾和荣誉证书。陈著远且热心菲华体育事业，倡导组建菲华体育总会，亲任理事长。后又担任菲律宾武术协会会长，为提高华人素质和形象做出突出贡献。

李爱珍

**李爱珍** 女，港边村人，生于 1936 年 5 月。1958 年毕业于复旦大学。中国科学院上海冶金研究所研究员、博士生导师，中国第一代化合物半导体科学家。1995 年以来，李爱珍曾先后荣获国家科技进步奖、国家发明奖和国家自然科学奖等共 6 项，获中国科学院科技进步奖，上海市科技进步奖等共 13 项。20 世纪 60 年代，李爱珍主要研究单晶材料；70 年代，主要研究薄膜材料（液相外延和气相外延）；80 年代，到美国工作 2 年，师从国际半导体权威米尔纳斯教授（曾 2 次获国际奖），转入研究用分子束外延高新技术生长超晶格、量子阱、异质结人工合成超薄层纳米材料。分子束外延是极其重要的高新技术和前沿学科领域，因为它在国防上的重要性，被巴黎统筹委员会列为向社会主义制度国家禁运的高新技术。爱珍在很短的时间内完成第一代的改造，又用近 3 年时间研制成功中国第二代分子束外延设备。至 1990 年，中国第一次进入国际分子束外延会议委员会。李爱珍为该国际会议程序委员会委员，为打破巴黎统筹委员会对中国外延高科技的禁运做出卓越的贡献。1996 年，在美国召开的分子束外延国际会议期间，国际顾问委员会通过李爱珍的申请——2000 年分子束外延国际会议在中国北京召开，这是李爱珍为祖国在国际高科技领域争得一席之地所做出的又一重要贡献。1988 年～ 1995 年，李爱珍任国家高技术新材料领域半导体光电子材料专题负责人。1995 年为全国分子束外延会议主席、全国砷化镓会议主席。1996 年～ 1997 年，被聘为德国马普学会荣誉访问教授，与柏林 Paul—Drude 研究院合作研究。曾先后多次到美国、英国、德国、日本等国家和中国香港地区参加国际学术会议，在国内外学术会议发表论文 160 多篇。

1987 年～ 1997 年，李爱珍连续 5 次被评为上海“三八”红旗手；1989 年被国务院侨办、全国侨联授予“优秀全国归侨、侨眷知识分子”称号；1992 年享受国家特殊津贴；1994 年被国家科委评为“发展我国高科技先进个人”；1955 年被英国剑桥国际传记中心列入国际名人录；1996 年被美国传记研究院列为“成就金牌记录”人物；1997 年被全国妇联命名为“全国城镇妇女巾帼建功标兵”“全国‘三八’红旗手”，被上海市委、市政府评为“上海市劳动模范”。2007 年 5 月 1 日，当选为美国科学院外籍院士。

**施展熊** 1944 年出生于西岑村，父亲为旅菲侨商，1955 年随母定居香港。1973 年开始经营自行车贸易业务，后在其父帮助下创办了香港大寰自行车有限公司。20 世纪 80 年代初，施展熊成为深圳的首批港商。在深圳投资建立中华自行车公司，至 1988 年发展成为世界最大的自行车出口基地之一。如今，其公司在内地的投资发展到上海、江苏、湖南和辽宁等地，并从单一的制造业拓展到房地产和其他业务，并在美国、法国、马来西亚拥有分公司，集团年营业数达 10 亿元。他历任八、九、十、十一届全国政协委员、福建省政协委员、深圳市政协常委、全国工商联常委、中国外商投资企业协会常务理事、深圳市总商会副会长、香港特别行政区首届行政长官推选委员会委员、香

施展熊

港政府策略发展委员会委员、香港中华总商会常务董事等职。他秉持“产业报国”的初衷，以慈善为怀，热心公益，倡导设立“中华育人振兴基础教育工程基金”。1993年，他为中国“希望工程”捐资300万元，还捐款上千万元在国内较落后地区兴建10余所“中华小学”，并决定每年厂庆时捐建10所小学，10年内将在全国建立100所“中华小学”。1995年，出资与国家体委联合举办国际自行车比赛；为中国备战奥运会，出资与国家体委合作组建国家山地自行车队。历年赈灾累计数百万元。在家乡永宁西岑，捐款支持村委会、道路、水闸、池塘等设施的修缮建设。

**卢温胜** 1947年出生于沙美村。1962年旅居香港，学校毕业后曾于银行就职，1977年开始经营珠宝生意。先后创办足金有限公司、宝源珠宝有限公司、国昌水晶表面制品有限公司。上世纪九十年代，他把业务扩展至内地，在石狮首先开设金行，并与友人合作，在泉州组建运通世纪集团有限公司，担任董事长、总经理，从事房地产开发，其经营范围广泛，业务多元。历任第十届、十一届、十二届全国政协委员，福建省第七届政协委员，第八届、九届、十届政协常委。香港民建联监察委员、中华海外联谊会理事、香港福建社团联会秘书长、香港福建商会常务理事、香港福建同乡公会理事长等职。他不忘故乡的养育之恩，积极回馈奉献，捐资建沙美村道路和照明工程，兴建美江小学和永宁中学校舍，并在两校设立教育基金会，捐建子英医院门诊大楼，捐资支持石狮市体育中心、晋江机场、武夷山机场和武夷山兴田中学的建设等。

卢温胜

**卢文端** 1948年出生于沙美村，1954年随母移居香港，60年代回家乡永宁读书。20世纪70年代初，再次赴港定居及创业，以生产录音带、录影带为主业。两年后，到广东东莞设厂，发展成为全球规模最大的光、磁记录产品生产商之一。他创办的荣利集团，在马来西亚、新加坡、美国、英国等地经营制造业、国际贸易、房地产和金融业等，是一个以高科技为龙头，以国际化经营为目标的大型企业。他历任第九届、十届、十一届、十二届全国政协委员，第十一届、十二届全国政协外事委员会副主任，香港

卢文端

特别行政区第一届推选委员会委员、香港城市规划委员会委员、香港中华总商会副会长、全港各工业区工商联会会长、旅港福建商会理事长、中国和平统一促进会理事香港总会会长、中国和平统一基金会荣誉会长等诸职务。事业成功之后，卢文端致力于公益慈善事业。他捐资兴建石狮鸳鸯池公园和永宁中学校舍，设立教育基金会，向石狮中华慈善总会捐款，为沙美村铺建道路、安装照明，捐资支持北京奥运会游泳馆水立方的建设，向长江流域洪水灾区、四川地震灾区捐款，在辽宁省及唐山等地也都留下他慈善的美誉。2006年，卢文端获“2006年世界杰出华人奖”和美国哈姆斯顿大学荣誉博士学位。2007年荣获福建省政府颁发的“捐赠公益事业突出贡献”金质奖章。

**李欲晞** 祖籍洋厝村，1948年11月出生于菲律宾那牙市的一个华侨世家。1956年全家迁至马尼拉，小学就读于马尼拉光森华文学校。1956年，其父带着刚满10岁的李欲晞和家人回国，居住在泉州鲤城的一个华侨家里。

李欲晞

1969年1月，李欲晞参加泉州第一批知青赴德化县雷锋公社插队，当一名农民。1970年，德化县成立文艺宣传队，他成了文宣队的多面手，既是乐团的小提琴手，又是剧组里的重要角色，还是作词填曲的编导。

1984年，欲晞回到泉州，在鲤城区侨办从事侨务工作，1986年任泉州人大华侨委员会副主任，1995年调至福建省侨联，任两年副主席。1997年，连任三届福建省侨联主席，今已退休。他还曾任第九届、第十届全国政协委员、中国侨联副主席和十一届全国人大代表、华侨委员会委员等职。

李欲晞在福建省侨联主席任内，始终把服务经济发展作为第一要务，发挥归侨侨眷“海外关系众多”的优势，协助党委政府招商引资、招贤引智，积极服务侨资侨属企业，走在对外开放的最前沿，在推进福建又好又快发展和服务海峡两岸经济区建设中发挥了独特作用。

李贤义

**李贤义** 1952年出生，永宁子英村人。20世纪80年代初移居香港，从事汽车配件生意。1989年在深圳成立信义集团，2003年1月投资3亿元，建成全国最大、档次最高、最具现代化的专业生产普通玻璃和OEM汽车玻璃的基地。在内地设有十多家销售分公司和办事处，生产汽车、建筑、家具、电子、防弹安全玻璃及其配套产品。2005 年 2 月，信义控股（玻璃）有限公司的股票在香港挂牌上市，生产规模不断发展，成为全球第三大“玻璃王国”、中国最大的汽车玻璃出口商，产品远销北美、欧洲、非洲、日本等 60 多个国家和地区。后又从事房地产开发，事业蒸蒸日上。他热心社会工作，历任第十届、第十一届、十二届全国政协委员，福建省政协常委、中华见义勇为基金会顾问、中华海外联谊会理事、深圳市总商会名誉会长、香港福建同乡会永远名誉会长等职。他热爱祖国和家乡，乐于奉献，在福建和深圳等地设立“见义勇为基金会”，向“中华见义勇为基金会”捐献巨款，在家乡设立“家族基金会”和“李贤义教育基金会”，捐资建设子英医院住院楼、银江华侨中学办公楼、银江大道等。从 1982 年至今，李贤义累计向全国各地各界捐献 1.5 亿多元，有“杰出爱国港商”之称。广东省政府授予他“为广东省社会经济发展做出突出贡献的企业家”荣誉称号。2008 年 12 月，在第二届中华慈善大会暨 2008 年度中华慈善奖颁奖仪式上，李贤义被授予“最具爱心慈善捐赠个人”称号。

**蔡英挺** 前埔村人。1954 年 4 月出生于青阳镇。自晋江第一中学毕业后，于 1970 年 12 月应征入伍。历任战士、班长、排长、连副指导员，师炮兵参谋、省军区作训处处长、作战处处长等职。1989 年 5 月起任师参谋长、军区作战部副部长、总参谋部作战部战略研究室副主任。1996 年后蔡英挺任张万年秘书、中央军委办公厅副主任等职务。1997 年入国防大学指挥员班学习。2000 年 7 月被授予少将军衔。

蔡英挺

2003 年 1 月起任南京军区副参谋长、驻福建某集团军军长；2007 年 9 月任南京军区参谋长。并当选中国共产党第 17 届中央候补委员。2009 年 7 月被授予中将军衔。2011 年 6 月，任副总参谋长，成为当时总参谋部最年轻的副总长。2012 年 10 月，蔡英挺重返南京军区，任军区司令员、党委副书记。2012 年 11 月 14 日，蔡英挺当选中国共产党第十八届中央委员会委员。2013 年晋升上将军衔。2016 年，任中国人民解放军军事科学院院长。

**姚志胜** 永宁人，1963 年 10 月出生。第九届全国政协委员。新加坡华侨。旅居香港 20 多年。现任中国侨联常委、中国海外交流协会常务理事、中国侨商联合会常务副

姚志胜

会长、中国华侨经济文化基金会副理事长、中国和平统一促进会香港总会常务副会长、香港中华文化总会副会长、福建省海外联谊会副会长、华侨大学副董事长等。姚志胜先后创办新加坡腾川集团、香港嘉祥国际集团，以及中国内地的多家公司，投资涉及高速公路、路桥建设、文化教育、金融、数码软件投资、旅游度假酒店和城市综合体开发经营等领域。他秉持取之社会、回报社会之宗旨，对慈善事业踊跃捐献，向四川北川中学、福建省残疾人福利基金会、泉州慈善总会、福建省及泉州市见义勇为基金会、福安市红十字会、华侨大学和泉州东海湾实验学校等单位捐献巨款，对家乡的永宁中学、永宁中心小学的建设也予以慷慨支持，在国内捐款累计上亿元，曾获“2010 中国年度慈善人物”“2011 中国捐赠百杰”、中国侨联“捐赠公益事业突出贡献奖”和“八闽慈善之星”等荣誉。福建省人民政府特为其立碑表彰，2013 年又获福建省人民政府颁发的“华侨捐献公益事业突出贡献奖”金质奖章。

## 永宁进士名录一览表

表 8

| 科　年 | 姓 名 | 字 号 | 乡贯 | 最高职务 | 附 注 |
|---|---|---|---|---|---|
| 南宋庆元五年（1199年） | 傅　烈 | 字承仲 | 永宁 | | 见《晋江市人物志》 |
| 嘉定四年（1211年） | 傅天骥 | 字君遇 | 永宁 | 福州通判 | 傅烈子，移居南安 |
| 绍定五年（1232年） | 傅　迈 | | 永宁 | 中书舍人 | 傅天骥从侄 |
| 端平二年（1235年） | 傅应子 | | 永宁 | | 傅迈从叔 |
| | 傅　光 | | 永宁 | | 傅迈父。特奏名 |
| 嘉熙二年（1238年） | 傅直方 | | 永宁 | | 傅应子从弟 |
| | 傅坤厚 | | 永宁 | | 傅直方兄 |
| 隆庆辛未科（1571年） | 张宏纲 | | 永宁 | 未仕 | 张寿孙 |
| 万历甲戌科（1574年） | 黄道瞻 | 字汝临 | 永宁 | 吏部主事 | 黄克缵侄 |
| 万历庚辰科（1580年） | 黄克缵 | 字绍夫 | 梅林 | 兵刑工吏四部尚书 | |
| 万历癸未科（1583年） | 龚云致 | 字润寰 | 沙堤 | 云南按察副使 | 龚时应子，移居塘市 |
| 万历丙戌科（1586年） | 龚廷宾 | 字可贤 | 沙堤 | 庐州知府 | 龚云致从弟 |
| | 欧阳寨 | | 永宁 | 南澳总兵 | 武进士 |
| 万历乙未科（1595年） | 李范廉 | 字狷卿 | 梅林 | 礼部员外郎 | 廷森叔，入祀乡贤祠 |
| 万历辛丑科（1601年） | 施显槊 | | 西岑 | 湖南把总 | 武进士，著《虎岫续集》 |
| 万历甲辰科（1604年） | 林　璧 | | 永宁 | 万安守备 | 武进士 |
| | 陈有纲 | 号豫庭 | 永宁 | 广东南头副总兵 | 殿试第三，武探花 |
| 万历丙辰科（1616年） | 周思兼 | | 永宁 | 兖州知府 | |
| 万历已未科（1619年） | 李廷森 | 字维灿 | 梅林 | 刑部主事 | 李范廉侄，移居金埭 |
| 崇祯丁丑科（1637年） | 董飏先 | 号沙筑 | 沙堤 | 广东按察副使 | 郑成功岳父 |
| 崇祯癸未科（1643年） | 黄道昶 | 字明汝 | 梅林 | 未仕 | 黄克缵侄，隐居泉州 |
| 隆武丙戌科（1646年） | 蔡珍江 | | 永宁 | 巡海中军 | 第十一名武进士 |
| 隆武丙戌科（1646年） | 蔡在田 | | 永宁 | 巡海道 | 第十五名武进士 |
| 清顺治辛丑科（1661年） | 龚锡瑗 | | 沙堤 | 宁远知县 | 龚云致曾孙 |
| 康熙甲戌科（1694年） | 黄覲光 | 字涵伯 | 梅林 | 中部知县 | 黄克缵曾孙 |
| 康熙庚辰科（1700年） | 董晋袠 | | 沙堤 | 御前侍卫 | 武进士 |
| 雍正庚戌科（1730年） | 董　行 | | 沙堤 | 定陶知县 | 改名董衡 |
| 道光乙巳科（1845年） | 施琼芳 | 字星阶 | 西岑 | 未仕 | 生于台南，恩科善诗词 |
| 同治甲戌科（1874年） | 陈棨仁 | 字戟门 | 永宁 | 广东知府 | |
| 光绪丙子科（1876年） | 施士洁 | 号耐公 | 西岑 | 内阁中书 | 参加“反割台”斗争，内渡寄居厦门 |

永宁镇梅林村近海养殖基地　　施彩云　摄

# 大事纪略

永宁素为闽南海防重镇，南宋建水寨，明代建卫城，抗敌御侮，保家卫国。抗战期间，日寇入侵，“七一六”惨案，刻骨铭心。永宁既是军事要塞，也是文献之邦。人文蔚起，文教勃兴。

## 南宋设置永宁寨

南宋乾道七年（1171 年），毗舍耶（今属菲律宾）海盗经常袭掠泉州沿海乡村，海道不靖。次年，为加强海防，打击海盗，朝廷在滨海“水澳”设置水寨，拨兵戍守，取名为“永宁寨”，意在“永葆安宁”。初为省辖。驻有水军 60 人，其主体为左翼军（禁军），由设于泉州的“殿下前司左翼军统制厅”统领。

嘉定十二年（1219 年），泉州知州真德秀上书枢密院，改革左翼军，朝廷令左翼军“各随所在，听州、县守令节制，本寨事并申取州县指挥”。

## 董二抗元揭义旗

元末朝政昏乱，民不聊生。永宁沙堤人董二，“天资豪迈人也，少好剑术，不事家人产，读古兵符，乃与意合。稍壮，喜交游，信然诺，好施泽，能与人均甘苦，见人之厄趋之，饥渴劳瘁弗辞也。以此得远近心而思附之”。时值泉州反元活动兴起，董二“于是散家财，集壮士，远近美少年，闻而附者且千人”。董二自称“元帅”，起兵抗元，并计划以海路进攻福州，“出不意而据上游”。不料消息泄露，被人告发，泉州万户孙廷礼率大军镇压。董二仓促不及，率其部众、家眷航海而去，退据同安、潮州一带。

永宁卫抚军王鳌峰德政碑和刘瑛墓道碑

## 明初肇建永宁卫

洪武二十年（1387 年），朝廷命江夏侯周德兴到福建视察，抽三丁之一为沿海戍兵防倭，并规划在永宁建城。翌年二月，设置永宁卫指挥使司，开始兴建永宁卫城。永宁卫统辖五个千户所，其分布为：左千户所在海宁门东街；右千户所在永清门西直街；中千户所在东瀛门东南街；前千户所在金鳌门南街；后千户所在玉泉门北街。永宁卫除了本卫所辖 5 个千户所外，晋江县南面的福全守御千户所、同安县浯州屿的金门守御千户所、同安县的嘉禾屿（厦门）中左守御千户所、同安县的高浦守御千户所和惠安县的崇武千户所，军事上也归永宁指挥。

永宁卫城，经多年扩建，规模乃成。据载：永宁建有指挥使司、经历司、镇武所等衙门和架阁库、军器库、钟鼓楼等设施。除此之外，且有内十景、外八景秀丽风光，并拓建了东西庵、五大庙等宏伟建筑，永宁遂成为我国东南沿海的一座雄壮边城。《永宁卫志》记载：那时“丁户二十余万，封家不下三万，官印七十二颗。弁目紟绅、士吏不下千百。烟火相辏，舟车络绎，古名都大郡，何以过哉。”

## 卫学书香桃李芳

明成化十三年（1477 年），陈用之任永宁卫知事。他有感于永宁文风不振，决定创办鳌水书院（卫学）。他礼聘名儒陈愈到卫学任教谕，向诸生传授经史及诸子百家学说，培养出张士昭、张寿等 30 多名优秀人才。陈用之又向泉州府推荐，要求将其送入府学，“以均教育，备选举……永宁文风日进”。20 世纪 50 年代，在永宁文祠（即鳌水书院旧址）东南隅，尚存一石亭，内二碑，乃为纪念永宁教育先驱陈用之及陈愈在永宁启学所立。

鳌水书院（永宁卫学）旧址

# 奋起抗倭存浩气

永宁因地据要津，面对强敌的挑战，明弘治、嘉靖年间，屡遭倭寇侵袭，永宁军民奋起抗击，保家卫国。

弘治十五年（1502年），倭寇陷永宁前垒，围不克。复大举来攻。永宁卫镇抚尤天爵督率将士击溃贼兵。数日后，倭寇增兵再度围城。尤天爵一面严令坚守待援，一面组织民众疏散避难。次日城破，倭寇入城大肆烧杀。尤天爵率将士浴血巷战，为国捐躯。

嘉靖二十七年（1548年），倭寇复大举进攻永宁卫城，指挥同治杜钦爵奋勇当先，日夜固守，贼不得入。

嘉靖三十七年，倭寇与内地奸民勾结，窜扰广东及福建沿海，时任漳泉水陆参将的晋江人王麟，率兵抗倭。永宁卫与崇武所军民闻风应援，严阵以待。倭寇逃入海中，企图遁去，王麟率军乘弋船尾随，在祥芝附近海面将倭寇团团包围。祥芝巡检司军民同仇敌忾，石湖、南浔口（今晋江衙口）守军也“纵伏兵出击”。王麟所部擒获贼酋严山老和大批倭寇，凿沉倭寇大小船只数艘。

嘉靖四十年，倭寇窜犯永宁卫城，镇抚王世实指挥永宁卫军民奋勇抗击。此役官兵射杀倭寇180名，获贼妇5名、兵器301件，击沉倭船30余艘。

嘉靖四十一年二月，倭患复起，卫城百姓奋起自卫。后因贼势猖獗，加上指挥佥事王国瑞偷安溺酒，城防松懈，寇从南门涌入，大掠数日而去。三月，倭寇再次攻陷永宁城，杀死军民无数。倭寇占据卫城后，四处劫掠妇女，遭到永宁人民的强烈抵抗。同年，三月初八日，官兵计划反攻卫城，永宁港边人佘见海任千夫长，率众进攻，不克，佘见海等人阵亡。直至五月，参将黎鹏举等人方率官军击退盘踞在永宁卫城的倭寇。

## 戚家军威壮边城

明代抗倭斗争中，在东南沿海有俞大猷、戚继光两员骁将。俞大猷曾在永宁卫属下金门守御千户所任过千户，立下显赫战功。但在永宁一系列抗倭斗争中，戚继光与永宁关系更为密切。曾数度驰援永宁。如嘉靖四十三年（1564 年）三月，倭寇双桅大船一艘进犯永宁卫坑尾澳，戚继光指挥巡海水军阻击，倭寇望风南遁。嘉靖四十四年四月，倭船运载 150 多人进攻永宁沙堤澳，登岸后直逼永宁卫城。幸好戚继光指挥部属驰援，水汛哨官陈逊玉率水军夹击，倭寇被迫撤退。次日，戚继光继续追击，斩获倭首 59 级。嘉靖四十五年正月，倭寇 100 多人突袭永宁。戚继光获报，在城外截击，确保卫城的安全。又隆庆元年（1567 年）四月，戚继光率水师巡视永宁沿海，驻扎崇武所。获报四艘倭船企图强行登陆。戚继光诱敌上岸，然后分兵夹击，歼敌 177 人，俘获倭贼、物资甚多。从此，永宁卫所辖沿海一线大规模倭寇侵扰事件基本平息。

## 清兵屠城血洗街

清顺治二年（1645 年）六月，清军攻击南京，南明弘光政权覆灭，郑成功返回福建。他以安平为抗清据点，派人四出招贤募兵。翌年，永宁举行鳌城起义，公开拥护南明政权，支持郑成功，反对满人统治，并有许多热血青年投奔义军。顺治四年四月十九日，郑成功派林顺到永宁招募，二十二日，驻泉州之清将韩代闻报，突袭永宁，官兵猝到，林顺措手不及。据《永宁卫志》载：林顺等人“排蜈蚣阵，二十七人口皆咬两剑，手执短匕，官军莫敢迫近，从南向北而去，不知所之。……官军乘势劫杀，乡民死者，不计其数。其未死者，逃匿水关沟。谁料廿三、廿四日，狂风暴雨涨入水关沟，渰死者又难蚁算。”《鳌城张氏族谱》记载：“丙戌（隆武二年、1646 年）鳌城起义、丁亥（顺治四年、1647 年）春，虏（清）兵入鳌城，剿灭二千四百余人。祖屋在平浪祠者，亦延火烧毁，兵戈叠起，累年不息。”

此为清统治者为镇压永宁人民投奔郑成功而发生的一场屠城血案。

## 行实兴学开先河

行实小学堂，创办于 1901 年，为当时晋江最早的一所新式学校。创办人林登宾，前清贡生，早年曾于永宁开设私塾，后至福州，受业于著名学者林纾（字琴南），思想趋于开明，感封建旧学之弊病，遂弃乡塾而创办新学。自任校长。命名“行实小学堂”，寓“知行并重，意在务实”之意。时校舍设于西门外林氏宗祠。课程除国文外，增设常识、算学等内容，兼收女生，以示男女平等。创办不久，学生由百余人猛增到二百多人，时学校在晋江一带颇有名气。

# 日军暴行“七一六”

1940 年 7 月 16 日（农历六月十二），日本侵略军停泊于外高垵海口的军舰，连番炮轰永宁沿海村庄，并以 4 架敌机配合轰炸，然后 200 多名日本侵略军从外高垵和坑尾垵登陆进犯永宁。其中一路奔袭梅林澳，将停泊在西澳仔的大艟渔船及所有商船、货舶悉数喷泼汽油，纵火焚烧，制造“梅林洗澳”惨剧。日本侵略军入侵永宁城，在观音亭宁东楼设临时指挥所，派兵沿街砸店门大肆烧杀抢掠。这次浩劫，计有永宁、梅林、港边、沙美、岑兜、外高、浯沙、金埭、西厝、沙堤等十多个村庄惨遭其害。计被烧毁大厝、洋楼、货栈 36 座；商铺、店屋 40 多间、学校 3 所，大量货物被烧毁。被杀村民及外来商贩 84 人，军士 11 人，重伤 24 人。梅林港渔船、商船、舢板等 200 余艘尽被烧毁。

1940 年 8 月，刊登于日本《写真画报》记录日本侵略军“七一六”入侵永宁的照片

# 军民塔山剿匪特

1949年11月起，第九区党委、政府领导全区人民结合土地改革工作，配合人民解放军开展了一场声势浩大的剿匪斗争。1950年6月，首战告捷，擒获“五山纵队”匪首蔡角。同年冬末，在一古墓群中清剿“五山纵队”余匪。

1951年8月，匪首蔡乞等五名匪特潜逃到祥芝山兜一带。第九区立即组织武装民兵进行围剿。厝上村民兵队长邱奕凯带领民兵布防，连续作战一天一夜，捕获匪特邱祖安。匪首蔡乞等4人逃窜。8月19日，匪特林角等3人相继被民兵击毙。双湖村民兵副队长卢竹、沙美村民兵队长卢谋贞在塔山（宝盖山）牺牲。当天下午，匪首蔡乞被击毙，区武装干事李德沐、厝上村民兵队长邱奕凯在战斗中牺牲。

1952年，匪首林化带领一支“反攻小分队”从蚶江海滩登陆。区委书记温致富、区长管峰等率领武装民兵进行围剿，击毙全部登陆匪特。战斗中，民兵亦多人伤亡。至此，历时两年的剿匪斗争宣告结束，基本根除匪患。

晋江县第九区全体区干部留影

# 附录

# 文献志乘

## 永宁卫志①

永宁固泉郡东南之重镇也，发源自关锁宝盖。左转而东出，绵延七八里，岗陵起伏，直至北都。背五虎而面金狮②，襟东海而挹西紫。内藏十景，俊雅巨观。一曰“浸月池”，月未出其影先升其际；次曰“观日台”，阳未起而光先呈其中。台之拱有石，当中则曰“镇海石”，其后则“骊龙珠”也。俯视横空，遥瞻侧翅，则“玉带桥”与“丹凤朝阳”。出没隐见，为高起，为特出，则“犀牛望月”与“双鲤浴滩”。侧行而西，有汪然仰出，化浊澄清，则“石迫水”“玉泉沟”也。此数者，极鬼斧，擅神工。矧有花柳荫翳，鸣声上下。宜昔贤赋诗于其上，游而返忘。遂有咏之佳句也。外有八景，俱皆幽奥。东望沙堤，“玉笋”有参天之势。而其下，则“鲸江钓艇”，暮云鼓枻也。西盼“关锁宝盖”，有凌霄之致。而其侧，则“圣泉”澄清，“虎岫鸣钟”也。南睇霁江，“石鼓”有通潮之声。而其右，则梅林兢爽，“半月沉江”。北顾双髻③，峰峦有夹洞之妙。而其中，则有永嘉落发修真之“石室”也。此数者，恍若天造，宛如地设，与内景不甚低昂。昔人评之详矣，而为永宁助奇观，增壮丽。故事俱载府志，今犹津津人口。迨至明洪武二十年，江夏侯周德兴提镇于此④，升高以望屯军之所，上按星躔，下观陵脉，喟

① 即民间所传之《永宁卫志》，系根据徐泽厚老先生所存之手抄本，并对照施教琴、陈仲赏诸先辈之抄本校订标点而成。

② 指永宁地势，背靠五虎山，而面对深沪港（狮山）。

③ 指宝盖山侧之双髻山。

④《泉州府志·海防志》载：“洪武二十年命江夏侯周德兴入福建，抽三丁之一为沿海戍兵防倭。移置卫所于要害处。时泉设卫一，曰永宁，所御五所：曰福全，曰崇武，曰中左，曰金门，曰高浦。并设巡检司于祥芝、深沪、围头。”

然叹曰：此福地也。于是屯扎西隅，军不疾病，民皆殷富。有郭神师之良鉴焉，因奏请建城。旨下，筑周围八百五十丈，基广一丈五尺，高二丈一尺。分铺三十二。门五：南曰金鳌，北曰玉泉，大东曰海宁，小东曰东瀛，西曰永清，各建城楼。城壕一丈六尺。永乐十五年，都指挥王国祥等增广三尺。正统英宗八年，都指挥刘亮，同知钱辂，又增月城。成化六年，门楼圮，指挥杨晟重修。当此之时，固若金汤，坚似磐石。丁户二十余万，封家不下三万，官印七十二颗。弁目紟绅、士吏不下千百。烟火相辏，舟车络绎，古名都大郡，何以过哉。迄嘉靖二十七年，突有日本土番攻城，其势甚雄，城外居民望风逃遁。指挥使杜钦爵奋勇先登，日夜固守，贼不得入，因即退去。四十一年，复举大攻。指挥王国瑞偷安溺酒，南隅失守，城陷，大掠数日，军民遁奔。郡城守备不顾民瘼，悉遣还城。贼寻来攻，城再陷，杀伤几尽，鸡犬不留[①]。向时之二十余万，今存无二三矣。风潇雨晦之间，徒见魂啼鬼哭。日暮云阴之下，仅见毒虺愁猿。闻者声咽，见者气短。此方之厄，一至于此乎。历五十余载，军民生聚复集九分之一。至清顺治二年乙酉[②]四月十九日，林顺在永招募，结党未成，廿二日官兵猝到，顺措手不及，捐资粮，率所部凶恶，排蜈蚣阵，二十七人，口皆咬两剑，手执短匕，官军莫敢迫近，从南向北而去，不知所之。逆党既去之后，官军乘势劫杀，乡民死者，不计其数。其未死者，逃匿水关沟。谁料廿三、廿四日，狂风暴雨涨入水关沟，渰死者又难蚁算。既鲸鱿于万劫，复鱼鳖于淫霖。鸟无声兮山寂寂，日方长兮风飒飒。凄凄切切，不能言之。故父老每念及此，未尝不饮泣吞声。以为李华古战场文所云："尸填巨港之岸，血满长城之窟"，诚不诬也。自是内境萧条，自是外境铲削，自是城郭空虚。又至清顺治十八年，海寇相侵。旨迁卫城及沿海居民，以绝接济[③]，即将城石移拆十里内建寨。嗣而城坏矣，嗣而雉崩矣。虽东偏遗址，亦不过数千丈。欲为仿佛，而破瓦颓垣，化为丘墟荆棘，安得更寻十景之奇观，八景之幽奥，而穷耳目以为快哉。兹幸太平日久，民生不见外事，

---

① 《泉州府志》载："四十一年二月，倭寇永宁城，指挥王国瑞失守。城陷，贼大掠数日而去，卫中军民遁奔郡城者，分巡佥事万民英悉遣还卫。三月倭复来攻，城再陷。军民杀伤几尽。永宁之东有澳仔村许姓，为当时倭祸废，其遗民今在厦门。"

② 应为顺治四年丁亥之误。

③ 即1661年，清朝统治者为了切断郑成功与沿海人民之联系，实行迁海政策。将山东、江、浙、闽、广之海滨居民尽迁于内地，设界防守，片板不许下水，粒货不许越疆（见《闽海纪要》）。于是离海三十里村庄田宅，悉皆焚弃。上至辽东，下至广东，皆迁徙。筑短墙，立界碑，拨兵戍守，出界者死。百姓失业流离……（见《海上见闻录》）

而安于亩畎之自乐。君子弦歌，小人负米，鹍腾鹊起，甲于此都之盛。贾陶商贩，推我邑之多。天衷忽牖，义举同心，以为非立文武两庙，无以壮升平之观。固于乾隆二十八年，阖都人士，议建立关圣帝君与徽国文公两祠，于卫所之东。厥土燥刚，厥立面阳。文运灿然复兴矣。前大贤云：此地五百年后，有车马往来之言，其兆诸此乎？爰志。并城兴坏始末，庶后君子得览观焉。

## 明代《泉州府海防图》选录

附后地图乃明代绘制的《泉州府海防图》选录。该图册在美国发现，所选出的九幅图为当时永宁卫及其下辖的五个守御千户所，以及三个巡检司布防图，并各附图说。

永宁卫地图

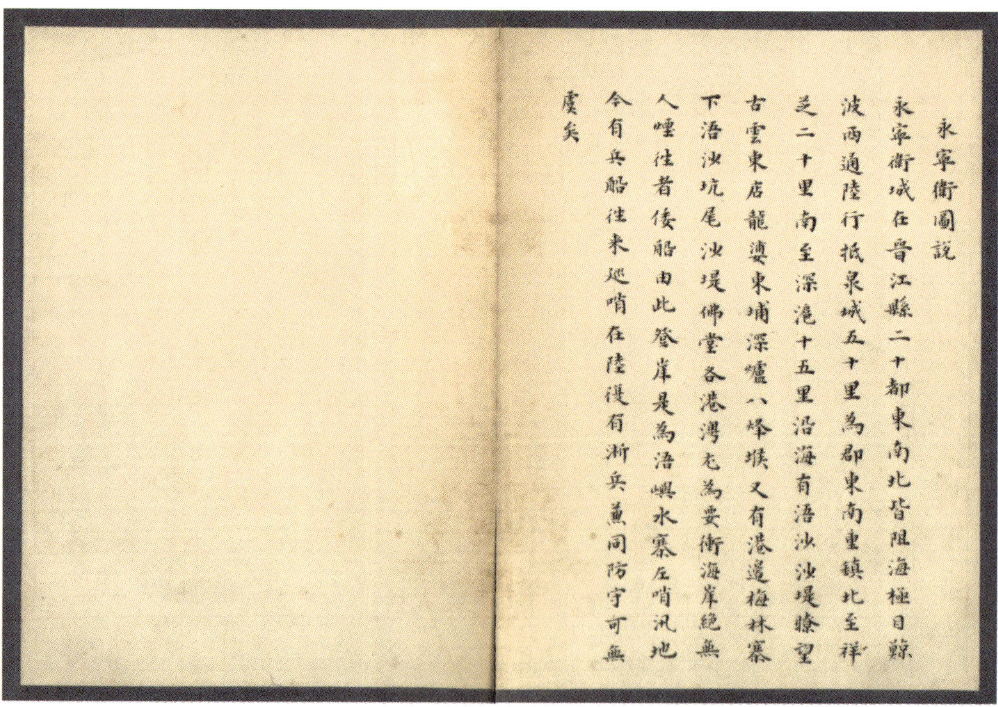

永寧衛圖說

永寧衛城在晋江縣二十都東南北皆阻海極目鯨波西通陸行抵泉城五十里為郡東南重鎮北至祥芝二十里南至深滬十五里沿海有浯沙沙堤瞭望古雷東店龍漊東埔深爐八烽堠又有港邊梅林寨下浯沙坑尾沙堤佛堂各港灣尤為要衝海岸絕無人煙往者倭船由此登岸是為浯嶼水寨左哨汛地今有兵船往來巡哨在陸復有浙兵兼同防守可無虞矣

永宁卫图说

崇武千户所地图

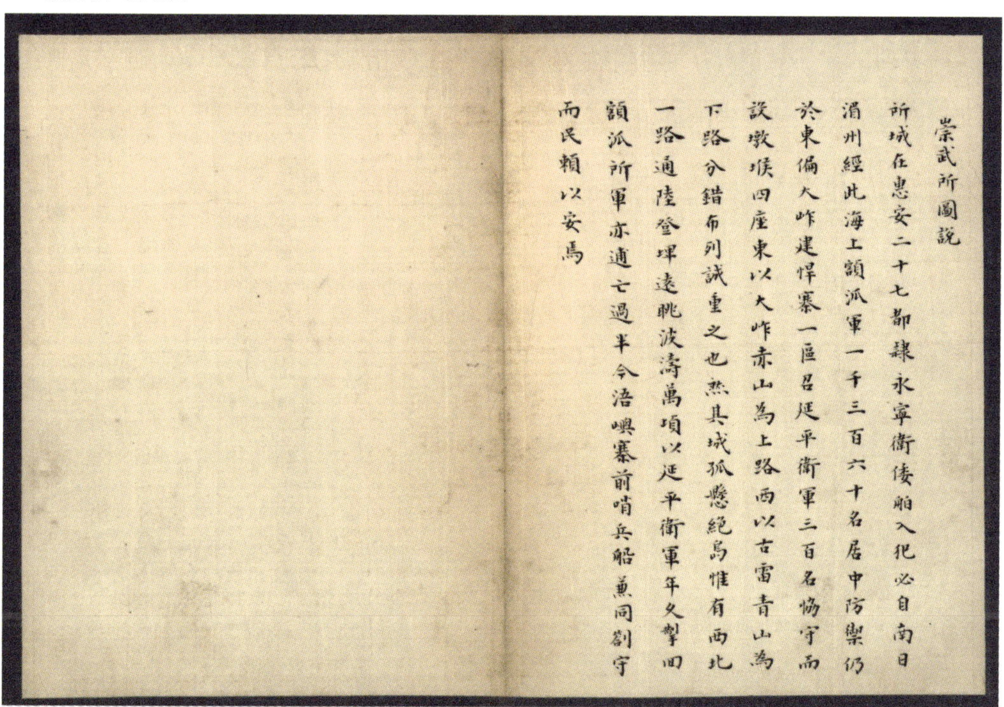

崇武所圖說

所城在惠安二十七都隸永寧衛倭舶入犯必自南日湄州經此海上額派軍一千三百六十名居中防禦仍於東偏大岞建桿寨一區召延平衛軍三百名協守而設墩堠四座東以大岞赤山為上路西以古雷青山為下路分錯布列誠重之也然其城孤懸絕島惟有西北一路通陸登埤遠眺波濤萬頃以延平衛軍年久掣回額派所軍亦逋亡過半今浯嶼寨前哨兵船兼同劄守而民賴以安焉

崇武千户所图说

福全千户所地图

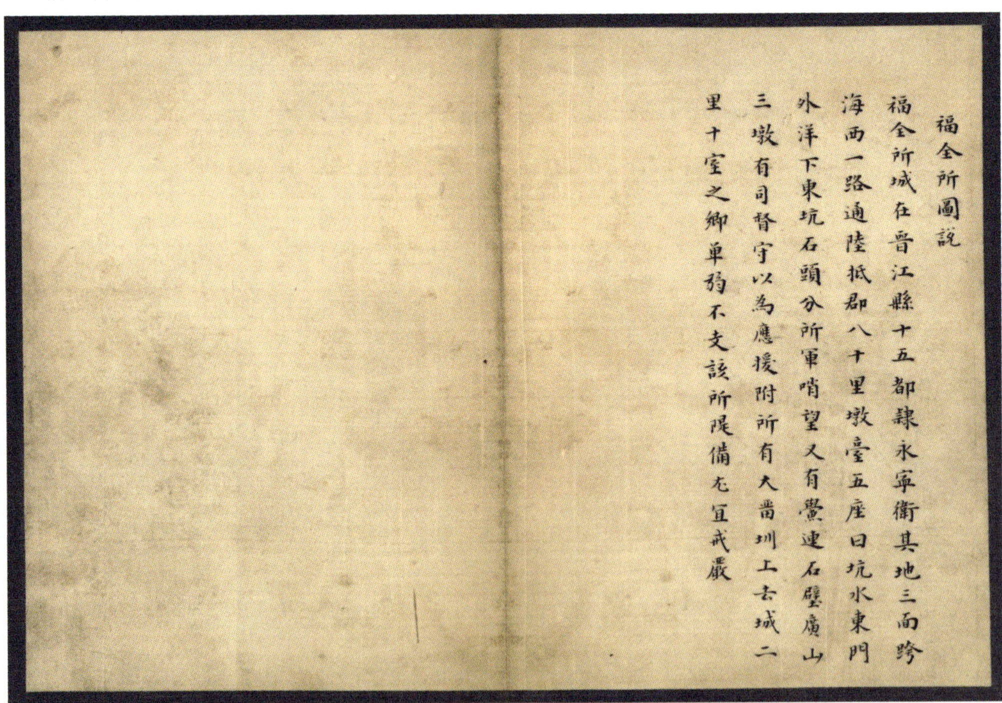

福全所圖說

福全所城在晉江縣十五都隸永寧衛其地三面跨
海西一路通陸抵郡八十里墩臺五座曰坑水東門
外洋下東坑石頭分所軍哨望又有黨連石壁廣山
三墩有司督守以為應援附所有大崙圳上古城二
里十室之鄉单弱不支該所隄備尤宜戒嚴

福全千户所图说

高浦千户所地图

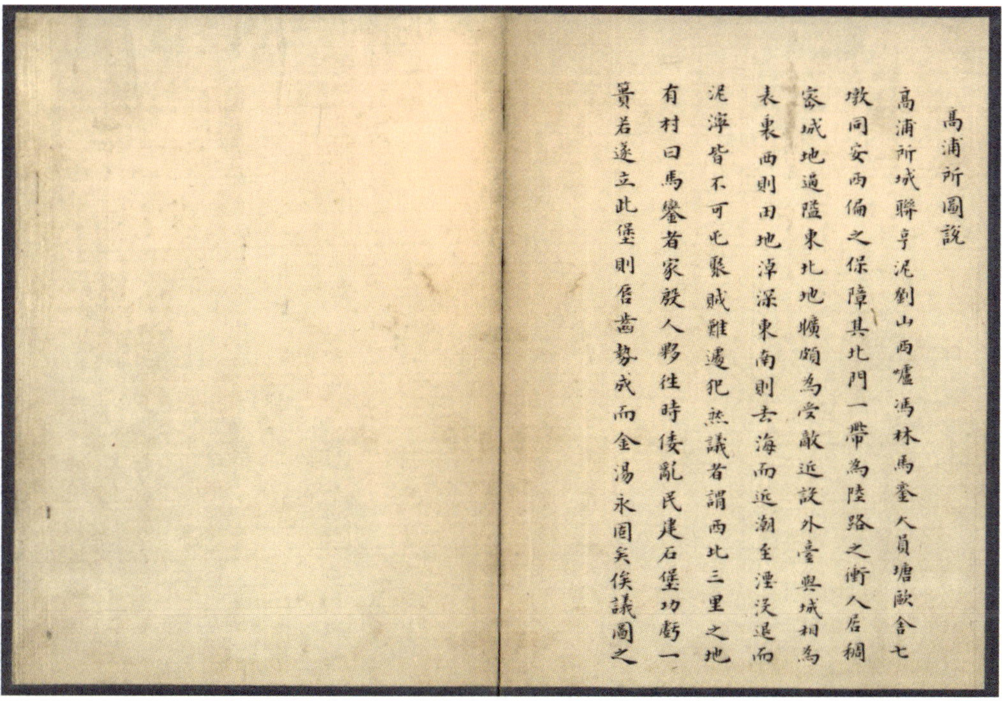

高浦所圖說

高浦所城聯亭泥劉山西爐馮林馬鑾大員塘畝舍七墩同安西偏之保障其北門一帶為陸路之衝人居稠密城地適臨東北地曠頗為受敵近設外臺與城相為表裏西則田地淳深東南則去海而近潮至湮淤退而泥濘皆不可屯聚賊雖遠犯然議者謂西北三里之地有村曰馬鑾者家殷人夥往時倭亂民建石堡功虧一簣若遂立此堡則唇齒勢成而金湯永固矣俟議圖之

高浦千户所图说

中左千户所地图

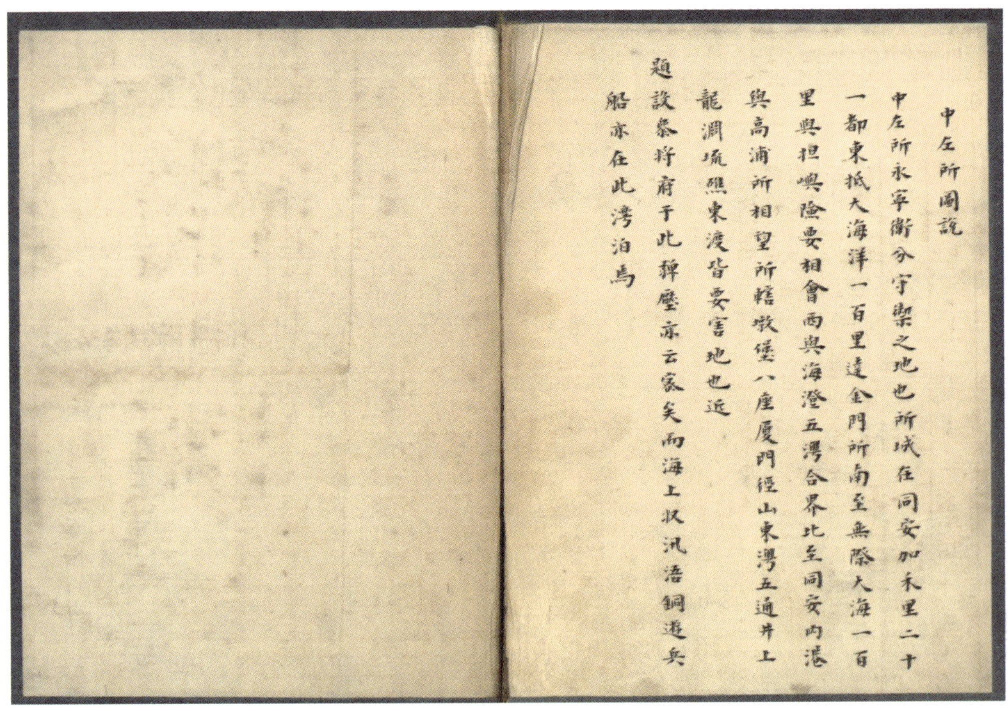

中左所圖說

中左所永寧衛分守禦之地也所城在同安加禾里二十
一都東抵大海洋一百里達金門所南至無際大海一百
里與担嶼險要相會西與海澄五澚合界北至同安內港
與高浦所相望所轄墩堡八座廈門徑山東澚五通井上
龍潤塘照東渡皆要害地也近
題設參將府于此彈壓亦云密矣而海上收汛浯銅遊兵
船亦在此灣泊焉

中左千户所图说

金门千户所地图

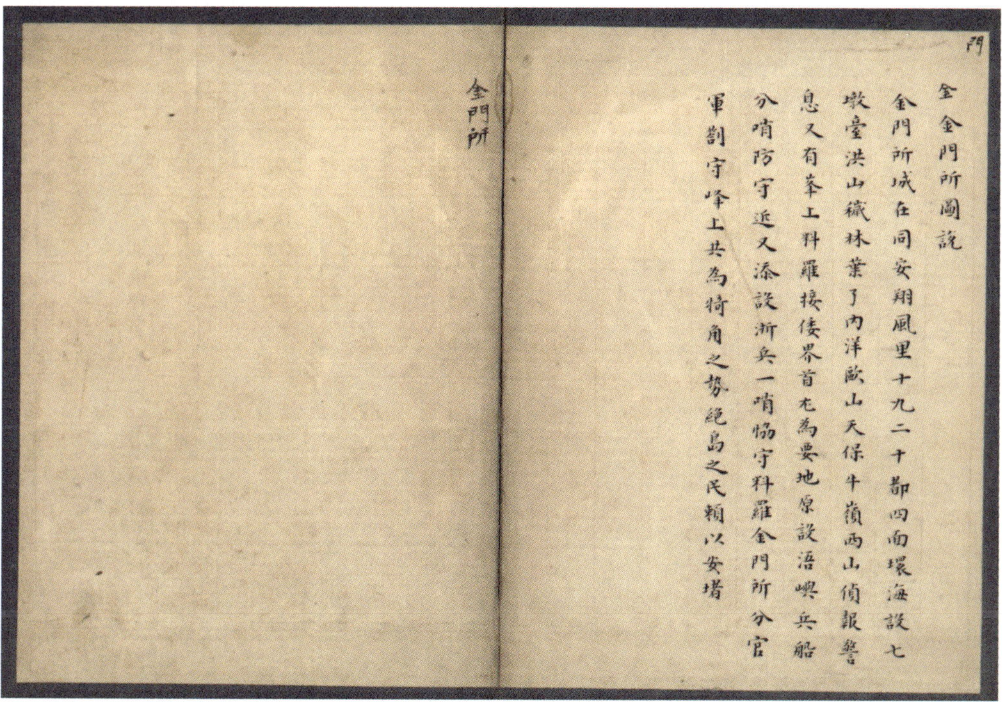

金金門所圖說

金門所城在同安翔風里十九二十都四面環海設七墩臺洪山織林董了內洋歐山天保牛嶺西山偵報警息又有峯上料羅接倭界首乜為要地原設浯嶼兵船分哨防守近又添設浙兵一哨協守料羅金門所分官軍劄守峰上共為犄角之勢絕島之民賴以安堵

金門所

金门千户所图说

祥芝巡检司地图

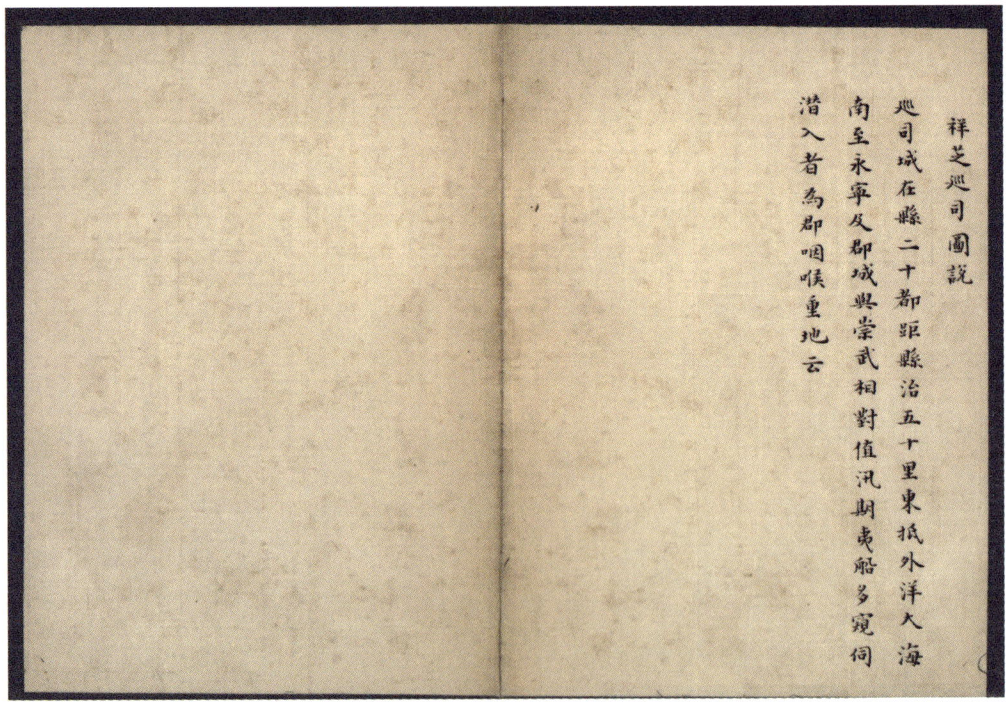

祥芝巡司圖說

巡司城在縣二十都距縣治五十里東抵外洋大海南至永寧及郡城與崇武相對值汛期夷船多窺伺潛入者為郡咽喉重地云

祥芝巡检司图说

深沪巡检司地图

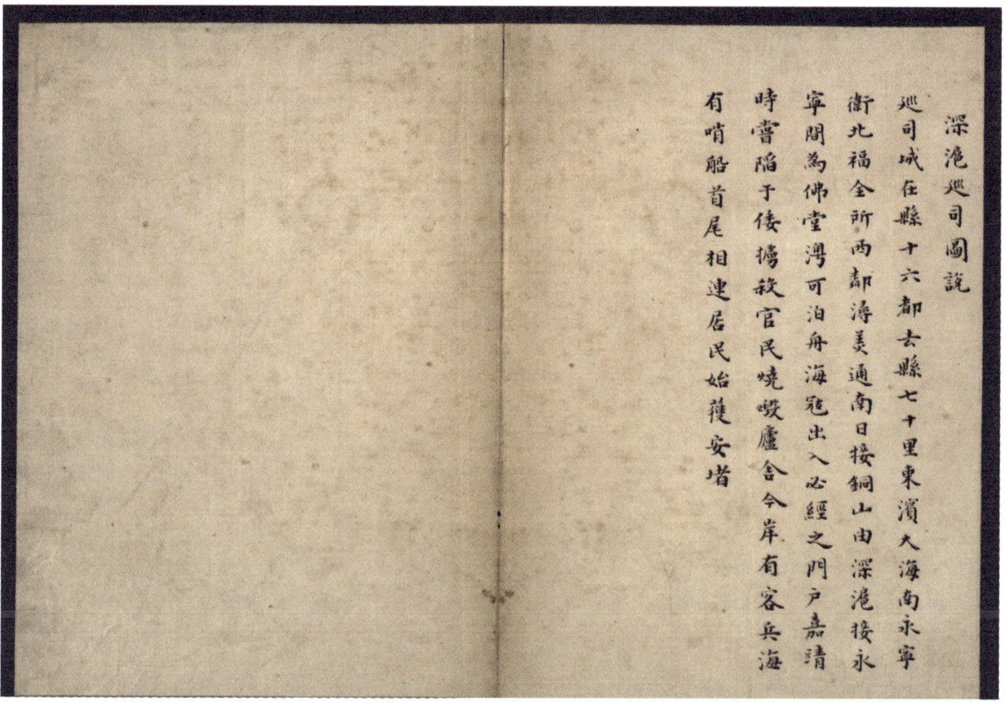

深滬巡司圖說

巡司城在縣十六都去縣七十里東濱大海南永寧衛北福全所西都潯美通南日接銅山由深滬接永寧間為佛堂澚可泊舟海寇出入必經之門戶嘉靖時嘗陷于倭擄殺官民燒毀廬舍今岸有客兵海有哨船首尾相連居民始獲安堵

深沪巡司图说

围头巡检司地图

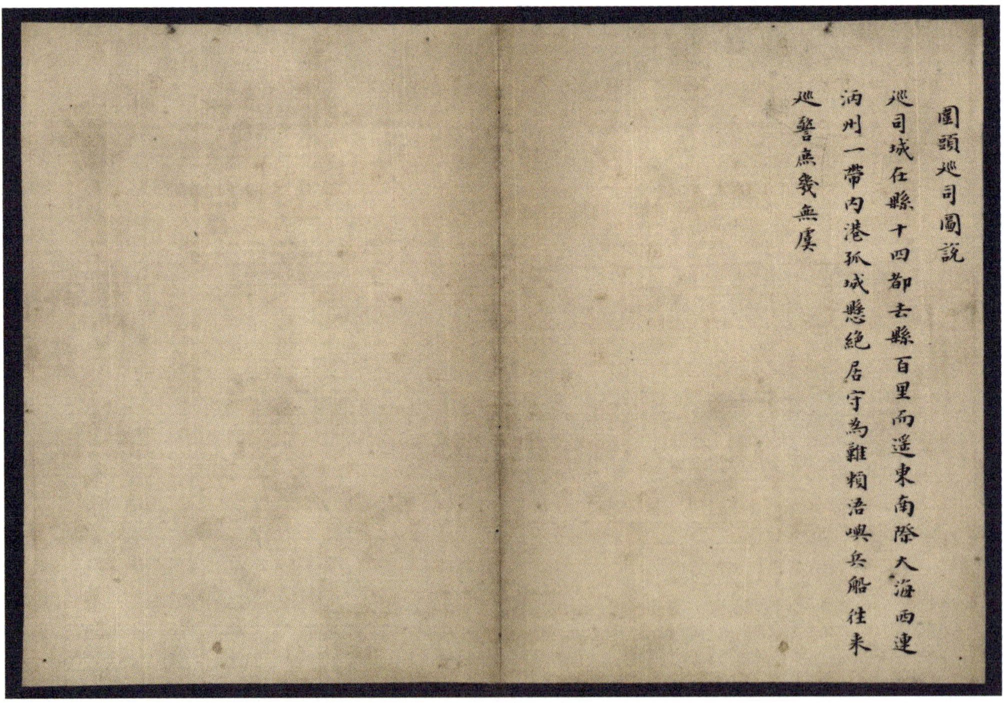

圍頭廵司圖說

廵司城在縣十四都去縣百里而遥東南際大海西連洒州一帶内港孤城懸絕居守為難犄浯嶼兵船往来廵警庶幾無虞

围头巡检司图说

# 碑志题刻

### 虎岫题刻

塔石保弟子蔡梦良、汝霖，为先妣施二十九娘追资生界，舍钱造真圣石龛一所，永充供养。

时绍兴乙亥八月望日题。

石匠林弟、都匠郑成。

按：此记见于永宁虎岫寺崖石。

### 重修虎岫寺记

虎岫者，西接宝盖之崔嵬，恍乎剑峰之顶；南环沧海之浩瀚，宛乎莲洲之波。至夫石之竨险灵奇，则礌礌层层焉，若悬钟，若累卵，又若鼠伏狮眠，僧礼神而鱼吸露也。至夫松之怪异秀郁，则干挺九霄，阴垂数晦，或根盘乎石，石凌其枝，而枝丽乎水也。至于林喧鸟雀，风送泉声，又若唧唧嘘嘘然不绝其韵，而愈增松石之奇也。故余因登览而寄神焉，拂石题诗，猗苍松而长啸；穿林听鸟，乘长风以观泉。则其所以频游乎此者，又何逊于莲洲剑峰诸胜哉！然是胜也，始创于贞观，嗣辟于绍兴。越景定二年，吾主翁西桥公又缘金五百镪，募远迩而鼎新之。巍巍煌煌，真清源十二景之一也。是为记。

岁甲午年，三山林兴祖记。

按：此碑未见。碑文见于《芝山刘氏宗谱》《温陵刘氏宗谱》。

### 重修虎岫禅寺碑辞

虎岫，泉南一大胜概也。屏山环海，巨石雄奇，佛影流辉，鹄立西峙，中建寺宇，崇奉上帝。为稽其始，肇自大唐贞观之世。粤宋绍兴，蔡君梦良护以石亭。及明嘉靖，云静禅师养性修真，道心入妙，募化修葺者三。尝云游京师，施大法力，始勅封为“虎岫禅寺”。至国朝乾隆间林君振嵩，道光间蔡君名标，相继增修。奈寺宇傍山，榱桷易蚀。同治壬戌，适高君蔚文、显文，自行兴修森罗宝殿及聚星东楼，住持善观殷殷以概各重修请，昆季欣然首倡题捐，领袖其事。乃请陈君承烈为作捐序，付住持往处募捐，都人士莫不互为鸠集，共成斯举。西偏缺处，增建观音堂以配之。寺以东去其土之高压者，寺之中开牖凿池以通气。向之迫蚀堪虞者，今且六通四辟，玲珑八面矣。始癸亥兴工，迄今落成。所捐资用，另勒石于左，庶后有考证也。余观夫庙貌之尊严，神灵之赫濯，近而市井乡闾咸资保护，远而外洋海国共沐神光。以故鸠资易集，功成不日。窃为喜栋宇之新，而乐纪其盛。若夫山岩之秀丽，景物之澄幽；辟松浓荫，石泉清流；羡海天之一色，识天际之归舟；此中之妙，在乎登临者骋怀娱目，领其趣而各适其游焉耳。是为记。

温陵郡廪生高攀撰。

里人邑庠生高汝霖书。

募捐：郡增生黄人，举人陈承烈，举人蔡景云，邑庠生高汝霖，职员高鹏辉、王超观，凤监生陈玉壶、郑亲坚，职员高鸿建、黄欢观，里人董焕摺、高洗观仝立。

同治八年岁次己巳臈月上浣，董事：监生高蔚文、显文立。

按：此碑尚存永宁虎岫寺。

### 重修塔峰记

关锁塔者，泉南形胜也。位主离宫，焕文明之象；高出海甸，表堤岸之观。自辛卯秋震击去芦尖，越戊戌重修，两都倡义。自兴工迄落成，费百有十员。既属一时义举，爰志都人盛事。至踵起为全墖之修者，不能无厚望焉。

十九都陈元老、廷新、王世懋、陈仕贵、商世楠；二十都高志绍、董俊金、卢其珊、林振嵩、李恩賚。

大清乾隆戊戌孟冬，董事黄山、郭仲山、许陈彪镌、

按：此碑尚存永宁姑嫂塔底层门侧。

### 重修鳌东观音庙记

鳌之东旧有庙，崇祀观音菩萨，而保生大帝及三夫人并祀焉。第庙宇建立多年，风雨飘摇，损坏殊甚。及今不修，势将就圮。年与季弟勋，顾而愁然曰：“凡庙有其举之，

即莫敢废。而神之血食于斯土者，要必有所以自安，而后能安民恤福，庇群生于不替。”爰于拾年花月鸠工营缮，克期告竣，规模如旧，楹桷一新。都人士欢欣鼓舞，以为是余昆若季能宏施显力，与菩萨好善之心必有所合。余不敢承，爰志数语，以存有举不废之意焉。是为记。

道光拾壹年瓜月谷旦，陈大年、陈大勋敬立。

按：此碑尚存永宁鳌东观音庙前。

### 重修永宁城隍庙序

盖闻：神光普照，声灵显赫濯之施；茀禄是康，远近式凭依之德。惟馨香之永洁，宜保护于无穷。吾永宁卫为郡要区，名锡鳌城，地连鲤郭，都人士创建庙宇，崇奉城隍。钦神灵之赫奕；侯封宠赉六龙；壮山海之观瞻，庙貌高临五虎。顾自岁月既多，遂觉今昔异致。曩时庭楹丕焕，奚啻苞茂竹松；迩日宫殿就倾，无非飘摇风雨。若不乘此早图，恐致后成剥落，为费愈巨，为力弥艰矣。谟等附城而处，入庙是瞻，念神鉴于在兹，感宫墙之渐圮，千秋俎豆，于以辅依，一瓣心香，共襄义举，欢欣雀跃，齐倾葵藿之私；筮卜龙飞，敢忘木石之助？但计规模宏远，需用殷繁，虽以将伯助余，共肩不少同志；究竟程工浩大，重任尤待众擎。诸公慷慨存心，乐善有素，声施懋著，大焕桑梓之光；禔履考祥，与有圣神之护。伏愿各勉鼎力，不吝题捐。种果因心，成多无妨于积少；为田以福，和汝端赖于倡予。雅分狐腋之裘，俾得鸠工多藉。行见美轮美奂，数百载宫宇重新；安神安人，万斯年灵威广被。将来芳名勒石，闾里借以增荣；即看盛业日隆，升恒符其颂祝也。谨布雌黄，用申告示。是为序。

董事：乡饮宾蔡名标 乡饮宾李椿元 监生高希显

监生陈嘉谟、乡饮宾黄仁美 监生高日升

职员高毓俊 皇赏陈荣德 军功蔡由水 龚大鼎

议叙职员高锺竹 乡饮宾龚希攀 皇恩蔡名清

道光二十三年十一月□日，董事仝立碑记。

按：此碑尚存永宁城隍庙。

### 重修永宁城隍庙碑记

勅封忠佑侯庙宇，自道光乙未夏兴工，至癸卯冬完成。庙貌焕然更新，丹雘辉煌，及诸神像塑新，雕金缕彩，倍有威灵矣。今既竣事，谨将捐题姓名逐一声明，开列于左：

永宁汛官陈长升捐银壹拾大元，重陆两柒钱陆分。永宁汛官张朝升捐银肆大元，重贰两伍钱玖分。乡饮宾蔡名标捐银捌佰大元，重伍佰伍拾贰两。监生高希显捐银陆佰伍拾大元，重肆佰肆拾捌两伍钱。乡耆龚大鼎捐银陆佰贰拾大元，重肆佰贰拾柒两肆钱玖分。乡饮宾龚希攀捐银伍佰伍拾大元，重叁佰柒拾玖两壹钱陆分。监生陈嘉谟捐银伍佰零伍大元，重叁佰肆拾捌两肆钱伍分。刑部主事钦加员外郎陈大勋捐银伍佰大元，重叁佰肆拾伍两。乡饮宾李椿元捐银叁佰玖拾伍大元，重贰佰柒拾贰两伍钱叁分。施振美号捐银叁佰陆拾柒大元，重贰佰伍拾叁两贰钱。军功议叙职衔高锺竹捐银叁佰伍拾大元，重贰佰肆拾壹两伍钱。监生高日升捐银叁佰贰拾柒大元，重贰佰贰拾伍两伍钱玖分。监生蔡振升捐银叁佰贰拾大元，重贰佰贰拾两零柒钱玖分。职员高毓俊捐银贰佰柒拾贰大元，重壹佰捌拾捌两零贰分。监生陈清藻捐银贰佰零叁大元，重壹佰肆拾两。训导陈盈科捐银贰佰大元，重壹佰叁拾捌两。陈丰茂号捐银贰佰大元，重壹佰叁拾捌两。蔡鸿糍捐银贰佰大元，重壹佰叁拾捌两。监生陈东阳捐银贰佰大元，重壹佰叁拾柒两叁钱捌分。高沛打捐银壹佰捌拾大元，重壹佰贰拾肆两壹钱捌分。郑圆良捐银壹佰陆拾柒大元，重壹佰壹拾伍两贰钱。同知林世亮捐银壹佰陆拾伍大元，重壹佰壹拾叁两捌钱伍分。施明坊捐银壹佰伍拾陆大元，重壹佰零柒两柒钱伍分。吴泉兴捐银壹佰贰拾伍大元，重捌拾陆两叁钱叁分。监生高毓奇捐银壹佰贰拾叁大元，重捌拾肆两捌钱柒分。乡饮宾黄仁美捐银壹佰贰拾大元，重捌拾贰两玖钱壹分。蔡名清捐银壹佰壹拾陆大元，重捌拾两零叁钱捌分。监生施云祥捐银壹佰壹拾贰大元，重柒拾柒两叁钱肆分。高领兴捐银壹佰零捌大元，重柒拾肆两伍钱柒分。振裕号捐银壹佰零伍大元，重柒拾贰两肆钱肆分。职员陈济时捐银壹佰零肆大元，重柒拾贰两。监生陈学起捐银壹佰零肆大元，重柒拾贰两。监生陈学诗捐银壹佰大元，重陆拾玖两。监生陈演卿捐银壹佰大元，重陆拾玖两。监生陈贻书捐银壹佰大元，重陆拾玖两。高扬泰捐银壹佰大元，重陆拾捌两玖钱捌分。刘尧苏捐银壹佰大元，重陆拾捌两玖钱柒分。监生陈奕轩捐银壹佰大元，重陆拾捌两捌钱柒分。邱合茂捐银壹佰大元，重陆拾捌两柒钱捌分。黄万发捐银玖拾大元，重陆拾壹两玖钱贰分。陈荣彬捐银捌拾大元，重伍拾伍两贰钱。王光爱捐银陆拾伍元，重肆拾肆两捌钱叁分。举人李联芳捐银伍拾玖大元，重肆拾两零捌钱捌分。乡饮宾陈腾霄捐银伍拾大元，重叁拾肆两伍钱。陈两

全捐银伍拾大元，重叁拾肆两伍钱。高启将捐银伍拾大元，重叁拾肆两壹钱玖分。张聚森捐银肆拾捌元，重叁拾两叁钱壹分捌厘。王时祉捐银肆拾柒元，重叁拾贰两壹钱柒分。邱祥荷捐银肆拾大元，重贰拾柒两柒钱玖分。李植经捐银肆拾大元，重贰拾柒两陆钱。王集成捐银叁拾玖元，重贰拾陆两玖钱柒分。蔡应梅捐银叁拾肆元，重贰拾叁两肆钱捌分。林树滋捐银叁拾叁元，重贰拾贰两捌钱柒分。黄文科捐银叁拾贰元，重贰拾贰两壹钱捌分。林锦泰捐银叁拾壹元，重贰拾壹两肆钱捌分。黄东茂捐银叁拾大元，重贰拾两陆钱柒分。龚志砌捐银叁拾大元，重贰拾两陆钱柒分。高启湛捐银叁拾大元，重贰拾两叁钱贰分。监生高龙阁捐银贰拾陆元，重壹拾捌两。资源号捐银贰拾伍元，重壹拾柒两贰钱捌分。泉洽号捐银重壹拾肆两肆钱。金顺号捐银重壹拾肆两肆钱。陈套良捐银重壹拾肆两肆钱。卢自兴捐银重壹拾肆两肆钱。集源号捐银重壹拾肆两肆钱。锦顺号捐银重壹拾肆两肆钱。蔡协兴捐银重壹拾肆两叁钱贰分。尤捷兴捐银重壹拾肆两叁钱壹分。蔡宝成、蔡宝隆捐银重壹拾肆两壹钱陆分。高以篆捐银重壹拾肆两壹钱壹分。以上各捐银贰拾壹大元。王尚因捐银重壹拾叁两捌钱。振瑞兴捐银重壹拾叁两捌钱。王尚田捐银重壹拾叁两捌钱。高锺荣捐银重壹拾叁两捌钱。陈辉升捐银重壹拾叁两捌钱。陈辉允捐银重壹拾叁两捌钱。源益杉行捐银重壹拾叁两捌钱。高启沃捐银重壹拾叁两陆钱捌分。卢崇哖捐银重壹拾叁两陆钱贰分。以上各捐银贰拾大元。李植愿捐银壹拾玖元，重壹拾叁两壹钱捌分。黄营良捐银壹拾柒元，重壹拾壹两伍钱壹分。振成号捐银拾陆元，重壹拾壹两肆分。陈墀信捐银壹拾陆元，重壹拾两柒钱叁分。施及时捐银壹拾陆元，重壹拾两柒钱壹分。佘俊盈捐银壹拾陆元，重壹拾两柒钱壹分。黄尔嘉捐银壹拾肆元，重玖两玖钱肆分。郭樾良捐银壹拾肆元，重玖两捌钱叁分。尤子耀捐银壹拾肆元，重玖两陆钱陆分。高源鳌捐银壹拾肆元，重玖两陆钱伍分。陈民良捐银重捌两陆钱肆分，陈记良捐银重捌两陆钱肆分，黄妈传捐银重捌两陆钱肆分，李匏良捐银重捌两陆钱肆分，以上各捐银壹拾叁大元。黄泉孙捐银重捌两肆钱陆分，蔡由水捐银重捌两肆钱，黄天蛲捐银重捌两贰钱捌分，董日桓捐银重捌两贰钱柒分，朱光琴捐银重捌两壹钱，以上各捐银壹拾贰大元。隆发号捐银重柒两贰钱，振芳茂捐银重柒两贰钱，蔡维货捐银重柒两贰钱，邓树海捐银重柒两贰钱，王仕浮捐银重柒两贰钱，蔡代魏捐银重柒两贰钱，洽源号捐银重柒两贰钱，王尚汪捐银重柒两贰钱，王会良捐银重柒两壹钱柒分，谢光潭捐银重柒两壹钱肆分，蔡合茂号捐银重柒两壹钱贰分，蔡世城捐银重柒两壹钱贰分，蔡灿良捐银重柒两壹钱贰分，林泉利

号捐银重柒两壹钱壹分，陈孝廷捐银重柒两壹钱，黄泉佛捐银重陆两玖钱，蔡名荫捐银重陆两玖钱，高名城捐银重陆两玖钱，高名乃捐银重陆两玖钱，陈辉平捐银重陆两玖钱，龚大烧捐银重陆两玖钱，龚大注捐银重陆两玖钱，李尚戏捐银重陆两玖钱，陈墀朱捐银重陆两玖钱，高锺唱捐银重陆两玖钱，郑虞良捐银重陆两玖钱，高名周捐银重陆两玖钱，柳斗良捐银重陆两玖钱，何朝护捐银重陆两捌钱捌分，王寅良捐银重陆两捌钱柒分，黄世赤捐银重陆两捌钱伍分，长珍号捐银重陆两捌钱肆分，绍成典铺捐银重陆两捌钱叁分，龚大郡捐银重陆两捌钱叁分，龚双笨捐银重陆两捌钱叁分，陈植鸿捐银重陆两捌钱壹分，蔡汝搏、陈伯谦、朱鼎华合捐银重贰拾两壹钱，林朝栋捐银重陆两柒钱，蔡文鉴捐银重陆两伍钱贰分，龚志记捐银重陆两玖钱，以上各捐银壹拾大元。高启青捐银玖元，重陆两壹钱玖分。李八良捐银重伍两柒钱陆分，卢隆成号捐银重伍两柒钱贰分，李尚哲捐银重伍两伍钱贰分，龚希碖捐银重伍两伍钱贰分，佘光扶捐银重伍两肆钱捌分，黄扬枕捐银重伍两贰钱壹分，高河良捐银重伍两贰钱，以上各捐银捌大元。李植餡捐银重肆两玖钱肆分，蔡鸿请捐银重肆两捌钱叁分，柳华良捐银重肆两捌钱叁分，顺兴号捐银重肆两捌钱贰分，董旭恳捐银重肆两柒钱柒分，永宁海关捐银重肆两柒钱，以上各捐银柒大元。黄泉权捐银重肆两叁钱贰分，谢从良捐银重肆两叁钱贰分，黄当花捐银重肆两叁钱贰分，佘办良捐银重肆两叁钱贰分，佘衍甲捐银重肆两壹钱肆分，陈墀屋捐银重肆两壹钱肆分，林协胜捐银重肆两壹钱肆分，龚志厚捐银重肆两壹钱肆分，龚志兜捐银重肆两壹钱肆分，蔡长拔捐银重肆两壹钱肆分，李虎若捐银重肆两壹钱肆分，李桃良捐银重肆两壹钱肆分，邱仲瞻捐银重肆两壹钱肆分，李炕良捐银重肆两壹钱肆分，周店良捐银重肆两壹钱肆分，李勤赶捐银重叁两捌钱柒分，以上各捐银陆大元。瑞兴号捐银重叁两陆钱，泰源、源德号捐银重柒两贰钱，董日次捐银重叁两陆钱，梅茂号捐银重叁两肆钱伍分，高锺奇捐银重叁两肆钱伍分，龚志杂捐银重叁两肆钱伍分，李栋良捐银重叁两肆钱肆分，王直良捐银重叁两肆钱肆分，许炎良捐银重叁两叁钱捌分，姚文章捐银重叁两叁钱柒分，以上各捐银五大元。青阳号捐银重贰两捌钱柒分，黄当荣捐银重贰两捌钱柒分，苏裕良捐银重贰两捌钱捌分，施查良捐银重贰两捌钱捌分，王排良捐银重贰两捌钱捌分，李光前捐银重贰两捌钱柒分，陈钳良捐银重贰两捌钱捌分，王拣良捐银重贰两捌钱捌分，吴恠良捐银重贰两捌钱捌分，杨安良捐银重贰两捌钱捌分，郑齐良捐银重贰两捌钱捌分，陈拚良捐银重贰两捌钱捌分，陈城良捐银重贰两捌钱捌分，施趖良捐银重贰两捌钱，尤恠良捐银重贰两柒钱陆分，李允良捐银重贰两柒钱陆分，林创良捐银重贰两柒钱陆分，董渐良捐银重贰两柒钱陆分，朱芳良捐银重贰两柒钱陆分，意奇斋捐银重贰两柒钱陆分，陈墀芋捐银重贰两柒钱陆分，茂源典铺捐银重贰两柒钱伍分，李武泡捐银重贰两柒钱肆分，高廷明捐银重贰两柒钱肆分，陈墀拈捐银重贰两柒钱肆分，黄泉荐捐银重贰两柒钱肆分，施玺良捐银重贰两柒钱叁分，合顺号捐银重贰两柒钱叁分，龚大泉捐银重贰两陆钱贰分，高沛约捐银重贰两柒钱贰分，黄历良捐银重贰两柒钱贰分，李潜良捐银重贰两柒钱贰分，高窓良捐银重贰两柒钱，董代良捐银重贰两柒钱，董炭良捐银重贰两陆钱柒分，合裕号捐银重贰两陆钱柒分，李棚良捐银重贰两陆钱肆分，王椗良捐银重贰两陆钱贰分，陈师渊捐银重贰两陆钱，李秤良捐银重贰两伍钱捌分，李植玺捐银重贰两伍钱壹分，高启墙捐银重贰两伍钱肆分，邱对良捐银重贰两伍钱，以上各捐银肆大元。黄泉福捐银重贰两壹钱陆分，李柿良捐银重贰两壹钱陆分，李缄良捐银重贰两柒分，李乌梅捐银重贰两柒分，龚偶遇捐银重贰两陆分，张世保捐银重壹两玖钱柒分，以上各捐银叁大元。谢敦琦、林朝梁合捐银重叁两肆钱伍分，林金桢捐银重壹两肆钱肆分，林麟夏捐银重壹两肆钱肆分，郭妈元捐银重壹两肆钱肆分，李成良捐银重壹两肆钱肆分，陈赤良捐银重壹两肆钱肆分，李埭宗捐银重壹两肆钱肆分，李俊良捐银重壹两肆钱肆分，黄当蓄捐银重壹两肆钱肆分，王恩良捐银重壹两肆钱肆分，李砌良捐银重壹两肆钱肆分，林塔良捐银重壹两肆钱肆分，施梭宁捐银重壹两肆钱肆分，侯益良捐银重壹两肆钱叁分，蔡源隆捐银重壹两肆钱贰分，陈锦櫶 、恒济堂、陈福良、董春涛、高及良、德裕号、郑朝纪、陈墀让、合吉号、高槺良、陈明钦、董怀良、林岩良、卢欧良、蔡源响、姚文谔、邱匆良、何魁萼、宝兴号、李包良、李栋良、蔡锯良、蔡章良、李蜡良、李深归、张溥良、李颇良、邵哞良、邵帆良、蔡曹良、李添良、佘心良、李定良、李提良、邱驾良、郭鸿义、龚冉良、蔡柒良、龚勋良、李豹良，以上各捐银重壹两叁钱捌分；陈墀笼捐银重壹两叁钱柒分，陈锦旋捐银重壹两叁钱柒分，陈宽良捐银重壹两叁钱柒分，林谦良捐银重壹两叁钱陆分，李凉良捐银重壹两叁钱柒分，李捡良捐银重壹两叁钱贰分，董随良捐银重壹两叁钱伍分，张万良捐银重壹两叁钱肆分，龚参良捐银重壹两叁钱肆分，郑杂良捐银重壹两叁钱贰分，佘业良捐银重壹两叁钱贰分，李尧良捐银重壹两叁钱，李遣良捐银重壹两贰钱陆分，蔡世宅捐银重壹两贰钱伍分，吴碧良捐银重壹两贰钱肆分，卓诚渊捐银重壹两贰钱肆分，蔡郎良捐银重壹两贰钱肆分，李树良捐银重壹两贰钱，李塔良、李座良捐银重贰两柒分，以

上各捐银贰大元。王接良、王意良、李墙良、李潘良、黄泉灿、黄替成、黄泉来、黄光祉、高晋良、邱才良、谢潭良，以上各捐银重柒钱贰分，李彭良、李抄良捐银重壹两肆分，高墨良捐银重柒钱，吴坪良捐银重柒钱，祥源号、陈福来、蔡帝良、郑合良、黄一良、邱培植、赖顶良、□□□，以上各捐银壹大元，各重陆钱玖分。蔡森良捐银陆钱捌分，邱□□捐银□□，邱缄良捐银陆钱捌分，□□□捐银□钱，林联良捐银陆钱柒分，李若良捐银□钱，王得意捐银陆钱肆分，蔡代兜捐银陆钱叁分，李赏良捐银陆钱贰分，龚俨良捐银□钱，李塔良、李坂良捐银壹两贰钱贰分，以上各捐银壹大元。南安王参良、王苗良、王斗良合捐银壹两叁钱肆分，李柳良捐银□钱□分，卢芮良捐银叁钱陆分，李欢良、李尔良捐银□钱□分，邱培良捐银叁钱肆分，以上各捐银壹中元。金长顺船商对乍浦公鸠，捐来银叁仟叁佰捌拾柒大元，重贰仟叁佰叁拾柒两。

计叁佰肆拾肆条，总合共捐收来银重壹万零肆佰零伍两陆钱伍分。

训导陈大年，一捐城隍公大轿全顶费银壹拾贰元，一捐虎皮褥全领费银肆大元，一捐金银铡大牌并架费银肆拾元，一捐将军帐全领棹裙全块费银壹拾元，一捐簧壳扇全枝、凉伞全枝费银陆拾元，一捐城隍公袍帽靴彩裤角带费银贰拾元，合共捐物件费银贰佰伍拾肆大元，重壹佰柒拾伍两贰钱陆分。

谨将费用条目开列于左：

一、买杉料并载、扛工，合结共去银重贰仟叁佰捌拾贰两柒钱壹分。

一、买樟料并扛工，合结共去银重贰佰叁拾玖两柒钱柒分。

一、买石料并打、载、扛工，合结共去银重叁仟壹佰叁拾贰两陆钱。

一、买砖瓦并载、挑工，合结共去银重肆佰捌拾叁两贰钱伍分。

一、买广东龙尹及绿掩木，合结共去银重壹佰陆拾壹两玖钱玖分。

一、买灰粉并挑工，合结共去银重壹佰贰拾柒两伍钱壹分。

一、还应闽司作木工，合结共去银重陆佰柒拾捌两玖钱玖分。

一、还通检司锯木工，合结共去银重壹佰陆拾伍两肆钱柒分。

一、还保办扳司、成新司作涂工合结共去银重叁佰陆拾壹两叁钱柒分。

一、还连冬司、占志司凿花工，合结共去银重柒佰肆拾捌两肆钱肆分。

一、还小工，合结共去银重叁佰零玖两陆钱捌分。

一、还存忠朝福司油漆并色料，合结共去银重伍佰玖拾叁两柒钱肆分。

一、还定楼司妆佛，合结共去银重贰佰贰拾玖两柒钱。

一、还竖梁费用，合结共去银重捌拾捌两捌钱玖分。

一、还铁钉、犁銈、藤、麻，合结共去银重肆拾捌两伍钱伍分。

一、还磐地、园地，合结共去银重贰拾玖两。

一、还堪舆礼及涂木、锯花、油漆等司阜插花饭食，合结共去银重伍拾两伍钱柒分。

一、还杂费等项，合结共去银重贰佰叁拾肆两玖钱肆分。

一、开勋猴司打石除外，结侵去银重壹拾玖两捌钱贰分。

一、开盘司打石除外，结侵去银重肆拾捌两伍钱肆分。

一、开器司打石除外，结侵去银重伍拾柒两零伍分。

一、开被陈埭金益源船载广东磁料，侵欠去银重贰拾柒两伍钱玖分。

一、又还妆佛及贴庆成等费，共去银重壹佰叁拾肆两零玖分。

一、买碣牌陆块并刻字工资礼，合共去银重壹拾伍两捌钱柒分。

一、还洗司、修理辇贰项，结共去银重伍两伍钱贰分。

计贰拾伍条，总合共费用去银重壹万零肆佰零伍两陆钱伍分。

道光癸卯年腊月日，董事：乡饮宾蔡名标、监生陈嘉谟、职员高毓俊、军功诚叙职衔高锺竹、乡饮宾李椿元、乡饮宾黄仁美、皇恩陈荣德、乡饮宾龚希攀、监生高布显、监生高日升、军功蔡由水、龚大鼎、蔡名清，仝勒石。蔡其檀盥手敬书。泉郡观东巷石室居刻。

按：此碑尚存永宁卫城隍庙。原文数字多为苏州码，现已转换为汉字，以便排版。

### 新建梅福庵募捐小引

窃维南海普陀，水势环腰、风光扑面，洵清凉之法界，实灵应之道场焉。然犹僻处南方，高居绝顶，虽士庶莫不尊亲，究非士庶所易得至，幸而有僧善修者奉佛下山，由南海而入沪，由沪江以进永，为募兴梅福之举，逗留鳌水之西，即卜地于斯，而柛灵永护，借非善信之福地，地脉之灵，何以叨神眷之有如是也。抑又闻之羽葆来临。亦信凭依在德，而灵祠卜建，畴非山水钟奇，是地也，跨鳌城，拱雁塔，四水归堂，五虎入脉，门迎宝盖，濒临紫帽双峰，座负钮山，还鞭青狮一带。拜堂则官星挂印，锁水则双鲤跃涧，固其栖神祀神无不宜也。第土木将兴，既在经始涂丹欲布，尤赖乐成，凡诸善信，各宜捐赀成美，勿令一木叹支厦之难，就使勉力同登，要知一腋亦成裘之助。果其首倡乐捐，尚

义挥金，则鸠工集事，不日告成矣，岂不懿欤，岂不盛欤！

弟子蔡耀奎监董敬撰

光绪乙酉孟春谷旦　永凝合卫绅耆董事公启

弟子蔡恢扬募捐谨启

岷依纳捐款　龚大螺倡捐银壹佰员　黄当邦捐银伍拾员　郑尊罗　郑亲念　刘惟甚各捐贰拾肆大员　李样　许同　卢捞　郭协兴　吴昆荫　洪名炭　陈家庵以上各捐拾贰员　李蒲　蔡泉坑各捐拾员　李略缀捐捌员　许六　许踏　卢板　李荣　蔡惟聘　施志魁　刘管　杨饭　施志耀　许存咸　许志芳各捐陆员　许逊埌　郑螺　郑天　王章拔　卢发各捐肆员　林隆　李锦　卢远炳　陈长情各捐叁员　许志球　吴山　蔡衍趣　蔡文聘　苏瓜　王泫各捐贰员。

佳教鄢捐款　董国梁合家捐银壹佰拾伍员

董宗筹捐银伍拾大员

怡朗捐款　施得捐叁拾员　林逊铁捐拾贰员　龚丕鍎　蔡猷瓯　许猴　黄凿　龚丕焕　卢同源合各捐陆员　张箴捐肆员　卢蛤　杨烧各捐叁元　高绳宗　许志彬　蔡渊郭彩　施局舍　张霞猫　许垂尚　卢源兴　卢为福　许祖墙　郑送　颜顺兴　合利　王焕　卢纯　协发　源发　各捐贰员　郭龙　郭头　郭娥　卢添　郭炊　邱森　卢盼　黄琼　郑象　洽发　卢鼎　邱泡　卢滔　张达　龚锭　杨泉　许波　杨从　龚本　义发各捐壹员

本地捐款　四和堂捐捌员　众弟子　王金锭　李江各捐陆员　陈集盛捐伍员　陈大耀　蔡回春　蔡猷庄各捐肆员　黄当邦　蔡耀奎各捐叁员　黄承勋　佘煌踏　董春博李乌麻　黄当条　高林　蔡赖司　蔡泉钱　刘光显　林允荐　陈顺义　李玉成　李琼官　李炎　李植马　龚天佐　麦定邦　蔡盛发　蔡顺兴　蔡其淮　盛发　合顺　陈新成李永顺　吴瞰禧　吴坚　高祖宣各捐贰员　黄永奢　黄栋　黄盘　黄桔　李进　陈忠度　蔡熏　蔡潭　蔡荣　李发　蔡饭　李木　董扬　蔡捌　黄霞猫　卢钩　刘旋　王河王帕　高聘　蔡猷烈　李清时　李霞猫　施管　董光汤　蔡树　蔡梭　陈缎　董钓　蔡梯　高鲏　杨振　合兴　姚打　李和溪　联和　源兴　洽兴　新奇珍　泉隆　佘追　泉记　蔡中满　蔡世昆　三益　合成　金和　义和　姚歪　蔡益发　蔡金瓯　林复　郭胡　蔡放　吴简　吴滴　蔡妹姑　蔡四来　蔡托　佘俊林　李迈　黄棕　蔡肇文　张胡蔡缄　蔡墨　郭池　郭谅　郭钞　郭扁　李钓　李叠　龚元旦　郭枫　郭恭　郭猪　陈

洞 苏蛋 李纳 林登寬 吴文富以上各捐壹大员 李畔 蔡盼 李佰 洪寬 刘查泉芳 董弟子 蔡世传 蔡代道 复盛 锦成 珍兴 新春 升源 高天送 联芳 鼎和 瑞庆 玉泉 郭躲 张由 广琏玉 龚纲 郭林 蔡淡 蔡瓦 佘钷 董耀 苏蛋 吴德 蔡泉线 陈蔡氏 郭文华以上各捐壹中员

计收岷捐银肆佰肆拾肆大员平叁佰壹拾玖两陆钱捌分

收鄢捐银壹佰陆拾伍大员平壹佰壹拾叁两捌钱伍分

收怡捐银壹佰肆拾捌大员平壹佰零肆两捌钱玖分

收本地捐银壹佰捌拾肆大员平壹佰壹拾捌两叁钱叁分

收中银叁拾叁员平拾两零伍钱柒分壹厘

收卖金灰香烛长来平柒两陆钱壹分贰厘

收蔡恢扬添凑及长单水来平陆两伍钱陆分肆厘

总共收来平陆佰捌拾壹两肆钱玖分柒厘

按：此碑尚存永宁小街梅福庵。原文数字多为苏州码，现已转换为汉字，以便排版。

### 新建梅福庵碑记

事以相需而复济，功以协赉而有成，梅福庵之兴也，得众力为多。其始以庚辰六月十一日入永，越壬午二月七日，举回山不果，目作建庵之气，是年八月僧善修奉佛南渡，住岷募捐，至癸未十月归唐，事无头绪，而素手堪叹，迨甲申得董国梁鸠捐佳教鄢之项，即卜地于斯，然而费既浩繁，财易告匮，诸绅董又有虑焉。于是举恢扬蔡先生造宋募捐，由岷至怡得白镪六百，而在唐凑成之，自乙酉正月六日启土，迨己丑季冬告竣，费白镪玖佰有奇。倡其捐者龚大螺、董国梁、董宗筹也。募其捐者蔡恢扬、蔡迎宗，黄当邦也。鉴其事则蔡耀奎也，董其事则诸绅耆也。而督工任劳则有蔡泉坑，鼓舞助工则有蔡代錬，财用出入则僧善修也。至若在唐募捐则又有蔡景云、陈锡纶、王文锦、蔡长华、董旭杨、燧士、高打司、董春博、高标文、王梯千、蔡明士、许金钟、蔡猷庄、王天赐、李双炎、董光极、林亲、林付、郭胡等人，即于告竣之日，爰笔直序以为碑记。

梅福庵费用列左

一买厝三间连地基并清典挂　　去平伍拾伍两叁钱捌分

一办厝上厝下室仔杉楠等料　　去平伍拾贰两零叁分叁厘

一土水工颜料花窗壁斗　　去平肆拾叁两肆钱柒分。

| | |
|---|---|
| 一土司并小土 | 去平贰拾肆两捌钱柒分壹厘 |
| 一竖栋合脊办桌插花等费用 | 去平贰拾壹两柒钱玖分壹厘 |
| 一刊簸诗版并注释全付 | 去平捌两贰钱捌分 |
| 一全宫正金朱漆连油并工 | 去平贰拾柒两零玖分壹厘 |
| 一造锡器连工 | 去平贰拾叁两叁钱伍分六厘 |
| 一修花斗托木买磬鼓什器费 | 去平壹拾两肆钱柒分叁厘 |
| 一置西门瓮城内店壹畔连修理 | 去平贰拾陆两玖钱捌分陆厘 |
| 一赶南坂石园一坵母银 | 去平陆两玖钱 |
| 一乙酉腊月出借高海参母银 | 去平壹拾肆两肆钱玖分 |
| 一对僧德海经手杂费 | 去平贰两陆钱肆分肆厘 |
| 一办粗细一切石料 | 一置宫口石磬一个 |
| 一办南北墙瓦砜砌 | 一塑像贴用金 |
| 一买油灰 | 一造戏台并诸木器 |
| 一重新土地宫 | 一善修师归西费 |
| 一土木花工锯手 | 一买都宫边园一坵 |
| 一塑像二十八尊 | 一勒石刻碑刻工印工 |

总共用去平陆佰陆拾陆两柒钱叁分陆厘

对除外存平壹拾肆两柒钱陆分壹厘

光绪乙丑季冬谷旦 永凝合卫绅耆董事盥手勒石

蔡妈渊献高滚挂此厝母银叁拾员

蔡赖 蔡火 高点各献分头

蔡纲 蔡塘 蔡玲各献柴工拾工

蔡本鹅敬画八仙棹裙

董汤 郭昔 吴棉敬带夷信

蔡源郎献室仔地三尺

小街蔡姓二十一人 高董林曾各二人合敬小工夯杉挑砖瓦土沙石工

泉郡石室居刊

按：此碑尚存永宁小街梅福庵。原文数字多为苏州码，现已转换为汉字，以便排版。

# 主要参考文献

《岛夷志略》，晋江地区文物管理委员会1975年据光绪十八年顺德龙凤镳知服斋刊本复印。

《泉州府志》，泉州志编纂委员会办公室1984年据泉山书社民国十六年乾隆版补刻本影印。

福建地方志编纂委员会主编:《福建地方志丛刊》之《晋江县志》，福建人民出版社，1990年。

刘浩然著:《中菲关系史初探》，泉州市菲律宾归侨联谊会、泉州市刺桐文史研究社（筹）编印，1991年。

晋江县侨务办公室、县侨联、县华侨志编纂委员会编:《晋江华侨志》，上海人民出版社，1994年2月。

晋江市地方志编纂委员会编:《晋江市志》，上海三联书店，1994年3月。

晋江市地方志编纂委员会编:《晋江市人物志》，上海三联书店，1994年3月。

《泉州市华侨志》编纂委员会编:《泉州市华侨志》，中国社会出版社，1996年2月。

晋江市交通局编:《晋江市交通志》，上海社会科学院出版社，1996年11月。

石狮市地方志编纂委员会编:《石狮市志》，方志出版社，1998年9月。

戚祚国汇纂:《戚少保年谱耆编》，山东大学出版社，1999年。

李天锡著:《晋江华侨轶事》，厦门大学出版社，2002年。

福建地方志编纂委员会主编:《福建地方志丛刊》之黄仲昭著《八闽通志》，福建人民出版社，2006年。

李天锡著:《泉州华侨华人研究》，中共文献出版社，2006年。

中共石狮市党史研究室编:《福建省石狮市抗日战争时期人口伤亡和财产损失调查》，

中共党史出版社，2011 年。

李天锡著:《石狮文史散论》，文华出版社，2013 年。

李天锡著:《石狮华侨》，九洲出版社，2013 年。

《石狮市华侨志》编纂委员会编:《石狮市华侨志》，方志出版社，2013 年 9 月。

中共晋江市委党史办、市档案局编:《中共晋江县地方史大事记》，内部出版。

# 编纂始末

《永宁镇志》（普通本）的编写，始于2010年3月，至2015年3月完成初稿，用了整整五年的时间。恰逢编中国名镇志工程的启动，在福建省地方志办公室的大力推荐下，便匆匆上阵。到底写什么、怎么写，其实全没个底。后来经过到北京参加中国名镇志编纂业务培训班学习，总算有所了解，但是仍跳不出旧志书体例那个框框，似乎不面面顾到，就觉得不周全。可又得赶时间，需在国庆节前送审，因而就急急忙忙凑了个初稿送上，至今仍不免感到内疚。所幸方志出版社的编辑同志竟然还认认真真地看了，一条条、一款款，密密麻麻提了三大张的意见，非常中肯，非常有针对性，令人茅塞顿开。因而重新把握了方向，围绕历史、文化这一主题，开始了大调整，该裁的裁、该补的补、该压缩的压缩。如今此稿，假如有所长进的话，执编的同志，功莫大焉。其实，我们只是一些土生土长的永宁人，既无学历，也从未经过什么专业培训。编纂这部志书，也只是出于一种兴趣、一腔对家乡的热爱。本志难免有许多纰漏或歧误之处，希望读者多多提出意见，以祈得以更加完善。顺此，也对在稿件的修改过程中，热情帮助我们的石狮市地方志办公室李秉源、高晶璟，华侨大学李天锡、市博物馆李国宏等专家学者的支持和帮助致以谢意。

编者

2016年6月30日

永宁镇外高村近海养殖基地 施彩云 摄